사회불안증의 인지행동치료

사회불안 다스리기 제3판

Debra A. Hope, Richard G. Heimberg, Cynthia L. Turk 지음

최병휘 옮김

Σ 시그마프레스

사회불안증의 인지행동치료 : 사회불안 다스리기, 제3판

발행일 | 2021년 7월 5일 1쇄 발행

저 자 | Debra A. Hope, Richard G. Heimberg, Cynthia L. Turk
역 자 | 최병휘
발행인 | 강학경
발행처 | (주)시그마프레스
디자인 | 고유진
편 집 | 윤원진

등록번호 | 제10-2642호
주소 | 서울특별시 영등포구 양평로 22길 21 선유도코오롱디지털타워 A401~402호
전자우편 | sigma@spress.co.kr
홈페이지 | http://www.sigmapress.co.kr
전화 | (02)323-4845, (02)2062-5184~8
팩스 | (02)323-4197

ISBN | 979-11-6226-338-9

Managing Social Anxiety, Workbook

A Cognitive-Behavioral Therapy Approach, Third Edition

* 책값은 뒤표지에 있습니다.

사회불안증은 다른 사람들의 평가를 두려워하여 사회적 상황에서 불안과 공포를 느끼는 대표적인 불안장애로서, 많은 사람이 오랫동안 고통받는 소모적인 질환이다. 이 질환은 사회적 상황을 회피하는 질환의 특성상 개인의 사회적 성취나 대인관계 등에 심각한 영향을 미친다. 이 책은 리처드 하임버그(Richard G. Heimberg) 등에 의해 개발되어 세계적으로 널리 사용되고 있는 사회불안증 인지행동집단치료(CBGT)의 내담자용 워크북이다. 인지행동집단치료는 사회불안증 치료에 매우 효과적이며 검증된 치료법으로 널리 인정받고 있다. 이 책은 인지행동집단치료에서 사용되는 기법들을 충실하게 수록하고 있으며, 이 기법들은 개인 치료에도 쉽게 적용될 수 있다.

COVID-19가 전 세계를 강타하면서 우리는 한 번도 경험해 보지 못한 세상에 살고 있다. 1년 넘게 이어지는 사회적 거리 두기와 마스크 착용, 온라인 미팅 확산 등으로 인해 사회적 환경이 빠르게 변했고, 이런 환경 변화는 회피가 주된 문제인 환자들이 사회불안증을 극복하기에 불리한 여건으로 작용했다. 백신 접종으로 일상생활 복귀를 눈앞에 두고 있는 지금, 이 책은 사회불안증에서 벗어나기를 원하는 독자들에게 인지행동치료를 안내하는 좋은 지침서가 될 수 있을 것이다.

개업의사로서 진료와 번역을 병행하기가 쉽지 않았지만, 여러 사람의 도움으로 무사히 작업을 끝마치게 되었다. 역자의 진료실을 방문한 많은 사회불안증 환자들에게 진심으로 감사하다는 말씀을 전한다. 그들이 있었기에 이 책을 번역할 동기를 가질 수 있었다. 어려운 출판 환경에도 불구하고 이 책의 출판을 결정해 주신 ㈜시그마프레스 강학경 사장님과 편집부 직원들께도 감사의 말씀을 드리고 싶다. 지난 1년여간 주말마다 번역 작업에 시간을 양보해 준 가족들에게도 고맙고 사랑한다는 말을 전하고 싶다.

2021년 여름
진료실에서 역자 씀

차례

제1장

들어가면서

당신은 사회불안을 경험한 적이 있습니까? 만약 당신이 보통사람이라면 지금까지 많은 사회불안을 경험했을 것입니다. 사회불안은 다른 사람과 같이 있는 상황에서 긴장감이나 불안 또는 두려움을 느끼는 것입니다. 더 명확한 정의를 위해 많은 사람이 겪어봤을 법한 상황에 처한 윤주 씨 사례를 살펴봅시다(이 책에서는 사례를 설명할 때마다 익명성을 보장하기 위해 내담자의 이름과 구체적인 특징을 변경하였습니다).

윤주 씨는 최근 직장에서 관리직으로 승진했습니다. 그러나 승진 후 첫 출근 전날 아침에 그녀는 "이 승진이 정말 내가 바라던 것인가?"라는 회의감이 들었습니다. 주례 임원회의에서 부서 활동을 보고하는 것이 그녀의 새로운 임무였습니다. 임원들 앞에서 처음 발표할 준비를 하면서 윤주 씨는 불안감을 느꼈습니다. 회의에 참석하는 임원들은 대부분 그녀가 잘 모르는 사람들입니다. 그녀는 잘 보여야 한다는 부담감에 가슴이 두근거렸습니다. 어쨌든 누구에게라도 그녀의 승진이 잘못되었다는 평가를 받고 싶지 않았습니다.

마침내 임원회의 시간이 되었습니다. 윤주 씨는 회의실에 자리를 잡고 앉았습니다. 다른 임원들이 보고하는 것을 듣는 동안 그녀는 점점 불안해지면서 심장박동이 빨라지는 것을 느꼈습니다. 발표 준비도 했고 처음부터 완벽하게 잘하기를 기대하는 사람은 아무도 없을 것이라고 혼잣말을 하면서 긴장을 풀어보려고 애썼습니다. 자기 차례가 오자 사람들의 얼굴을 둘러보면서 약간의 두려움이 밀려오는 것을 느꼈습니다. 그녀는 처음 몇 마디를 더듬거렸습니다. 그러나 보고서를 읽기 시작한 뒤 모든 사람이 그녀의 발표에 귀를 기울이고 있는 것을 확인하고는 얼마 지나지 않아 불안감이 사라졌습니다. 보고가 잘 끝났기 때문에 윤주 씨는 자신이 왜 그렇게 크게 걱정을 했는지 의문스러웠습니다. 그녀는 앞으로 이 새로운 일을 좋아하게 될 것 같다는 생각이 들었습니다.

윤주 씨가 사람들 앞에서 발표할 때 경험한 불안감은 사회불안의 한 유형입니다. 연설 상황에서 사회불안을 느끼는 경우는 매우 흔하며 사람들은 대부분 윤주 씨와 같은 증상, 즉 가슴 두근거림, 심장박동 증가, 다른 사람의 평가에 대한 걱정, 말을 유창하게 하지 못하는 증상 등을 겪습니다. 대부분의 사람들은 모임에서 연설할 때나 새 직장 상사와 면담할 때, 구직면접을 볼 때, 새 강좌에 참석할 때, 낯선 새 직장에 출근할 때, 호감 가는 이성에게 말을 걸 때 등의 상황에서 처음 몇 차례 사회불안을 느낍니다. 흔히 경험하는 이런 사회불안은 불편하기는 하지만 감당하지 못할 정도는 아니며 금방 사라집니다. 그러나 다음 사례에서 보듯이 사회불안을 아주 다르게 경험하는 사람도 있습니다.

지훈 씨와 태희 씨는 지난 몇 달간 사귀었습니다. 오늘 저녁에 지훈 씨는 태희 씨의 부모님을 처음 만납니다. 정장을 차려입고 여자 친구와 그녀의 부모님을 만나러 가는 지훈 씨를 봅시다. 그는 일주일 내내 오늘 저녁 식사를 걱정했다고 혼잣말을 하면서 긴장을 풀기 위해 심호흡을 했습니다. 그는 이 약속을 생각할 때마다 가슴이 두근거렸습니다. 약속시간이 다가오자 더 초조하고 불안했습니다. 지훈 씨는 30세이지만 여자 친구는 태희 씨가 처음입니다. 두 사람이 사귀게 된 것도 태희 씨가 적극적이었기 때문입니다. 지훈 씨도 태희 씨만큼 예쁘고 재미있는 사람은 없을 것이라고 생각합니다. 그는 지금 자신의 첫인상이 너무 안 좋아서 그녀가 부모님 앞에서 망신스럽지 않을지 걱정하고 있습니다. 약속 장소로 가면서 그는 길을 잃을 뻔했습니다. 그의 머릿속은 온통 저녁 약속에 대한 걱정으로 가득 차 있었습니다. 그가 지금 원하는 것은 이 상황에서 가능한 한 멀리 그리고 빨리 도망치는 것뿐입니다. 태희 씨가 그를 부모님께 소개할 때 그의 심장이 두근거리고 손에 땀이 났습니다. 그녀의 아버지가 매우 불안해하는 자신의 모습을 보고 자신을 반대할 것이 확실하다는 생각이 들었습니다. 저녁을 먹는 동안 지훈 씨는 모든 것이 잘못되어 가고 있다는 생각 때문에 대화에 집중할 수가 없었습니다. 저녁 식사를 마치고 그녀의 부모님이 차와 디저트를 권했지만 다음 날 일찍 출근해야 한다는 핑계로 사양하고 돌아왔습니다. 다음 날 태희 씨가 전화를 해서 어제 저녁 식사는 굉장히 성공적이었고, 그녀의 어머니가 조금 불안해하는 그의 모습을 귀여워했다고 말했습니다.

윤주 씨와는 달리 지훈 씨가 경험하는 사회불안은 그를 힘들게 하고 일상생활을 실제로 방해합니다. 그는 저녁 식사 당일뿐 아니라 일주일 내내 그 약속을 생각하며 불안했습니다. 사회불안은 집중력에도 영향을 미쳐 운전 중에도 그의 안전을 위협하고 저녁 식사 때 대화도 방해했습니다. 태희 씨의 어머니가 그의 불안에 대해 언급했다는 것은 그가 불안해하는 것을 눈치챘다는 것이 명백한 만큼, 지훈 씨는 그들이 자신에 대해 어떻게 생각할지 걱정되었습니다.

사실 사회불안은 삶의 정상적인 부분입니다만, 때때로 개인의 삶에 부정적인 영향을 미칠 수도 있습니다. 여기서 중요한 것은 사회불안을 경험하느냐가 아니라 사회불안을 얼마나 심하게, 얼마나 자주 경험하느냐입니다. 사회불안은 팔이 부러지는 것과는 다릅니다. 팔은 부러졌느냐 부러지지 않았느냐가 중요합니다. 그러나 사회불안은 연속선상에 있습니다. 설명을 위해 사회불안의 정도가 다른 사람들이 윤주 씨와 지훈 씨의 상황에서 어떻게 반응할지 생각해 봅시다.

윤주 씨보다 사회불안을 덜 겪는 사람이라면 처음이더라도 보고할 때 전혀 불안하지 않을 수 있으며, 오히려 임원들 앞에서 자신의 능력을 발휘하게 되었다고 좋아할지도 모릅니다. 그러나 어떤 사람은 발표에 대해 며칠 동안 걱정하고, 심지어 발표 전날 잠을 설칠지도 모릅니다. 윤주 씨보다 사회불안을 더 경험하는 사람은 발표가 끝날 때까지 불안할 수 있을 것입니다. 그들은 사회불안에도 불구하고 발표를 잘할 수는 있겠지만, 요점을 효과적으로 전달하는 데 어려움을 겪을 수 있을 것입니다. 매우 높은 수준의 사회불안을 경험하는 사람이라면 보고하는 임무가 두려워서 승진을 거부할지도 모릅니다.

지훈 씨에 비해 사회불안을 덜 경험하는 사람이라도 태희 씨 부모를 만나기 직전 같은 상황에서는 불안할 수 있을 것입니다(대부분의 사람들은 상견례 자리에서 불안합니다). 그러나 부모님과 같이 대화하는 동안 금방 불안이 가라앉게 될 것입니다. 더 심한 사회불안을 경험하는 사람은 저녁 식사 자체를 거부할지도 모릅니다. 그렇게 하는 것이 태희 씨를 화나게 하고 그들의 관계를 위태롭게 할 것임을 알지만, 저녁 식사 약속을 생각하는 것만으로도 공포스럽기 때문에 어쩔 수가 없습니다.

사회불안이 얼마나 사람을 황폐화할 수 있는지 보여주는 또 다른 사례를 살펴봅시다.

준호 씨는 30세 남자로, 인터넷 블로그에서 사회불안 치료 프로그램 소개 글을 보고 우리를 찾아왔습니다. 그는 전화로 말하는 것을 매우 불안해했으며, 몇 번의 설득 끝에 우리 프로그램에 참가하기로 하고 나서 치료진을 만났습니다. 그는 너무나 불안했기 때문에 병원 대기실에 앉아있는 것만으로도 매우 힘들어했습니다. 그러나 치료자와 대화하면서 조금씩 편해지기 시작했고 자신의 사회불안이 어떻게 악화되어 왔는지 설명했습니다. 준호 씨는 늘 부끄럽고 불안했기 때문에 사람들과 대화를 하기보다는 주로 혼자 책을 읽으면서 고등학교 시절을 보냈습니다. 고등학교를 졸업하고 나서 직장에 들어가는 것이 너무 두려운 나머지 준호 씨는 대학에 진학했습니다. 고등학교 때까지의 경험에 비추어 볼 때 대학은 조금 더 안전한 듯 보였습니다. 그는 사람들과 접촉이 필요 없는 도서관 서가 정리 같은 아르바이트를 하면서 대학생활을 했습니다.

졸업 후 준호 씨는 구직문제에 직면하게 되었습니다. 그는 2년간 저축한 돈을 찾아 쓰면서 생활했고, 부모님께도 조금씩 도움을 받았습니다. 가끔 아르바이트를 하기는 했지만, 불안을 견디지 못했기 때문에 몇 주 못 가 그만두곤 했습니다. 그는 친구도 없었습니다. 부모와 함께 살면서 사촌들과 가끔 시간을 보내는 정도였습니다. 부모님의 성화에 못 이겨 그는 결국 대학의 야간 청소부로 취직했습니다. 처음에는 매우 불안했지만 곧 익숙해져서 큰 학교 건물 몇 개 층을 혼자 맡을 수 있을 정도가 되었습니다. 준호 씨는 똑똑하고 열심히 일하는 데다 신뢰할 만한 사람이었기 때문에 상사는 그를 감독관으로 승진시키려고 몇 번이나 시도를 했습니다. 그때마다 그는 상사의 제의를 거절했습니다. 다른 사람들과 더 많이 접촉하는 것이 두렵기도 하고 다른 사람을 감독할 능력도 없다고 생각했기 때문입니다. 그는 쉬는 날에는 집에서 음악 상식 퀴즈를 풀거나 팝스타에 관한 기사를 읽거나 뮤직 비디오를 보면서 시간을 보냈습니다.

준호 씨는 치료자에게 자신은 거의 모든 사람에 대해 불안을 느낀다고 설명했습니다. 누군가에게 말을 할 때면 그는 심장이 쿵쾅거리고 몸이 떨리고 어지러웠습니다. 사람이 많은 곳에 가면 사람을 극도로 의식하고 사람들이 모두 자신을 이상하게 생각할 것이라고 확신했습니다. 준호 씨는 자신의 인생이 이렇게 계속될까 봐 두려워서 치료를 받으러 왔습니다. 그는 이제 친구도 사귀고 가정도 이루고 싶었습니다. 그러나 그는 그런 것과는 거리가 먼 삶을 살아왔습니다. 부모님은 점점 늙어가는데 만약 부모님에게 무슨 일이라도 생기는 날에는 거리에 나앉게 될 것만 같아 두려웠습니다.

사회불안의 정의

정신건강 전문가들은 전통적으로 심한 사회불안을 '사회공포증'으로 불러왔지만 최근에는 '사회불안증(사회불안장애)'이라는 용어가 사용되고 있습니다. 이 용어가 심각한 사회불안으로 인한 고통과 장애를 더 잘 설명하기 때문입니다.

사회불안의 정의는 2013년에 발간된 미국 정신과의사협회의 **정신질환의 진단 및 통계 편람(DSM-5)**에 수록되어 있습니다. DSM-5는 사회불안을 "타인에게 주목받을 수 있는 한 가지 또는 그 이상의 사회적 상황에 대한 현저한 공포 또는 불안 … 이들은 부정적으로 평가받는 방식으로 행동하거나 불안 증상을 드러낼까 봐 두려워한다."라고 정의하였습니다. 이는 **사회불안의 핵심이 자신에 대한 다른 사람의 평가를 걱정하는 데서 오는 불안**이라는 것을 의미합니다. 사회불안증을 겪는 사람들이 두려워하는 사회적 상황은 매우 다양합니다만, 가장 흔한 것은 대중 연설, 낯선 사람과 대화, 데이트, 자기주장입니다. 또한 어떤 사람들은 다른 사람 앞에서 먹거나 마시기 또는 주목받기, 상사 또는 권한을 가진 사람과 대화, 공중화장실에서 소변보기(남성에게 주로 해당), 깊은 성적 접촉을 두려워하기도 합니다. 최근 들어 사회불안 내담자들은 문자와 이메일을 보내거나 소셜미디어를 사용하는 데도 불안을 느낀다고 합니다. 사회불안증을 가진 사람들은 공통적으로 상황에 관계없이 다른 사람들이 자신을 나쁘게 평가하는 데 대한 두려움이 있습니다. 다른 사람의 평가에 대한 이러한 걱정은 때때로 얼굴이 붉어지거나 떨리는 것 같은 불안 증상이 드러나는 것에 대한 두려움을 유발합니다.

어떤 사람에게 사회불안증 진단을 내리기 위해서는 다음 기준이 충족되어야 합니다. (1) 불안이 사회적 상황 또는 사회문화적 맥락의 실제 위협에 비해 지나치다(즉 대부분의 사람은 유사한 상황에서 두려워하지 않을 것이다). (2) 불안을 유발하는 상황을 회피하거나 고통스럽지만 참고 견딘다. (3) 사회불안증이 중요한 측면(데이트, 학교생활, 직장생활 등)에서 일상생활을 방해해야 한다.

이 프로그램이 나에게 도움이 될까?

심리적 변화를 추구하는 모든 프로그램은 많은 시간과 에너지를 필요로 합니다. 그러므로 참가를 결정하기 전에 자신이 기꺼이 변화를 추구할 준비가 되어있는지, 해당 프로그램이 자신의 요구에 부응할 수 있는지 신중하게 고려하는 것이 좋습니다. 다음 질문에 답하면서 이 프로그램이 자신에게 적합한지 평가해 보십시오. 이 질문들은 사회불안이 당신의 장기 목표에 부합하는 삶을 방해하는 방식을 제시합니다.

1. 다른 사람들 앞에서 불안하거나 불편해서 하고 싶은 일을 하지 못합니까?
2. 현재 직장이나 학교를 계속 다니는 이유가 단지 익숙한 사람들을 상대하기 때문입니까? 실직했을 때 다른 사람들을 상대하기 두려워서 구직 활동을 회피했습니까? 면접 불안 때문에 구직이나 이직을 피했습니까?
3. 누군가와 데이트를 할 생각을 하면 매우 불안해지거나 데이트 신청을 하면 무슨 일이 일어날까 두려워 데이트를 하지 않습니까?
4. 사람들과 깊게 사귀지 않은 이유가 그들이 당신을 알게 되는 것이 두렵기 때문입니까? 사람들이 당신의 실제 모습을 알면 싫어하게 될까 봐 두렵습니까?
5. 실수를 하면 다른 사람들이 당신을 나쁘게 생각할까 봐 문자나 이메일을 작성하는 데, 또는 소셜미디어에 게시한 글을 확인하는 데 많은 시간을 낭비합니까?

6 사람들이 당신에게 사회적 상황이나 모임에서 '지나치게 조용하다', '다가가기 어렵다', '소극적이다'라고 자주 말합니까?

7. 사교모임에 초대를 받았지만 불편해질까 봐 참석을 포기했던 적이 있습니까?

8. 다른 사람들과 어울리는 사교모임이나 활동에 참석하기로 했다가 계획이 취소되어 안도감을 느꼈던 적이 있습니까?

9. 관심의 대상이 되면 매우 불편하고 긴장됩니까?

10. 다른 사람들 앞에서 얼굴이 붉어지거나 긴장되어 보일까 봐 걱정됩니까?

11. 사람들이 당신에게 다른 사람들의 평가를 지나치게 신경 쓴다고 합니까?

12. 흘리거나 실수를 할까 봐 다른 사람들과 함께 식사하거나 음료수를 마시는 것이 불편합니까?

13. 다른 사람들과 잘 지내고 좀 더 사교적인 사람이 되고 싶지만 수줍음이 너무 많아서 불가능하다고 생각합니까?

14. 다른 사람이 당신을 어떻게 생각할지 걱정하기 때문에 의견을 말하거나 요구하기를 주저하게 됩니까?

만약 이 질문들 중 하나에라도 '예'라고 답했고 자신의 인생이 변하기를 바란다면, 이 프로그램은 도움이 될 것입니다. 어떤 사람은 대부분의 질문이 자신에게 해당된다고 생각할 수 있습니다. 만약 그렇다면 사회불안이 자신의 삶을 방해하고 있다는 사실을 알았을 것입니다. 그러나 실망하지 마십시오. 많은 질문에 '예'라고 답했다는 것은 이 프로그램이 특별히 더 도움이 될 것임을 의미합니다.

이 프로그램이 효과적일까?

이 프로그램은 사회불안과 사회불안증 치료에 대해 포괄적으로 접근합니다. 이 프로그램이 효과적인지, 그리고 더 중요하게는 당신에게 효과가 있을 것인지 궁금할 것입니다. 나쁜 소식은, 사람들에게는 각자 독특한 배경, 성격, 일상생활 상황이 있기 때문에 이 프로그램이 당신의 사회불안이나 사회불안증을 극복하게 해줄 것이라고 보장할 수 없다는 것입니다. 그러나 좋은 소식은 이 프로그램 절차를 진지하게 따른다면 사회불안이 현저히 감소한다고 믿을 만한 증거가 있다는 것입니다. 이 낙관론은 대규모 과학적 연구 결과에 근거한 것입니다. 잠깐 이 연구에 대해 언급하겠습니다.

이 책에 기술된 치료적 접근은 1980년대 초 리처드 하임버그 박사에 의해 처음 개발되었습니다. 이 치료를 사용한 첫 과학적 대조 연구에서 참가자의 75%가 사회불안 증상이 크게 호전된 것으로 평가되었습니다. 그들은 치료 전에 두려워하던 상황을 치료 후에 다시 직면했을 때, 훨씬 덜 불안했다고 보고했습니다.

우리는 이 연구에 참가한 사람들이 잘 지내는지 아니면 사회불안증이 재발하였는지 알아보기 위해 많은 참가자를 추적 면담했습니다. 그 결과는 긍정적이었습니다. 접촉했던 대부분의 참가자에게 치료의 긍정적인 효과가 치료 5년 후에도 지속되고 있었습니다.

1980년대 첫 연구 이래, 이 책에 기술된 치료법이 사회불안과 사회불안증을 완화시키는지 확인하기 위해 적어도 수십 건의 과학적 연구가 진행되었습니다. 이들 연구는 수백 명의 참가자를 대상으로 미국, 캐나다, 호주, 영국, 네덜란드 및 기타 유럽 국가에서 진행되었습니다. 이 연구 결과는 대부분 참가자가 이 치료를 통해 현저하게 호전되었다는 것을 보여줍니다. 참가자의 약 80%가 이 치료를 통해 상당히 변화했다는 것을 알 수 있었습니다.

당신은 '현저한 호전' 혹은 '상당한 변화'가 무엇인지 궁금할 것입니다. 참가자가 모든 사회불안을 극복했다는 뜻일까요? 사회불안은 삶의 정상적인 한 부분이기 때문에 완전히 없앨 수는 없습니다. 그러나 우리는 철저한 과학적 기준을 사용하여 치료받은 사람들이 그들의 삶에 중요한 변화를 일으키기에 충분할 정도로 좋아졌다는 점을 입증했습니다. 다음은 우리 치료를 마친 두 내담자와 그들의 변화에 대한 설명입니다.

지민 씨가 처음 치료 프로그램에 참여했을 때 그녀는 35세였으며 시청에서 근무하고 있었습니다. 지민 씨는 몇 년 전에 대학을 졸업했고, 대학원에서 사회사업 석사 과정을 전공하고 있었습니다. 그녀는 자신의 직업을 좋아하지 않았으며 빨리 학위를 마치고 더 전문적인 일을 하고 싶어 했습니다. 그러나 지민 씨는 강의실에서 발표하는 것에 대해 극도의 공포감을 느꼈으며, 비공식적이더라도 발표를 해야 하는 수업은 들을 수가 없었습니다. 그녀는 말을 더듬거나, 할 말을 잊어버리거나, 다른 사람들에게 무능하거나 바보 같아 보이는 것을 두려워합니다. 치료가 끝나갈 때쯤, 그녀는 집단에서 발표할 때 처음에 조금 불안하기는 했지만 그 정도 불안은 다스릴 만하다고 느꼈습니다. 치료가 끝나고 나서 그녀는 이때까지 회피해 왔던 강좌 중 하나에 등록했습니다. 그 수업에서 요구하는 발표를 할 수 있다는 자신감이 있었습니다. 비록 사람들 앞에서 말할 때는 항상 조금 불안할지도 모른다는 생각이 들지만, 그녀는 어떤 불안이든지 다스릴 수 있을 것 같았습니다. 약 1년 후 그녀는 치료자에게 한 장의 편지를 보냈는데, 석사학위를 받고 새로운 직장에 취직해서 즐겁게 일하고 있다는 내용이었습니다.

주혁 씨는 데이트 불안을 치료받으러 찾아온 36세 미혼 남성이었습니다. 실제로 주혁 씨는 다른 사람과 대화를 할 때 거의 언제나 불안했으며, 특히 그가 사귀고 싶은 여성과 대화할 때는 더 심하게 불안했습니다. 치료를 시작한 지 3개월 후 주혁 씨는 사회적 상황에서 훨씬 더 자신감이 생겨서 정기적으로 자전거를 함께 타거나 다른 야외 활동을 하는 독신자 동호회에 가입했습니다. 그는 관심이 덜 가는 여성이더라도 정기적으로 데이트 신청을 하려고 노력했습니다. 누군가에게 영화를 보러 가자고 초대하기 위해 결혼 준비를 해야 할 필요는 없으므로, 그런 의미에서 이런 데이트는 부담이 없었습니다. 6개월 뒤 주혁 씨는 치료자에게 데이트 상대 중 한 명과 진지하게 만나고 있으며 결혼 이야기까지 오가는 사이가 됐다고 했습니다. 그의 가족들은 그녀를 마음에 들어 했고 결혼에 관해 의논하기 시작했습니다.

사회불안 치료를 시작하는 또는 시작하지 않는 이유는 무엇인가?

당신은 지금 오랫동안 당신을 괴롭힌 사회불안을 극복하기 위해 이 워크북을 읽고 있습니다. 심리학자인 빌 밀러(Bill Miller)와 스티브 롤닉(Steve Rollnick)은 오랜 연구를 통해 사람은 변화에 대해 양면적 관점을 가진다는 사실을 발견하였으며, 이 결과를 바탕으로 변화에 대한 동기를 증가시키는 연구를 해 왔습니다. 이들은 사람들에게 변화하는 것과 변화하지 않는 것의 장단점을 생각해 보게 하였는데, 이것은 매우 유용하였습니다. 당신은 아마도 변화하려는 이유는 매우 쉽게 떠올릴 수 있을 것입니다. 그러나 변화하지 않으려는 이유를 이해하는 것도 중요합니다. 이런 이유들을 확인하는 것이 중요한 이유는, 그것들이 치료의 진전을 방해할 수 있기 때문입니다.

동기는 신발 사이즈같이 고정된 것이 아닙니다. 동기는 시간이 흐르면서 변합니다. 왜 이런 변화가 당신에게 중요한지 심각하게 생각하고 그 생각을 적어보는 것이 좋습니다. 변화하기 위해 시간과 에너지를 쏟을 만한 가치가 있는지 의문이 들 때마다 적어놓은 것을 다시 살펴보십시오. 당신이 애초에 왜 이 치료를 시작하기로 결정하였는지 상기하고 치료를 계속할 동기를 강화시킬 수 있을 것입니다.

기록지 1.1(사회불안을 치료하기 위해 훈련하는 것의 장단점)은 사회불안으로 인한 장애를 극복하기 위해 훈련하는 것의 장점과 단점을 알아볼 목적으로 고안되었습니다(우리는 이 책에서 당신의 생각이나 경험을 검토해 보도록 하기 위해 기록지를 자주 사용할 것입니다. 일반적으로 그림 1.1과 같이 완성된 기록지 사례를 함께 제공합니다. 당신의 경우와 유사하거나 다를 수도 있을 것입니다. 이것은 단지 하나의 예일 뿐입니다).

기록지 왼쪽 칸에는 사회불안을 치료하기 위해 훈련하고 싶은 이유, 즉 장점을 나열하십시오. 사회불안이 삶을 어떻게 방해하는지, 하고 싶은 일을 어떻게 못 하게 하는지 생각해 보십시오. 사회불안이 당신의 선택에 영향을 미친다면 그로 인한 단기 결과와 장기 결과에 대해 생각해 보십시오. 오른쪽 칸에는 변하지 않기를 원하는 이유, 즉 단점을 나열하십시오. 이 치료를 완수하거나 성공적인 결과를 얻는 데 걸림돌이 무엇인지 생각해 보십시오. 이런 걸림돌은 치료의 진전을 방해할 수 있기 때문에 중요합니다. 물론 사람들은 누구나 빨리 좋아지고 싶을 것입니다. 그러나 현실적으로는 그대로 놔두는 것이 가장 편할 때가 많습니다. 설사 문제가 있더라도 그것은 적어도 우리가 싫든 좋든 처리해 왔던 익숙한 문제입니다.

만약 장점과 단점 기록지를 작성하는 데 어려움이 있거나 장점과 단점의 균형이 변화하지 않는 쪽으로 기운다면, 추가 질문이 필요할 수 있습니다. 예를 들면, 지금 변화를 시도하지 않는다면 5년 뒤에 당신의 삶이 어떨 것 같습니까? 10년 뒤에는 어떨 것 같습니까? 사회불안을 더 이상 겪지 않는다면 당신의 인생과 가족의 삶, 그리고 직업생활이 어떻게 변할 것 같습니까?

당신의 사회불안을 치료하기 위해 훈련할 때 장기 및 단기 효과에 대해 생각해 보십시오.

장점	단점
나는 사회불안을 치료하기 위해 훈련하고 싶다. 왜냐하면…	나는 사회불안을 치료하기 위해 훈련하고 싶지 않다. 왜냐하면…

그림 1.1 | 지훈 씨가 작성한 사회불안을 치료하기 위해 훈련하는 것의 장단점 기록지

당신의 사회불안을 치료하기 위해 훈련할 때 장기 및 단기 효과에 대해 생각해 보십시오.

장점	단점
나는 사회불안을 치료하기 위해 훈련하고 싶다. 왜냐하면…	나는 사회불안을 치료하기 위해 훈련하고 싶지 않다. 왜냐하면…
나는 너무 많은 시간 동안 불안을 느끼는 것이 이제 힘들다.	내가 정말로 변할 수 있을지 모르겠다.
드디어 여자 친구가 생겼는데 불안 때문에 그녀와의 관계를 망치고 싶지 않다.	나는 늘 이런 식이었기 때문에 익숙하다.
태희 씨는 내가 변하도록 잘 도와줄 것이다.	나는 매우 바쁜데 치료에 노력을 많이 들여야 하는 것 같다.
나는 여자 친구를 사귀고 싶고 같이 놀 수 있는 친구들도 있으면 좋겠다.	두려워하는 것을 직면하는 것이 그럴 만한 가치가 있는 것인지, 그리고 나한테 효과가 있을 것인지 확신을 못 하겠다.
더 나은 직업을 가질 수 있으면 좋겠다.	지금 하고 있는 일이 편하다.
이건 내가 꿈꾸던 삶이 아니다. 나는 더 나은 사람이 되고 싶다.	태희 씨는 나의 이런 모습을 사랑한다.
나는 기적이 일어나기를 바라면서 지금까지 너무 많은 시간을 허비했다. 더 이상 그러고 싶지 않다.	만약 내가 사교적으로 행동하기 시작한다면 주변 사람들이 나를 이상하게 생각할 것이다.

　　그림 1.1은 이 장의 도입부에서 여자 친구의 부모님을 만나 저녁 식사를 할 때 사회불안을 겪는 지훈 씨가 작성한 사례입니다. 기록지를 작성하고 나서, 지훈 씨는 오랫동안 사회불안을 겪었기 때문에 이대로 지내는 것이 더 편할 것 같다는 마음도 일부 있었지만 더 이상은 고통을 견디기 힘들고, 자신이 어떻게 변화할지 기대되는 마음이 훨씬 크다는 사실을 깨달았습니다.

　　당신의 인생이 변화하기를 원하는 이유를 알아보는 것도 중요합니다. 이는 예컨대 각종 대금을 내기 위해 돈을 벌어야 한다거나 삶이 외롭지 않기 위해서 친구 한두 명을 사귀고 싶다는 매우 시급하고 직접적인 이유일 수 있습니다. 당신이 갈구하는 더 장기적인 목표가 있을 수도 있지만, 당신의 사회불안이 장애가 됩니다. 예컨대 당신은 더 건강해지고 싶을 수 있습니다. 그러나 체육관에 가면 다른 사람들 앞에서 잘할 수 있을지 걱정할 수 있습니다. 또한

진심으로 봉사를 하고 싶지만 낯선 사람과 대화를 하기가 너무 불안한 나머지 평소에 존경했던 자원봉사단체에 가입하기를 주저할 수 있습니다. 당신은 가정을 이루고 싶은 생각이 간절하지만, 연애감정을 드러내려는 생각만으로도 불안이 밀려옵니다. 사회불안에 영향을 받지 않고 가장 중요하게 여기는 가치를 추구하기 위해 노력한다면 치료 동기를 유지하는 데 도움이 될 것입니다.

당신의 삶이 변화하기를 원하는 이유에 주목하기 위해 (그리고 직전에 했던 장점과 단점 작업을 보강하기 위해) 기록지 1.2(내 삶의 가치는 무엇이며 사회불안이 어떻게 방해하는가?)의 몇 가지 질문에 답해보기 바랍니다. 이 질문들은 당신에게 진정으로 중요한 것이 무엇인지 생각해 보도록 고안되었습니다. 첫째, 당신의 삶에서 가장 중요하게 생각하는 것은 무엇입니까? 이 질문에 대한 답변을 기록지 1.2의 가장 위 칸에 기록하십시오. 친구, 연인, 가족, 영성, 건강, 지역사회 참여, 교육, 직업 등 삶의 다양한 영역을 생각해 보십시오. 사회불안에 대한 걱정이 이 질문에 대한 답변에 영향을 미치지 않도록 하십시오. 당신의 삶에서 가장 중요한 영역들을 상징하는 것이 무엇인지 기록해 보십시오.

기록지 1.2의 두 번째 칸에서는 (당신의 가치가 아니라) 사회불안이 어떻게 당신의 삶을 이끌어 왔는지 살펴보십시오. 사회불안 때문에 하지 않거나 속행하지 않거나 놓친 중요한 일은 무엇입니까? 이 치료는 불안에 사로잡힌 삶에서 자신이 주도하는 삶, 즉 당신의 목표, 가치, 꿈으로 옮겨가도록 도울 수 있습니다.

마지막으로, 기록지 1.2의 세 번째 칸의 질문에 답해보십시오. 이것은 이 치료에서 초점을 맞춰야 할 가장 중요한 영역입니다. 이 연습을 통해서 기록지 1.1에서 작성한 장점과 단점 목록에 장점을 추가할 수도 있습니다.

그림 1.2는 지훈 씨가 기록지 1.2의 질문에 답한 내용입니다.

내 삶에서 가장 중요하게 생각하는 가치는 무엇인가? 나에게 가장 중요한 영역에서 내 삶이 무엇을 상징하기를 바라는가?

(친구, 연인, 가족, 영성, 건강, 지역사회 참여, 교육, 직업 등 삶의 영역에 대해 생각해 보십시오.)

어떻게 해서 이러한 가치에 부합하는 선택이 아니라 사회불안에 부합하는 선택을 했는가?

나의 가장 중요한 가치에 더 부합하는 삶을 살기 위해서는 무엇을 해야 하는가?

그림 1.2 | 지훈 씨가 작성한 내 삶의 가치는 무엇이며 사회불안이 어떻게 방해하는가? 기록지

내 삶에서 가장 중요하게 생각하는 가치는 무엇인가? 나에게 가장 중요한 영역에서 내 삶이 무엇을 상징하기를 바라는가?

(친구, 연인, 가족, 영성, 건강, 지역사회 참여, 교육, 직업 등 삶의 영역에 대해 생각해 보십시오.)

가족, 언젠가 내 가족을 갖는 것도 포함
태희 씨와의 관계나 가까운 친구 사이 같은 기타 관계들
내 일에서 최선을 다하고 발전한다.
지역사회에 기여하고 어려운 사람을 돕는다.

어떻게 해서 이러한 가치에 부합하는 선택이 아니라 사회불안에 부합하는 선택을 했는가?

나는 사회불안이 부모님과 형제자매, 그리고 다른 가족들과의 관계를 방해하게 했다.
나는 불편할 위험을 감수하기보다는 사람들을 만나고 친구를 사귈 수 있는 상황을 회피했다.
나는 우리 관계에서 나를 괴롭히던 것들에 대해 태희 씨에게 말하지 않았다.
나는 불편하거나 잘하지 못할 수도 있는 기회를 잡기보다는 나에게 쉬운 일을 계속했다.
나는 사람들과 대화하는 것이 두려워서 지역 보호소에서 자원봉사를 하지 않았다.
나는 불안함 때문에 상황이 끝나기 전에 자주 그 상황을 벗어났다.

나의 가장 중요한 가치에 더 부합하는 삶을 살기 위해서는 무엇을 해야 하는가?

나는 가능한 한 더 자주 다음을 시도해야 한다···
지역 보호소에서 자원봉사하기
직장에서 더 많은 다른 일을 하도록 준비하기
새 직장을 구하는 것을 고려하기
사교모임에 가입하고 나서 대화에 끼어들기
중요할 때 내가 어떻게 느끼는지 태희 씨에게 말하기
보통 때는 가능한 한 빨리 빠져나가려고 하는 상황에 계속 머물러 있기

이 프로그램으로 최대의 성과를 얻으려면?

수천 명의 환자를 대상으로 한 과학적 연구 결과, 이 워크북에서 설명하는 치료가 사회불안을 극복하는 데 도움이 된다는 사실이 입증되었지만, 이 치료가 무조건 성과를 보장하는 것은 아닙니다. 다음은 이 프로그램으로 가능한 한 많은 성과를 얻기 위한 방법입니다.

진지하게 변화에 투자하라

누가 뭐라고 하건 간에 스스로를 변화시킨다는 것은 매우 어려운 일입니다! 사회불안을 극복하는 것도 예외는 아닙니다. 사회불안에 도전할 때는 치료 회기에 참석하는 것 이외에 일주일에 적어도 몇 번은 따로 시간을 내야 합니다. 이 작업에는 이 책에 수록된 훈련해 보기, 평소에 말 걸지 못하던 상대와 대화하기, 앞으로 배울 자가치료 기술 연습하기 등이 포함될 수 있습니다. 사실 연습을 많이 하면 할수록 더 좋습니다. 매일 20~30분씩이라도 시간을 투자할 수 있다면 성과를 얻을 것입니다.

시간 투자에 더해서, 정서 자원도 투자해야 합니다. 이것은 두 가지 의미가 있습니다.

- 첫째, 이 책에 수록된 일부 훈련은 불편하거나 심지어 매우 불안하기도 할 것입니다. 조금 이상하게 들릴 수도 있겠지만, 불안을 극복하기 위해서는 어느 정도 불안을 경험해야 합니다. 우리의 슬로건은 다음과 같습니다. 더 편한 미래를 위해 불안을 투자하라. 이것은 두려움을 극복하려면 그 두려움을 직면해야 한다는 의미입니다. 처음부터 가장 심각한 상황을 직면할 필요는 없습니다. 지금까지 회피했던 상황 중 쉬운 것부터 단계적으로 도전하십시오. 체계적으로 도전한다면, 투자한 만큼 효과를 거둘 것입니다.

- 둘째, 자기 자신과 치료자에게 정직하기 위해 정서적으로 노력해야 합니다. 자신과 세상에 대한 생각과 공포를 분석하기 시작하면 어떤 것은 당황스럽거나 어리석어 보일 수도 있을 것입니다. 그런 것에 관해 말하십시오. 당신을 힘들게 하는 바로 그 생각과 공포가 당신이 말해야 할 가장

중요한 것입니다. 당신이 걱정하는 것에 관해 말하지 않는다면 치료자가 매우 힘들어질 것입니다.

과제를 진지하게 하라. 그리고 연습, 연습, 또 연습하라

이 책의 모든 과제는 이 프로그램을 단계적으로 진행할 수 있도록 세밀하게 설계되었습니다. 대부분의 과제는 이전 단계의 과제를 기초로 하기 때문에 각 단계마다 과제를 진지하게 하는 것이 중요합니다. 일단 한번 모든 기술에 숙달되고 나면 효과적인 지름길을 찾을 수 있을 것입니다. 그러나 먼저 각 기술을 진지하게 연마해야만 불안을 극복하는 데 필요한 모든 기술을 습득할 수 있습니다. 연습을 더 많이 반복할수록 문제가 있는 오래된 습관을 새로운 습관으로 더 빨리 대체하게 될 것입니다. 습관의 가장 좋은 점 중 하나는 일부러 노력하지 않아도 된다는 것입니다.

그만두지 말고 계속하라

만약 사회불안을 극복하기 쉽다면, 당신은 벌써 사회불안을 극복했을 것입니다. 즉각적으로 변화가 생기지 않는 것 같더라도 이 프로그램을 계속하는 것이 중요한 이유가 바로 여기에 있습니다. 변화는 대개 천천히 시작됩니다. 그러므로 작은 개선에 주의를 기울이십시오. 그러한 작은 개선에 시간과 인내 그리고 연습이 더해져서 큰 변화가 만들어집니다.

자신에게 친절하라

결과에 주목하기는 쉽지만, 자신의 노력을 스스로 칭찬하기는 쉽지 않습니다. 프로그램을 진행하는 동안 가능한 한 자주 자신을 격려하십시오. 목표에 도달하지 못했다고 해서 스스로를 비난하기보다는 발전하고 있는 점을 찾아 축하해 주십시오. 사회불안이 있는 사람들은 대개 자신에게 가장 심한 비평가가 됩니다. 그러나 자신을 비판하는 것은 당신을 변화시키는 데 도움이 되지 못하며, 단지 비참하게 만들 뿐입니다.

낡은 방법을 포기하고 새로운 방법을 시도하라

만약 불안을 다스리기 위해 약이나 술을 사용해 왔다면, 그 사실을 솔직하고 정직하게 치료자와 논의하십시오. 앞으로 배울 기법들보다 약이나 술에 더 의존한다면 이 프로그램은 당신에게 도움이 되지 못할 것입니다. 만약 불안을 조절하기 위해 술이나 대마초 등을 사용했다면 어느 정도 섭취했는지 솔직하게 밝히십시오.

또한 '필요할 때'마다 복용하는 항불안제를 처방받고 있다면 훈련할 때 복용하지 않도록 하십시오. 특히 새로운 상황에 직면해야 할 때는 약물 복용을 중단하십시오. 만약 '매일' 약을 복용하도록 처방받았다면, 이 프로그램을 시작하기 전에 약 복용을 중단하거나 줄이도록 치료자와 상의하십시오. 만약 약을 복용함에도 불구하고 사회불안을 경험하고 있다면, 치료를 시도할 때 당분간 약물치료를 계속해야 할 수도 있습니다. 하지만 이런 것은 개개인의 상황을 감안하여 판단해야 하는 복잡한 사안이므로 치료자와 솔직하게 상담을 하는 것이 중요합니다.

이 프로그램이 도움이 될지 안 될지는 대부분 당신에게 달려있습니다. 만약 당신이 변화를 위해 시간과 에너지를 기꺼이 투자하고, 이 프로그램에 진지하게 참여할 준비가 되어있다면, 수백 명을 치료한 우리의 경험에 비추어 볼 때 당신은 사회불안을 극복할 수 있을 것입니다. 이 치료가 당신에게 도움이 될 것이라는 점에 동의한다면, 이제 숨을 한번 깊게 들이쉬고 나서 우리와 함께 신나는 여행을 떠나봅시다.

이 치료 프로그램의 개요

이 책은 사회불안과 사회불안증을 극복하기 위한 단계적인 치료 방법을 담고 있습니다. 이 책은 또한 사회불안증 인지행동치료를 수련받은 치료자와 함께 진행하도록 만들어졌습니다. 과학적 연구 결과는 이 같은 접근법을 사용한 치료가 효과적이라는 사실을 보여줍니다. 만약 치료를 받고 있지 않은 독자가 이 책을 읽는다면, 지금 당장 치료자를 찾아 나서야 할지를 숙고하는 데 이 책을 활용할 수도 있습니다.

제2장에서는 이 워크북의 나머지 부분에서 사용될 공통 언어를 개발하며, 당신이 다른 사람들과 함께 있을 때 경험하는 불편감을 다른 많은 사람도 경

험한다는 사실을 이해할 것입니다. 제2장은 또한 두려움을 느낄 때 행동과 생각이 어떻게 상호작용하여 두려움이 지속되게 하는지를 설명합니다. 제2장에서 가장 중요한 것은 이 치료 프로그램의 이론적 근거, 즉 현재 당신을 불안하게 하는 상황에서 편안해지기 위해 무엇을 변화시켜야 하는지를 설명하는 것입니다.

제3장에서는 사회불안증의 원인에 대한 최신 지견을 살펴보고 당신의 사회불안이 발생하는 데는 어떤 요인이 중요했는지 생각해 봅니다.

제4장에서는 당신의 사회공포를 분석하는 방법과 당신을 불안하게 하는 여러 상황들이 무엇인지 정확하게 파악하는 방법을 배우게 될 것입니다.

제5장과 제6장에서는 불안을 조절하는 데 중요한 자가치료 기술인 인지재구성 기술을 습득할 것입니다. 당신은 세밀한 단계적 연습을 통해 문제 사고를 찾고, 그 생각의 논리를 엄격하게 검증하는 유능한 과학자가 될 것입니다. 즉 **사회적 상황에 관한 생각을 과학실험의 가설과 같이 다루는 방법**을 배울 것입니다. 제5장과 제6장에서 배우는 인지재구성 기술은 당신이 불안 때문에 하지 못했던 것에 도전할 때 불안을 조절하도록 도와줄 것입니다.

제7장과 제8장은 불안 상황에 직면하는 체계적인 접근법을 설명합니다. 덜 불안한 상황에서부터 점차 더 어려운 상황으로 직면해 가다 보면 얼마 지나지 않아 이때까지 회피해 왔던(혹은 매우 불안해하면서 해왔던) 일을 다시 할 수 있게 될 것입니다.

기본적인 기술을 모두 습득하고 나면, 제9~11장에서는 우리가 수년간 사회불안증을 치료하면서 경험한 몇 가지 흔한 부정적 믿음과 힘든 상황을 다룹니다. 연설, 가벼운 대화, 수전증 같은 불안의 특정 증상에 대한 걱정 등의 주제는 이전 장에서 배운 기법을 연습해 볼 수 있는 추가적인 기회가 될 것입니다. 이들 장의 내용이 당신에게 모두 해당되지 않을 수도 있을 것입니다. 그러나 이 내용을 훈련하다 보면 몇 가지 유용한 사항을 발견할 수 있을 것입니다.

몇 주간 이 프로그램의 방법들을 사용한 후에 제12장을 꼭 읽어보십시오. 이 장은 당신이 이룬 변화를 어떻게 강화하고 더 발전된 수준으로 넘어갈 수 있을지에 대해 설명합니다.

제13장은 이 치료 프로그램을 마칠 때 당신의 성과를 평가해 그 성과를 계속 유지하고 확장할 계획을 세울 수 있게 해줄 것입니다.

과제

각 장의 마지막에는 다음 장을 준비하는 데 도움이 되는 과제를 배치하였습니다. 다음 회기에 대비해서 이번 주에 준비할 과제는 다음과 같습니다.

■ 이 장을 다시 읽어보십시오(이번 회기에 이 워크북을 받았다면 이 장을 미리 읽어볼 기회가 없었을 것입니다).

■ 또한, 제2장도 미리 읽어보십시오. 제2장에는 몇 개의 기록지가 있습니다. 다음 회기까지 일주일 동안 기록지 2.1에서 2.3까지 작성하십시오. 치료자와 기록지 내용에 관해 토론하기 위해 다음 회기에 작성한 기록지를 가져오십시오. 기록지 2.4와 2.5는 다음 치료 회기 후에 작성하도록 요구할 때까지 그대로 두십시오. 다음 회기를 마친 후에 그 기록지를 다시 작성할 것입니다.

일반적으로 치료 회기에 참여하기 전에 미리 워크북의 해당 부분을 읽어보는 것이 가장 효과적입니다. 그렇게 한다면, 단순히 개념을 배우기보다는 그 개념이 어떻게 자신에게 적용되는지에 대해 치료자와 토론하는 데 더 많은 시간을 할애할 수 있을 것입니다.

자가평가

각 장의 마지막에는 핵심 개념의 이해를 돕기 위해 자가평가 질문을 제공합니다. 이것은 다음 단계로 넘어가도 되는지, 아니면 그 장의 내용을 다시 읽어야 하는지 판단하는 데 도움이 될 것입니다. 각 질문에 '예' 또는 '아니오'로 표시하고 이 책의 마지막에 수록된 부록에서 정답을 맞추어 보십시오.

1. 연설, 공공장소에서 식사하기 또는 음료 마시기, 공중화장
   실 이용하기 등의 상황에서 사회불안이 문제가 될 수 있다.   **예 아니오**

2. 일생 동안 사회불안증을 경험하는 사람은 거의 없다.   **예 아니오**

3. 사회불안의 핵심 주제는 다른 사람들이 당신을 부정적으로
   평가할지도 모른다는 두려움이다.   **예 아니오**

4. 이 치료를 받는 동안 당신이 잘하는 것과 진전하고 있는 것
   을 아는 것이 중요하다.   **예 아니오**

5. 이 프로그램이 효과적이기 위해서는 변화를 위해 투자하고
   훈련하는 것이 중요하다.   **예 아니오**

6. 사회불안증 진단을 받은 사람만 사회불안을 경험한다.   **예 아니오**

제2장

사회불안의 이해 : 함께 여행 떠나기

제1장에서 우리는 사회불안이 삶의 정상적인 일부이지만 때때로 문제를 일으
킨다는 사실에 대해 논의했으며, 사회불안이 당신의 삶에 문제인지를 판단하
는 데 도움이 되는 일련의 질문에 답해보았습니다. 또한 하고자 하는 일을 하
지 못하게 방해하는 심한 사회불안의 공식 명칭을 사회불안장애로 설명했습
니다. 이 장에서 우리는 사회불안이 사람들의 삶을 방해하는 방식 등 사회불
안에 관한 훨씬 많은 내용을 설명할 것입니다. 이는 우리가 함께 사회불안을
극복하기 위한 여행을 시작할 때 서로의 언어와 이해를 공유하는 데 도움이
될 것입니다. 그럼 먼저 '불안'이라는 단어가 정확히 무엇을 의미하는지 생각
해 봅시다.

다음 장면을 상상하십시오.

> 회의실에 앉아있는 경준 씨는 큰 걱정에 빠졌습니다. 재무보고를 하기로 되
> 어있던 인성 씨로부터 메모를 받았는데, 갑자기 가족이 아파서 회의에 참석
> 하지 못한다는 내용이었습니다. 인성 씨는 경준 씨에게 재무보고를 대신해
> 달라고 부탁하며 재무보고서를 건넸습니다. 인성 씨의 순서가 바로 다음이기
> 때문에 보고서를 미리 읽어볼 수도 없었습니다. 경준 씨는 자리에 앉아서 자
> 신의 휴대폰을 들여다보다가 사람들 앞에서 발표하기 전까지 그 보고서를 숙
> 지하는 것은 불가능하다는 사실을 깨달았습니다. 준비를 철저히 하더라도 사
> 람들 앞에서 발표하는 것이 불안할 텐데, 지금은 훨씬 더 상황이 안 좋습니
> 다. 그는 이내 매우 불안해졌습니다.

경준 씨가 '불안'하다는 것은 무슨 의미일까요? 경준 씨는 가슴이 뛰고 더워 졌습니다. 그는 보고서를 발표할 때 목소리가 떨리고 아무 생각도 떠오르지 않으면 멍청해 보일까 봐 걱정했습니다. 회의실을 몰래 빠져나가서 보고를 아예 하지 않을 궁리도 했습니다. 그는 실제 상황에서까지 불안해진다면, 보고서만 내려다보고 아무도 알아들을 수 없는 목소리로 중얼거릴 것이라고 확신 했습니다.

이 예에서 알 수 있듯이 '불안'은 단일한 현상이 아닙니다. 불안은 신체적 느낌(예 : 가슴 두근거림), 생각(예 : "나는 멍청하게 보일 거야."), 행동(예 : 중얼거림, 몰래 빠져나감)을 포함합니다. 학자들은 불안에는 세 가지 요소 또 는 부분이 있다고 합니다. 그 세 가지는 **생리적 요소**, **인지적 요소**, **행동적 요 소**입니다. 이제부터 각 요소에 대해 자세히 알아보겠습니다.

불안의 세 가지 요소

생리적 요소

불안의 생리적 측면은 불안할 때 당신이 신체적으로 경험하는 느낌을 말합니 다. 이것은 불안의 아주 중요한 부분이며 사람들이 흔히 가장 먼저 생각하는 불안 증상입니다. 앞서 설명한 상황에서 우리는 경준 씨의 세 가지 주된 신체 증상, 즉 심계항진(가슴 두근거림), 안면 홍조(더워짐), 손떨림을 볼 수 있습 니다. 표 2.1은 사람들이 불안할 때 경험하는 신체 증상 목록입니다. 물론 다 른 이유로도 이런 증상을 경험할 수 있습니다. 불안 때문에 구역질이 날 수도 있지만 어떤 사람은 매운 음식을 먹고도 구역질이 날 수 있습니다. 만약 위험 한 상황에 처한다면, 이런 신체 증상은 위험에 대항하거나 도피하는 유용한 반응일 수 있습니다. 드물게 이런 증상이 질병을 암시할 수도 있는데, 가슴 통증은 일련의 심장질환을 시사할 수 있고, 구역질은 위궤양과 연관될 수 있 습니다. 그러나 걱정이나 불안이 심할 때만 이런 증상을 경험한다면 불안 경 험의 일부일 가능성이 가장 높습니다.

전체 인구의 1/3과 사회불안증을 겪는 사람 두 명 중 한 명이 공황이라고 하는 매우 독특한 현상을 경험합니다. 공황은 불안이 갑자기 치밀어 오르는

표 2.1 | 불안의 신체 증상

심계항진(가슴 두근거림)	근육통
빈맥(심장이 빨리 뜀)	가슴 압박감
어지러움	가슴 통증
구역질	귀울림
질식감	호흡 곤란
목의 이물감	설사
떨림(손, 머리, 무릎)	화끈거림
시야 흐림	안면 홍조
두통	오한
이인감(자신이나 주변이 달라진 것 같은 느낌)	감각 이상(손가락, 발가락, 얼굴의 저림)

현상으로, 표 2.1에 나열된 몇 가지 증상이 동반됩니다. 사람들은 때때로 공황이 아드레날린의 폭발적 분출 같다고 말합니다. 공황 때 느끼는 불안 최고점은 대개 몇 분 정도(길어야 10~15분 이내)만 지속되며, 곧바로 증상이 가라앉기 시작합니다. 그러나 평상시 느낌으로 돌아가는 데는 시간이 좀 더 걸릴 수 있을 것입니다. 공황은 매우 고통스럽고 신경 쓰이는 증상일 수 있는데, 이는 대개 공황이 인지되거나 보고되는 사회불안의 첫 증상이기 때문입니다.

어떤 사회적 상황에서 불안해질 때, 당신이 경험하는 신체 증상에 관해 생각해 봅시다. 기록지 2.1은 사회불안의 신체 증상입니다(그림 2.1은 경준 씨가 작성한 사례). 사회불안을 경험했던 최근 상황을 떠올려 보십시오. 그 상황을 간단히 설명하고, 그때 경험했던 증상을 '가장 최근 상황' 열에 체크하십시오. 여기에 없는 증상을 경험했다면 '기타'란에 쓰십시오. 체크한 증상을 살펴보고 가장 심한(또는 가장 걱정되는) 한 개 또는 두 개 증상에 동그라미 표시를 하십시오. 그러고 나서 사회불안이 가장 심했던 상황을 떠올려 보십시오. 최근일 수도 있고 오래전일 수도 있습니다. 다시 생각하는 것이 조금 불편할 수도 있겠지만, 그때 당시에 어떻게 느꼈는지, 어디에 있었는지, 무슨 일이 일어났는지 등을 정확하게 기억해 보십시오. 가장 심했던 사회불안

1. 가장 최근에 불안을 경험한 상황을 간단하게 설명하십시오.

2. 가장 심한 사회불안을 경험했던 때를 간단하게 설명하십시오.

	가장 최근 상황	가장 심했던 상황
심계항진(가슴 두근거림)	☐	☐
빈맥(심장이 빨리 뜀)	☐	☐
어지러움	☐	☐
구역질	☐	☐
질식감	☐	☐
목의 이물감	☐	☐
떨림(손, 머리, 무릎)	☐	☐
시야 흐림	☐	☐
두통	☐	☐
오한	☐	☐
가슴 압박감	☐	☐
가슴 통증	☐	☐
귀울림	☐	☐
호흡 곤란	☐	☐
설사	☐	☐
화끈거림/안면 홍조	☐	☐
감각 이상(손가락, 발가락, 얼굴의 저림)	☐	☐
이인감/비현실감(자신이나 주변이 달라진 것 같은 느낌)	☐	☐
기타	☐	☐

그림 2.1 | 경준 씨가 작성한 사회불안의 신체 증상 기록지

1. 가장 최근에 불안을 경험한 상황을 간단하게 설명하십시오.

   인성 씨가 나에게 준비할 시간도 주지 않고 재무보고서를 발표하라고 했을 때

2. 가장 심한 사회불안을 경험했던 때를 간단하게 설명하십시오.

   고등학교 2학년 영어 수업시간에 발표할 때

	가장 최근 상황	가장 심했던 상황
심계항진(가슴 두근거림)	☑	☑
빈맥(심장이 빨리 뜀)	☐	☐
어지러움	☐	☑
구역질	☐	☐
질식감	☐	☐
목의 이물감	☐	☐
떨림(손, 머리, 무릎)	☑	☑
시야 흐림	☐	☐
두통	☐	☐
오한	☐	☐
가슴 압박감	☐	☑
가슴 통증	☐	☐
귀울림	☐	☐
호흡 곤란	☐	☐
설사	☐	☐
화끈거림/안면 홍조	☑	☐
감각 이상(손가락, 발가락, 얼굴의 저림)	☐	☐
이인감/비현실감(자신이나 주변이 달라진 것 같은 느낌)	☐	☐
기타 : **목소리 떨림**	☐	☑

경험을 떠올리고 나서 그 상황을 기록지에 간단히 쓰고, 그때 경험한 증상을 '가장 심했던 상황' 열에 체크하십시오. 가장 심하게 불안할 때는 일반적으로 생리적 증상이 좀 더 많지만, 대개 전형적으로 나타나는 몇몇 증상은 있습니다.

경준 씨는 가장 최근에 불안을 경험한 상황으로 재무보고서를 읽을 때를 꼽았습니다. 그는 그때 세 가지 신체 증상을 경험했는데, 심계항진, 떨림, 화끈거림/안면 홍조였습니다. 불안이 가장 심했던 상황은 고등학교 2학년 영어 수업시간에 발표할 때였습니다. 이것은 극심한 불안을 떠올리게 하기 때문에 그에게는 매우 고통스러운 기억입니다. 그는 5분 스피치 시간을 몇 주간 피했지만, 더 이상 피할 방법이 없었습니다. 그리고 발표 당일에는 조금 덜 불안했기 때문에 성공할지도 모른다고 생각했습니다. 하지만 스피치를 시작하자 불안이 급격하게 밀려오면서(일종의 공황?) 가슴이 답답하고 숨을 쉴 수 없을 것 같았습니다. 심장이 터져나갈 것 같았고 목소리가 떨려서 이상하게 들렸습니다. 교실 뒤에서 두 명의 학생이 그를 보고 웃었습니다. 그는 떨리고 어지럽고 토할 것 같았습니다. 그는 그 일로 인해 매우 당황했기 때문에 이후 일주일간 그 수업을 빠졌습니다.

인지적 요소

우리가 보았듯이, 경준 씨는 불안의 생리적인 측면은 매우 잘 인지하였지만 다른 요소는 잘 인지하지 못하는 것 같았습니다. 그가 경험하는 불안의 인지적 요소를 한번 살펴봅시다. 심리학자들은 인지적이라는 단어를 사고와 사고과정의 의미로 사용합니다. 경준 씨는 "나는 멍청하게 보일 거야."라고 생각하며 아무 생각도 떠오르지 않을까 봐 걱정하고 있습니다. 불안한 생각에는 경준 씨의 경우와 같이 나쁜 일이 일어날 것이라는 예측도 포함됩니다.

사회불안이 있는 사람은 흔히 자신의 수행에 관한 생각("그녀에게 무슨 말을 해야 할지 모르겠어.", "나는 말을 더듬고 멍청하게 보일 거야.")과 자신에 대한 다른 사람의 평가에 관한 생각("그는 내가 유별나다고 생각할 거야.", "그들은 나를 재미없다고 생각해.", "그녀는 내가 능력이 없다고 생각해.")을 합니다. 이런 생각이 익숙합니까? 그럼 당신이 불안할 때 하는 생각들을 한번 살펴봅시다.

불안의 신체 증상을 설명할 때 기록지 2.1에 나열했던 최근 불안 상황과 동일한 상황을 기록지 2.2(불안 유발 상황과 연관된 생각)에 쓰십시오. 그림 2.2는 경준 씨가 작성한 사례입니다. 기억할 수 있는 모든 생각을 한 줄에 한 가지씩 나열하십시오. 그 일을 겪을 때는 물론이고 그 일을 예상할 때, 그리고 그 일이 끝나고 나서 했던 생각도 떠올려 보십시오. 때로는 어떤 일을 예상할 때가 가장 불안합니다.

이제 당신이 나열한 생각들을 살펴보십시오. 한 번이라도 그 생각들이 현실적인지 의심하거나 자신에게 물어본 적이 있습니까? 때로는 그 생각들이 진실일 경우도 있지만, 실제로 일어나는 일보다는 오히려 심한 두려움을 반영할 때가 훨씬 더 많습니다. 불안은 대개 상황을 객관적으로 보지 못하게 합니다. 다음 장들에서 우리는 당신의 생각들을 주의 깊게 살펴보고 아마도 당신이 이 시점에서 인식하지 못하는 몇 가지 생각들을 발견할 것입니다. 불안한 상황에서 다르게 생각하는 법을 배우는 것은 사회불안을 극복하는 중요한 단계입니다.

행동적 요소

앞에서 우리는 불안의 세 가지 요소 중 두 가지(생리적 요소, 인지적 요소)를 알아보았습니다. 이제 세 번째 요소인 행동적 요소 차례입니다. **행동적**이라는 것은 걷기, 웃기, 재채기하기, 묘기 부리기 등과 같이 그 사람이 무엇을 하고 있는지 물어보지 않고도 다른 사람들이 관찰할 수 있는 모든 것을 의미합니다. 걷기, 웃기, 재채기하기, 묘기 부리기는 모두 행동입니다. 상대에게 물어볼 필요 없이, 상대가 이 중 한 가지를 하는지 하지 않는지 확인할 수 있기 때문입니다. (생각을 '내적 행동'으로 보는 학자들도 있지만, 우리의 목적상 생각은 객관적 행동과 분리해서 생각할 것입니다.)

불안의 행동적 요소에는 두 가지 부분이 있습니다. 첫 번째는 **불안 유발 상황**에서 당신이 하는 것입니다. 데이트하고 싶은 매력적인 사람에게 말을 걸고 싶지만 주저하고 있는 불안한 젊은이를 상상해 보십시오. 주저하거나 상대를 외면하는 것은 불안과 연관된 행동입니다. 동료인 인성 씨로부터 재무보고 발표를 떠안게 된 경준 씨 사례로 돌아가 봅시다. 드러날까 봐 걱정하던 불안 최근에 경험했던 불안한 사회적 상황 또는 수행 상황을 간단히 설명하십시오.

_____

_____

_____

_____

그 상황에 대해 기억할 수 있는 생각을 모두 나열하십시오. 그 일을 예상할 때, 그 일을 겪을 때, 그 일이 끝나고 나서 했던 생각을 모두 포함하십시오. 한 줄에 한 가지씩 나열하십시오.

1. _____

2. _____

3. _____

4. _____

5. _____

6. _____

7. _____

8. _____

9. _____

10. _____

그림 2.2 │ 경준 씨가 작성한 불안 유발 상황과 연관된 생각 기록지

최근에 경험했던 불안한 사회적 상황 또는 수행 상황을 간단히 설명하십시오.

지난주에 인성 씨가 준비할 시간도 주지 않고 재무보고서를 발표해 달라고 했을 때

그 상황에 대해 기억할 수 있는 생각을 모두 나열하십시오. 그 일을 예상할 때, 그 일을 겪을 때, 그 일이 끝나고 나서 했던 생각을 모두 포함하십시오. 한 줄에 한 가지씩 나열하십시오.

1. **나는 멍청하게 보일 거야.**

2. **아무 생각도 떠오르지 않을 거야.**

3. **내가 너무 불안해해서 모든 사람들이 나에게 무슨 문제가 있다고 생각할 거야.**

4. **인성 씨가 나에게 이렇게 했다는 게 믿기지 않아.**

행동이 무엇인지 한번 봅시다. 경준 씨는 그가 청중은 쳐다보지도 못하고 보고서만 볼 것이며, 알아듣지 못하는 소리로 중얼거릴까 봐 걱정했습니다. 만약 당신이 경준 씨가 그 보고서를 발표할 때 회의실에 있었다면, 이런 행동을 관찰할 수 있었을 것입니다.

행동적 요소의 두 번째 부분은 **회피**입니다. 회피는 두려운 일을 하지 않거나 불안 유발 상황의 가장 두려운 측면으로부터 멀어지는 방식으로 하는 것을 말합니다. 만약 당신이 친하지 않은 사람과 대화하는 것에 대해 사회불안을 겪고 있다면, 낯선 사람이 많이 오는 모임의 초대를 거절할지도 모릅니다. 이것은 그 파티를 전적으로 회피하는 것이고 불안의 행동 신호입니다. 반면 파티에는 참석하지만, 아는 사람이나 편한 사람하고만 대화를 할 수도 있을 것입니다. 전적으로 파티를 회피한 것은 아니지만 가장 불안한 부분, 즉

낯선 사람과의 대화는 회피했습니다. 회피는 매우 미묘할 수 있습니다. 당신은 아마도 모임에서 사람들 주변에 있는 것이 이상하고 불편해 보일 것이라는 생각 때문에 구석에 앉아서 시간을 보내다 온 적이 있을 것입니다. 구석에 앉아있는 것은 데이비드 클라크(David M. Clark)와 에이드리언 웰스(Adrian Wells)가 말한 '안전행동'입니다. 안전행동이란 미묘한 회피의 일종으로서 불안한 상황에서 필사적으로 살아남기 위해 시도하는 행동을 말합니다. 안전행동의 또 다른 예는 손이 떨리는 것을 보이지 않으려고 술잔을 꽉 쥐는 것, 땀나는 것을 들키지 않으려고 표시가 나지 않는 셔츠를 입는 것, 특정한 대화주제를 회피하는 것 등입니다.

회피행동은 불안의 매우 흥미로운 측면입니다. 회피행동이 불안을 감소시키는 효과적인 단기 해결책이기 때문입니다. 만약 경준 씨가 회의에서 빠져나가 재무보고를 할 필요가 없어졌다고 생각해 봅시다. 경준 씨가 일어나서 문밖으로 걸어나가는 상상을 해보십시오(심리학자들은 이것을 회피보다는 '도피'라고 합니다). 경준 씨의 뒤로 문이 닫히자마자 그가 어떻게 느낄 것이라고 생각합니까? 아마도 그를 두렵게 하는 일을 하지 않아도 된다는 사실을 확인하는 순간, 그의 불안은 즉각 줄어들 것입니다. 그러므로 회피는 불안을 즉각적으로 감소시키는 효과적인 방법일 수 있습니다. 그러나 조금 더 지나면 경준 씨에게 무슨 일이 일어날 것 같습니까? 시간이 흐른 뒤에 자신이 보고를 회피했다는 사실에 대해서 어떻게 느낄 것 같습니까? 그는 대부분의 사람과 마찬가지로 자신에게 다시 안 좋은 감정을 느끼게 될 것입니다. 그는 자신을 심약하거나 무능력하게 여길 수도 있고, 우울감을 느낄지도 모릅니다. 그는 보고를 하지 못한 데 대해 스스로 화가 날 것입니다. 자신에게 보고를 미루어서 이런 상황을 초래한 인성 씨에게도 화가 날 것입니다. 경준 씨는 지금 인성 씨를 만나 보고를 하지 않았다는 사실을 말해야 하는 난처한 상황에 있습니다. 다음 회의에 참석하기도 매우 힘들어질 수 있을 것입니다. 지난번 회의에서 빠져나간 것을 다른 사람들이 어떻게 생각할지 걱정스러웠기 때문입니다. 여기에서 우리는 회피가 처음에는 불안을 낮추어 주지만, 나중에는 또 다른 부정적 감정과 문제를 야기한다는 사실을 알 수 있습니다.

회피는 흔히 사회불안이 있는 사람들에게 중대한 문제입니다. 몇몇 불안한 상황을 회피하다 보면 대부분의 상황을 회피하려는 경향이 빠르게 자리 잡게 됩니다. 상황을 회피하면 불안을 즉각 완화시키기 때문에 불안 유발 상황에 대한 회피를 멈추기 어렵습니다. 이 완화되는 느낌이 회피에 대한 '보상'입니다. 어떤 행동이 보상을 받으면 장래에 다시 반복될 가능성이 높습니다. 만약 당신이 (불안한 상황을 벗어나는 것 같은) 어떤 행동을 하고 나서 (불안이 감소하는) 이득을 얻었다면, 아마도 그 행동을 다시 반복할 것입니다. 회피로 인해 이후에 기분이 나빠질지도 모르지만, 당장은 문제가 되지 않습니다. 중요한 점은 즉각적인 불안 감소가 회피의 가장 큰 장점이라는 것입니다.

당신이 불안한 상황을 얼마나 자주 회피하는지 한번 점검해 봅시다. 지난 몇 주를 되돌아보십시오. 해야 하거나 하고 싶지만 불안 때문에 하지 못한 일이 있습니까? 점심 식사는 혼자 했습니까, 아니면 동료들과 했습니까? 매력적인 사람이 당신과 대화를 하려고 할 때 그 기회를 잡았습니까? 직장이나 학교, 종교단체 또는 지역사회단체에서 새로 추진하는 일에 자원해서 참여했습니까? 회피는 때때로 매우 미묘할 수 있으며 사회불안으로 힘들어하는 사람들은 대부분 생각보다 훨씬 많은 회피를 하고 있습니다. 회피는 친구를 만들고 장래의 배우자를 만나고 직장이나 학교에서 새로운 기회를 얻고 가족이나 사회에 기여할 기회를 잃는다는 것을 의미합니다. 회피는 상황을 중단하는 것만큼이나 전혀 시작하지 않는 것과도 많은 관련이 있습니다.

우리는 회피를 더 쉽게 스스로 검토하도록 기록지 2.3(나의 사회불안과 연관된 회피행동)을 만들었습니다. 기록지는 회피의 몇 가지 유형을 고려하고, 이런 행동을 한 후에 어떻게 느끼는지 답하도록 요구합니다. 회피는 사회불안을 극복하는 데 심각한 걸림돌이 될 수 있습니다. 따라서 우리는 완전 회피, 시작 이후 도피, 애초에 하지 않음, 안전행동에 의존 등 회피의 몇 가지 다른 유형에 관해 자세히 질문합니다. 기록지 2.3의 질문에 답하면서 회피를 피하는 태도를 발달시키는 것이 왜 중요한지 이해하기를 기대합니다.

그림 2.3은 경준 씨가 작성한 사례입니다.

지난 몇 주간 불안을 경험한 사회적 상황을 떠올려 보십시오. 생리적 감각이나 생각이 아니라 당신의 행동에 집중하면서 다음 질문에 답하십시오.

완전 회피 : 완전히 회피했던 사회적 상황을 나열하십시오. 예를 들면, 불안 때문에 파티 초대를 거절하거나 다른 사람과 대화를 하지 않기 위해 애를 쓴 적이 있습니까?

그러고 나서 기분이 어땠습니까? (단기적/장기적)

어떤 면에서 당신의 목표나 가치에 부합하지 않았습니까?

도피 : 불안 때문에 갑자기 끝낸 상황을 나열하십시오. 예를 들면, 불안 때문에 친목회에서 일찍 빠져나왔거나 대화를 끝낼 구실을 찾은 적이 있습니까?

그러고 나서 기분이 어땠습니까? (단기적/장기적)

어떤 면에서 도피가 당신의 목표나 가치에 부합하지 않았습니까?

기회 상실 : 불안 때문에 전혀 일어나지 않은 상황을 나열하십시오. 예를 들면, 학교나 직장 또는 사교모임에서 누군가와 대화를 하려고 했지만, 결국 하지 못한 적이 있습니까?

그러고 나서 기분이 어땠습니까? (단기적/장기적)

어떤 면에서 당신의 목표나 가치에 부합하지 않았습니까?

안전행동 : 사회적 상황에서 당신의 행동은 어떻습니까? 부정적 결과를 피하기 위해 했던 행동은 무엇이었습니까? 예컨대 땀을 숨기기 위해 검은 옷을 입거나, 손이 떨리는 것을 보이지 않기 위해 컵을 꽉 쥐거나, 파티에서 아는 사람하고만 대화를 하는 것 등.

그러고 나서 기분이 어땠습니까? (단기적/장기적)

이런 행동이 어떤 면에서 당신에게 불리하게 작용할 수 있습니까? 그런 행동을 중단함으로써 무엇을 배울 수 있습니까?

그림 2.3 | 경준 씨가 작성한 나의 사회불안과 연관된 회피행동 기록지

지난 몇 주간 불안을 경험한 사회적 상황을 떠올려 보십시오. 생리적 감각이나 생각이 아니라 당신의 행동에 집중하면서 다음 질문에 답하십시오.

완전 회피 : 완전히 회피했던 사회적 상황을 나열하십시오. 예를 들면, 불안 때문에 파티 초대를 거절하거나 다른 사람과 대화를 하지 않기 위해 애를 쓴 적이 있습니까?

잘 알지 못하는 동료들로부터 회식 자리에 오라는 초대를 받았지만, 바빠서 못 간다고 했다.

커피가 정말 마시고 싶었지만 상사가 휴게실에 있는 것을 보고는 들어가지 않았다.

그러고 나서 기분이 어땠습니까? (단기적/장기적)

두 번 모두 무언가를 훔쳐서 달아나는 기분이었다가 이내 안도감이 들었다. 그러나 내가 겁쟁이 같다는 생각이 들었다.

어떤 면에서 당신의 목표나 가치에 부합하지 않았습니까?

나는 직장에서 사람들과 더 편해지고 싶은데, 이런 행동은 도움이 되지 않는다.

도피 : 불안 때문에 갑자기 끝낸 상황을 나열하십시오. 예를 들면, 불안 때문에 친목회에서 일찍 빠져나왔거나 대화를 끝낼 구실을 찾은 적이 있습니까?

지난주에 나는 친구네 집 파티에 참석했지만, 한 시간 정도 버티다가 너무 불안해서 빠져나왔다.

그러고 나서 기분이 어땠습니까? (단기적/장기적)

동일했다. 안도감이 들었다. 그러나 집에 돌아오자마자 자책했다.

어떤 면에서 도피가 당신의 목표나 가치에 부합하지 않았습니까?

모든 면에서! 나도 사교적으로 사람들 사이에서 더 편안해지고 싶다.

기회 상실 : 불안 때문에 전혀 일어나지 않은 상황을 나열하십시오. 예를 들면, 학교나 직장 또는 사교모임에서 누군가와 대화를 하려고 했지만, 결국 하지 못한 적이 있습니까?

나는 매번 이렇게 한다. 항상 누군가에게 말을 걸려고 하지만, 빨리 말하지 못해서 기회를 잃거나 꽁무니를 뺀다.

그러고 나서 기분이 어땠습니까? (단기적/장기적)

엉망, 엉망, 엉망!

그림 2.3 | 경준 씨가 작성한 나의 사회불안과 연관된 회피행동 기록지 (계속)

어떤 면에서 당신의 목표나 가치에 부합하지 않았습니까?

만약 사람들 사이에서 더 편안해지고 싶다면, 더 적극적으로 참여할 필요가 있다.

안전행동 : 사회적 상황에서 당신의 행동은 어떻습니까? 부정적 결과를 피하기 위해 했던 행동은 무엇이었습니까? 예컨대 땀을 숨기기 위해 검은 옷을 입거나, 손이 떨리는 것을 보이지 않기 위해 컵을 꽉 쥐거나, 파티에서 아는 사람하고만 대화를 하는 것 등.

직장에서 인성 씨의 재무보고를 대신했다. 발표하는 동안 사람들의 얼굴은 쳐다보지도 못하고 무슨 말인지 알아듣지 못할 정도로 웅얼거렸다.

그러고 나서 기분이 어땠습니까? (단기적/장기적)

너무나도 불안해서 도망치고 싶었다. 보고를 망친 것 같아서 일주일 내내 그 생각만 했다.

이런 행동이 어떤 면에서 당신에게 불리하게 작용할 수 있습니까? 그런 행동을 중단함으로써 무엇을 배울 수 있습니까?

내가 말하고 있는 내용을 이해하는 것 같아 보이지 않았다. 아마도 사람들을 쳐다보면서 크게 말하는 것이 더 나을 것 같다.

생리적, 인지적, 행동적 요소의 상호작용

사람들이 불안할 때 불안의 요소 중 한 가지만 경험하는 경우는 거의 없습니다. 사실 불안의 생리적, 인지적, 행동적 요소는 서로 영향을 주고받습니다. 한 가지 요소가 증가하거나 감소하면 나머지 두 요소도 증가 또는 감소할 수 있습니다. 이것이 어떻게 작동하는지 예를 한번 살펴봅시다.

현정 씨는 1년 전부터 한 대기업에서 사무직으로 근무하기 시작했습니다. 그녀는 그곳에서 1년 정도 일한 후에 업무평가가 좋으면 급여가 오를 것으로 기대했습니다. 그녀는 실제로 아주 훌륭하다는 평가를 받았지만, 급여 인상에 대해서는 아무런 말도 듣지 못했습니다. 동료들은 매우 이례적이라고 했습니다. 사실 그녀는 몇 개월 전에 파트타임 직원이 관두고 나서는 그 사람 업무까지 떠맡고 있었습니다. 현정 씨는 상사에게 급여 인상에 대해 말하고 싶었지만, 그 생각만 하면 매우 불안해졌습니다. 그녀는 오늘 아침에 그녀가 맡고 있는 프로젝트와 관련하여 상사와 면담할 예정입니다. 그녀는 면담 말미에 급여에 대해 상사에게 말할 계획입니다. 아침에 일어나서 그녀는 다음과 같이 생각했습니다. "내 업무에 무언가 문제가 있는 게 틀림없어. 그렇지 않다면 급여를 올려줬을 거야."

이것은 그녀의 불안과 연관된 생각이므로 그림 2.4 불안의 하향 나선에서 1번에 놓고 인지로 분류했습니다.

현정 씨를 따라가면서 불안의 세 가지 요소가 어떻게 상호작용하는지 알아 봅시다.

현정 씨는 아침부터 속이 답답하고 어깨와 등 근육이 긴장되었습니다. 그녀는 집중을 못 하고 실수로 서류 더미를 쓰러뜨리기까지 했습니다. 바닥에서 서류를 집으면서 "난 너무 무능해! 급여를 올려주지 않는 게 당연해."라고 생각했습니다. 그때부터 그녀의 심장이 빨리 뛰고 뒷목이 뻣뻣해지기 시작했습니다. 일을 계속하려고 했지만 앉아있을 수가 없었습니다. 그녀는 한참 동안 우왕좌왕했습니다. 상사가 급여를 올려줄 만하다고 생각했다면 벌써 인상이 되었어야 했다는 생각이 들었습니다. 급여를 올려달라고 먼저 요구하는 것은 너무 '뻔뻔한' 일인 것 같았습니다. 상사를 만나러 갈 때까지도 너무 '뻔뻔하게' 비치지 않을지 걱정했습니다. 상사의 사무실 문을 노크할 때 그녀는 숨 쉬기가 곤란하고 손이 떨렸습니다. 면담을 하는 동안 현정 씨는 상사가 크게 웃는 장면을 상상하면서 다음과 같이 생각했습니다. "내가 너무 불안해서 바보 같아 보일 거야. 상사는 내가 급여를 올려달라고 하면 크게 웃을 거야." 면담 내내 그녀는 발을 떨었고, 면담이 끝날 때쯤에는 심장이 두근거리기 시작했습니다. 그때 그녀는 극도로 불안했고 "저 사람과 대화하는 건 너무 불안해. 내 일을 제대로 해내지 못할 거야. 난 해고되고 말 거야."라고 생각했습니다. 그녀는 급여 인상에 대해서는 말도 꺼내지 못하고 상사의 사무실에서 나왔습니다. 그녀는 면담이 끝나자마자 금방 차분해졌습니다. 심장 박동도 느려지고 긴장되었던 근육도 풀어졌습니다. 그러나 얼마 후에 슬픔이 밀려왔습니다. 그녀는 "나는 실패자야! 결국 난 급여를 더 받을 수 없어."라고 중얼거렸습니다. 그녀는 왜 자신이 상사와 의사소통을 잘하고 싶고 자기주장을 할 수 있기를 원하는지, 그리고 그런 기회를 어떻게 날려버렸는지 생각했습니다.

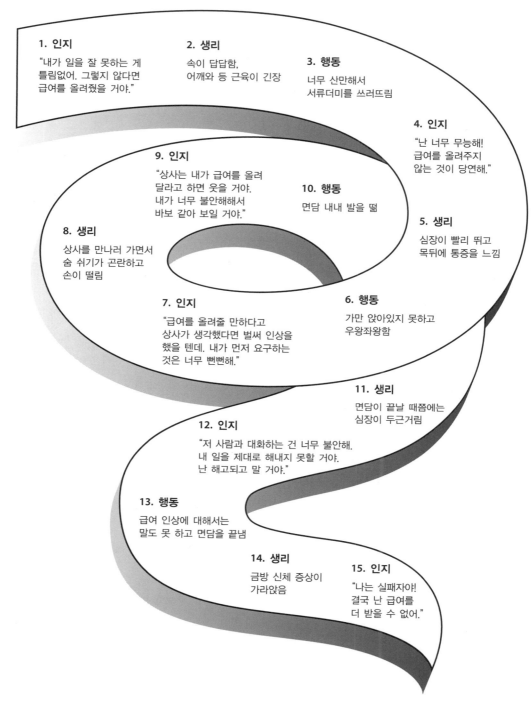

1. 인지

"내가 일을 잘 못하는 게 틀림없어. 그렇지 않다면 급여를 올려줬을 거야."

2. 생리

속이 답답함. 어깨와 등 근육이 긴장

3. 행동

너무 산만해서 서류더미를 쓰러뜨림

4. 인지

"난 너무 무능해! 급여를 올려주지 않는 것이 당연해."

9. 인지

"상사는 내가 급여를 올려 달라고 하면 웃을 거야. 내가 너무 불안해해서 바보 같아 보일 거야."

10. 행동

면담 내내 발을 떰

8. 생리

상사를 만나러 가면서 숨 쉬기가 곤란하고 손이 떨림

5. 생리

심장이 빨리 뛰고 목뒤에 통증을 느낌

7. 인지

"급여를 올려줄 만하다고 상사가 생각했다면 벌써 인상을 했을 텐데. 내가 먼저 요구하는 것은 너무 뻔뻔해."

6. 행동

가만 앉아있지 못하고 우왕좌왕함

11. 생리

면담이 끝날 때쯤에는 심장이 두근거림

12. 인지

"저 사람과 대화하는 건 너무 불안해. 내 일을 제대로 해내지 못할 거야. 난 해고되고 말 거야."

13. 행동

급여 인상에 대해서는 말도 못 하고 면담을 끝냄

14. 생리

금방 신체 증상이 가라앉음

15. 인지

"나는 실패자야! 결국 난 급여를 더 받을 수 없어."

그림 2.4 | 불안의 하향 나선

그림 2.4에서 볼 수 있듯이, 불안의 생리적, 인지적, 행동적 요소는 각 요소를 기반으로 해서 순차적으로 나타납니다. 현정 씨가 불안한 생각을 하기 시작하면 심장이 뛰고 근육이 긴장합니다. 그녀가 신체적, 행동적 증상을 느끼면서 점점 더 불안한 생각에 빠져드는데, 자신은 급여 인상을 요구할 수 없다는 생각에까지 이릅니다. 앞에서 설명했듯이 그녀는 급여 인상에 대한 요구를 회피하고 나서 처음에는 편했습니다. 그러나 나중에는 오히려 상사를 직면하기를 회피한 것에 대해서 화가 났습니다. 그녀는 당연히 받아야 할 급여 인상을 아직도 받지 못하고 있습니다!

그림에서 볼 수 있듯이, 불안의 생리적, 인지적, 행동적 요소는 상호작용하여 기회를 놓치고 분노에 이르는 하향 나선을 그릴 수 있습니다. 우리가 치료한 대부분의 사람은 이런 상황이 너무나 익숙하다고 말합니다. 쉽게 짐작할 수 있듯이, 해결책은 이 프로세스가 통제를 벗어나기 전에 차단하는 것입니다. 현정 씨에게 일이 잘못되기 시작한 지점은 어디입니까? 그녀의 하향 나선은 다음과 같은 생각으로 시작됩니다. "내가 일을 잘 못하는 게 틀림없어. 그렇지 않다면 급여를 올려줬을 거야." 만약 현정 씨가 "나는 그들이 지금까지 약속했던 급여 인상을 해주지 않는 이유를 알 권리가 있어." 같은 다른 생각으로 시작했다면 그녀의 경험은 다르게 나타났을 것이라고 쉽게 상상할 수 있습니다. 만약 불안 나선이 시작된다는 신호를 인지하는 법을 배우고 프로세스를 변화시킬 수 있는 기술을 갖춘다면 당신은 불안을 통제하고 스스로의 삶을 책임질 수 있을 것입니다. 이 책의 나머지 장에서는 그것을 실천하기 위한 기법들과 당신 자신에 관해 더 많이 배울 것입니다.

이 장의 목적 중 하나는 사회불안에 대한 기본 지식과 이해를 증대시키는 것입니다. 앞에서 배웠듯이 불안은 한 가지 측면만 의미하지 않습니다. 불안은 세 부분으로 구성되며, 각 부분은 다양한 사람에게 다르게 경험될 수 있습니다. 다음으로는 인지행동치료가 불안의 하향 나선을 어떻게 방해하는지 알아보겠습니다.

사회불안의 치료로서 인지행동치료

인지행동치료의 요소

우리는 앞서 사회불안의 세 가지 요소, 즉 생리, 인지, 행동에 대해 논의했습니다. 이들 요소는 각각 치료에서 다루어져야 합니다. 인지적 변화는 자신과 타인 그리고 세상에 대한 역기능적 믿음과 기대를 보다 기능적 관점으로 변화시킬 것입니다. 행동적 변화에는 (부족한 수행이 문제라면) 사회적 상황에서 수행 개선과 두려운 상황과 사람에 대한 회피 제거가 둘 다 수반되어야 합니다. 당신은 불안하더라도 불안을 유발하는 일을 해야 할 수 있는데, 그것이 매우 중요한 이유는 그렇게 하는 것이 보다 나은 당신의 삶을 보장하기 때문입니다. 인지와 행동이 변화하면 두려운 상황에서 지나친 생리적 각성이 상당히 줄어들 것입니다. 이 치료에도 세 가지 요소가 있어서 사회불안의 각 측면을 다룹니다. 세 가지 요소는 **체계적인 점진적 노출**, **인지재구성**, **과제**입니다. 각각의 요소에 대해 차례로 살펴보겠습니다.

체계적인 점진적 노출

무언가에 대한 두려움을 극복하고자 한다면 정면으로 맞닥뜨려야 한다는 격언이 있습니다. 사회불안의 극복도 마찬가지입니다. 그러나 이 점을 잘 알고 있어도, 말하는 것만큼 실천하기가 쉽지 않습니다. 학자들은 치료적 방식으로 어떤 공포에 직면하는 것을 노출이라고 합니다. 즉 당신을 불안하게 만드는 그 일을 하는 것입니다. 비록 불안과 상관없이 당신이 해야 하는 그 일을 하는 것이 노출만큼 중요할 수 있지만, 당신의 목표는 현재 공포감을 유발하는 상황에서 좀 더 편안해지는 것입니다. 그러기 위해서는 비록 불안을 경험하더라도, 결국 두려운 상황을 직면해야 하며, 그 상황 중 일부는 오랫동안 회피했던 상황일 수 있습니다.

당신의 공포를 직면하는 데는 많은 방법이 있습니다. 우리는 노출을 수영을 배우는 데 비유하기를 좋아합니다. 당신은 수영장 깊은 쪽에 뛰어들었다가 허우적거리며 밖으로 빠져나오기를 반복하더라도 아마 수영을 배울 수 있을 것입니다. 겁에 질리고 물을 먹기를 반복한 후에 마침내 물에 뜨는 법을 배우게 되고, 그런 다음 팔을 젓고 발로 물을 차서 앞으로 움직이는 방법을 터득하게 될 것입니다. 그러나 이 방법은 아주 재미있지는 않을 것입니다. 또 다른 방법은 수영장 얕은 쪽에서부터 점진적으로 수영을 배우는 것입니다. 먼저, 발을 물에 적시면서 수영장에 들어가기만 합니다. 그런 다음 얼굴을 물속에 넣는 방법을 배우고, 이어서 물에 뜨는 법도 배웁니다. 시간이 지남에 따라 당신은 수영장 깊은 곳에 뛰어들기에 충분한 기술을 익히게 될 것입니다. 아마 처음부터 다이빙대에서 물에 뛰어드는 것은 불안할 것입니다. 그러나 쉬운 상황에서부터 반복적으로 연습을 한다면 자신감이 길러질 것입니다. 우리는 노출훈련도 동일하다고 믿습니다. 만약 이성인 직장 동료와 대화하기를 두려워하는 사람이 있다면, 우리는 먼저 덜 불안한 사람들과 대화하면서 연습해야 한다고 믿습니다.

이 치료 프로그램의 독특한 특징 중 하나는 치료 회기에서 노출을 시작하는 것입니다. 만약 당신이 현재 치료 중이지 않다면, 구조화된 치료 상황의 장점 중 하나로서 지금까지 혼자서 고민하던 문제를 안전한 환경에서 다룰 수 있게 해준다는 점에 주목하십시오. 치료 회기에서 먼저 역할 연기(실연)를 하는 것은 통제된 안전한 환경에서 새로운 도전을 해보는 기회입니다. 당신의 수행에 대해 다른 사람의 의견을 들어볼 수도 있고, 사전 연습을 통해 상황을 예측할 수 있으므로 실제 상황이 더 쉬워질 수 있습니다. 예컨대 당신이 자기주장을 하는 것에 불안을 느낀다면, 먼저 치료자와 회기 중에 연습해 볼 수 있습니다. 이때 당신과 치료자는 사전에 다른 사람들이 어떻게 반응할지 조율할 수 있습니다. 회기 내 노출의 또 다른 장점은, 두려움은 있지만 실생활에서 잘 일어나지 않거나 예측할 수 없는 상황에 대한 대처가 가능하다는 것입니다. 우리는 연설 중에 미리 만들어 놓은 요점 카드가 날아가 버릴까 봐 항상 걱정하는 사람을 치료했던 적이 있습니다. 그는 그 카드를 다시 줍느라 망신을 당하고 카드 순서가 뒤섞여서 연설을 계속할 수 없게 될까 봐 두려워했습니다. 우리는 치료실에 선풍기를 설치해 놓고 이 드문 상황을 연출했습니다. 그는 이 상황을 한번 연습해 보고 나서 요점 카드를 다시 정리하는 데 불과 몇 분밖에 걸리지 않는다는 사실을 깨달았습니다. 그리고 카드가 날아가 버린 상황에 대해 재치 있게 말하고 나서, 하던 연설을 계속했습니다.

사회불안을 극복하는 데 노출이 왜 도움이 될까요? 노출은 적어도 세 가지 이유에서 도움이 됩니다.

1. 노출은 당신이 해야 하는 것을 정확히 연습하기 때문에 도움이 됩니다. 당신은 오랫동안 두려운 상황을 회피했기 때문에 그 상황에서 해야 하는 말이나 행동을 거의 연습하지 못했습니다. 노출은 안전한 환경에서 데이트 신청이나 연설, 자기주장, 대화 등에 필요한 행동기술을 연습하게 합니다. 또한 치료 회기에서 노출 중에 다른 사람에게 어떤 인상을 주는지(실제 사회적 상황에서는 얻기 힘든) 직접적이고 솔직한 의견도 들을 수 있습니다.

2. 노출은 역기능적 믿음의 현실적 근거를 검증할 수 있기 때문에 효과가 있습니다. 만약 당신에게 절대로 불안해 보이면 안 된다는 완벽주의적 믿음이 있다면, 노출을 통해서 실제로 당신이 얼마나 불안하게 보이는지 확인할 수 있습니다. 노출을 통해 당신이 조금(또는 많이) 불안한 모습을 보이면 다른 사람들이 어떻게 반응하는지 확인할 수 있습니다. 또한 노출은 당신이 두려워하는 일이 실제로 일어났는지(또는 일어나지 않았는지) 확인할 수 있는 기회가 됩니다.

3. 많은 사람이 그러하듯, 두려운 상황에 머물러 있으면 당신의 불안 신체 증상은 줄어들기 시작할 것입니다. 성공적인 치료에 필수적인 것은 아니지만, 노출을 할 때 시간이 지나면서 생리적 각성이 안정되고 가라앉는 것이 일상적입니다. 실제 상황에서는 사람들이 너무 불안하기 때문에 심장의 두근거림이 멈추고 구역질이 사라지는 것을 확인할 만큼 충분한 시간 동안 두려운 상황에 머물러 있지 못하는 경우가 많습니다. 이것을 몇 번 경험해 보고 나면 이런 현상이 일어난다는 것을 믿게 되고, 두려운 상황을 직면하더라도 더 편하게 느끼는 데 도움이 됩니다. 또한 동일한 불안 상황에 반복적으로 노출하면 대부분의 사람들은 덜 불안해지고 불안도 더 빨리 사라진다는 사실을 알게 됩니다.

인지재구성

인지재구성은 불안할 때 떠올리는 생각을 단계적으로 분석해서 역기능적 사고를 직접 공략할 수 있게 해주는 일련의 절차입니다. 인지재구성은 나쁜 생각을 몰아내고 좋은 생각으로 바꿔야 한다는 의미가 아닙니다. 또한 맹목적으로 긍정적인 생각을 하는 것도 아닙니다. 인지재구성은 당신의 믿음과 가정 그리고 기대가 진실인지 또는 도움이 되는지 확인하기 위해 질문하도록 가르치는 기술입니다.

인지재구성은 분명히 사회불안의 인지적 요소를 대상으로 하지만, 생리적 요소와 행동적 요소 또한 도움이 된다는 사실을 알고 놀랄 것입니다. 생리적 각성은 어떤 위험한 상황에 대한 정상적인 반응입니다. 인지재구성을 통해 어떤 상황에 대한 위험을 보다 현실적으로 평가하도록 배우면, 결과적으로 신체적 증상을 덜 경험하게 됩니다. 인지재구성은 사회불안의 행동적 요소에 대해 두 가지 방법으로 도움이 됩니다. 첫째, 사고의 역기능성이 줄어들면 상황에 대한 당신의 불안 반응에 온 정신을 집중하기보다는 상황 자체에 정신을 더 집중할 수 있는 여유를 갖게 됩니다. 둘째, 역기능적 믿음이 변화하면 회피를 줄이는 데 도움이 됩니다. 이것은 결과적으로 보다 긍정적인 경험을 할 수 있는 기회가 됩니다. 당신의 경험을 더 현실적으로 평가하다 보면 역기능적 믿음이 더 나은 쪽으로 변화하게 될 것입니다. 이 워크북에 기술된 연습들은 당신의 인지재구성을 돕도록 고안되었습니다. 만약 훈련받은 전문가와 이 치료법으로 치료 중이라면, 치료자가 이 과정을 연습할 수 있도록 도와줄 것입니다.

과제

치료의 세 번째 요소는 과제입니다. 회기 내 노출을 통해 연습하고, 인지재구성 기술을 배우고, 역할 연기에서 점점 더 자신감을 갖는 것도 괜찮을 것입니다. 그러나 치료 바깥의 실제 생활에서도 변화를 경험하는 것이 필수적입니다. 과제는 그것을 경험하도록 고안되었습니다. 치료 과정 동안 치료자는 일주일 동안 어떤 과제를 해오도록 요구할 것입니다. 처음에는 이 워크북의 어떤 부분을 읽어 오거나, 어떤 일에 대해서 생각해 보거나, 당신의 생각이나 감정을 기록해 오는 정도가 과제일 것입니다. 치료 후반부에는 회기 내 노출을 마치고 나서 실제 상황에서 스스로 노출을 시작하게 될 것입니다. 다시 이 상황들은 쉬운 상황부터 어려운 상황까지 단계별로 나뉠 것입니다. 이와 같이, 과제는 치료와 당신의 삶에서 필요한 변화를 이어주는 다리 역할을 합니다.

과제에 대해서 당신이 알아야 할 세 가지 중요한 사항은 다음과 같습니다.

■ 첫째, 과제는 치료자와 협의해서 결정합니다. 당신이 새로운 도전을 하도록 격려하는 것은 치료자의 몫이지만, 실제로 어떤 과제를 할 수 있는지 그리고 무엇을 할 것인지를 결정하는 것은 당신의 몫입니다. 한번 하기로 동의하면 끝까지 마무리해야 하며, 과제에 대해 어떻게 느끼는지 치료자에게 말하는 것을 잊지 마십시오. 불편감을 적극적으로 치료자에게 표현하는 것은 자기주장 또는 권한을 가진 사람과의 대화에 대한 공포를 극복하는 데 도움이 됩니다.

■ 둘째, 과제를 완벽하게 성공할 필요는 없습니다. 단지 열심히 노력하기만 하면 됩니다. 만약 과제가 일주일 동안 세 번 대화를 시작해 보는 것이라면, 누군가와 세 번 대화를 시작하고 몇 마디 주고받기만 하면 됩니다. 기탄 없는 토론을 하거나 평생 친구를 만들 필요는 없습니다.

■ 셋째, 노출 과제에는 인지재구성 연습도 포함될 것입니다. 노출 경험으로부터 최대한 이점을 얻기 위해서는 과제에서 이 부분을 반드시 작성해야 합니다. 이렇게 하면 노출 때 당신이 경험하는 불안이 우리의 구호처럼 진정으로 '평온한 미래를 위한 투자'가 될 것입니다.

치료의 근거 요약

이 치료는 사회불안을 조절하고 기저에 있는 역기능적 믿음을 변화시키는 인지재구성 기법을 이용해서 체계적으로 두려움에 직면하는 완전히 통합된 치료 프로그램입니다. 이 프로그램을 통해 점진적으로 훈련하면서 점차 더 어려운 상황에 도전하다 보면 성공을 쌓을 수 있습니다. 각 단계에서 당신은 과제를 통해 당신의 발전을 현실 세계로 전달하고, 불안을 지속시키는 역기능적 믿음을 파악하고 처리합니다.

프로그램에 대한 몇 가지 공통적인 생각

우리는 지난 몇 년간 사회불안증을 겪는 수백 명에게 이 치료를 시작하는 데 대한 걱정을 말해보게 했습니다. 반복해서 나오는 공통된 생각 몇 가지가 있는데, 그 생각들을 여기에 나열했습니다. 중요한 목표를 가로막는 다른 생각들을 공략할 때 우리가 가르치는 방법과 유사하게, 이 생각들을 공략하는 유용한 질문들을 열거하였습니다. 이 질문들에 대한 답변이 당신의 걱정을 해결하기를 기대합니다. 제5장과 제6장에서 다룰 인지재구성 요소가 어떻게 도움이 되는지도 간단히 소개될 것입니다.

- 나는 사회불안이 너무 심하기 때문에 이 치료는 나에게 효과가 없을 거야. 나의 비관주의 외에 이 생각이 진실이라고 생각할 만한 증거는 무엇인가? 이 치료가 나에게 도움이 될 수도 있을 것이라는 증거는 무엇인가? 이 치료는 전 세계적으로 많은 사람에게 사용됐어. 적어도 그들 중 일부는 나만큼 힘들었을 거야. 내 문제가 너무 심각하다면 내가 나아지기 위해서 더 많은 노력을 해야 한다는 의미야. 난 내가 할 수 있는 최선을 다하고 좋아지기를 바랄 뿐이지.
- 나는 너무 오랫동안 불안해 왔어. 내가 나을 방법은 없어. 어릴 때부터 내가 사회불안증을 겪은 건 사실이야. 하지만 이것이 내가 나아질 수 없다는 것을 의미할까? 저자들의 연구에서 오랫동안 사회불안으로 힘들어하던 사람들도 대부분 좋아졌다는 결과를 읽은 적이 있어.
- 나는 너무 불안하기 때문에 노출훈련을 할 수 없을 거야. 나는 노출훈련이 너무 걱정돼. 하지만 걱정을 많이 한다는 것이 실제로 노출훈련을 할 수 없다는 의미인가? 선생님이 내가 쉬운 상황을 선택해서 천천히 시도해 보도록 도와줄 거야. 또 노출을 시작할 때까지 나는 인지재구성을 연습할 거야. 인지재구성을 열심히 한다면 불안을 조절하는 데 도움이 될 거야.
- 나는 불안할 때 아무 생각도 안 나. 그래서 인지재구성은 나에게 도움이 안 될 거야. 이것이 사실이라는 증거는 무엇인가? 지금은 어떤 생각이 올바른지 판단하는 데 어려움이 있고, 나에겐 아직 인지재구성을 연습할 기회가 많지 않았어. 저자들은 생각을 잘하지 못하던 사람도 나중에는 잘하게 되었

다고 했어. 난 계속 노력할 거야. 문제가 계속되면 선생님과 상의할 거야.

■ 치료자에게 내 실제 생각을 말하는 건 너무 힘들 것 같아. 내가 어쩌면 당황스럽거나 우습게 보일 만한 생각을 한다는 건 사실이야. 도저히 말하기 힘든 생각을 할 수도 있어. 하지만 이것이 내 생각을 말할 수 없다는 의미인가? 선생님에게 말하는 모든 것은 사적이고 비밀이야. 내가 걱정하는 그 생각이 바로 내가 상담해야 할 가장 중요한 생각이지. 그러나 한 번에 모든 것을 말해야 할 필요는 없어. 말할 시간은 충분해.

■ 치료시간에 역할 연기로 노출을 하는 건 우스꽝스러워. 그건 나에게 도움이 안 될 거야. 해보기도 전에 역할 연기가 나에게 도움이 되지 않을 것이라고 어떻게 아는가? 아마도 역할 연기가 불안하기 때문에 우스꽝스럽다고 생각하는 걸 거야. 이것은 많은 사람에게 도움을 준 프로그램이야. 내가 그들과 다를 이유는 없어. 노력을 하고 나서 결과를 보자. 회기 내 노출이 나에게 적합하지 않더라도 과제를 통해서 얼마든지 노출훈련을 할 수 있잖아.

■ 나는 오랫동안 많은 치료를 했지만 전혀 효과가 없었어. 불행하게도 이 치료 프로그램이 누구에게나 효과가 있다는 보장은 없어. 하지만 그런 생각만 하는 게 무슨 도움이 되지? 이 프로그램이 많은 사람에게 도움이 된다는 연구는 많아. 나는 지금까지 이런 치료를 받아본 적이 없어. 나에게 적합하지 않다면 많은 치료자가 이 치료를 권하지 않았을 거야. 내 스스로 노력하지 않으면 사회불안이 나아지지 않는다는 걸 알아. 최선의 선택은 열심히 이 치료를 해보고 나서 결과를 보는 거야.

과제

다음 주까지 한두 가지 불안한 상황을 선택해서 사회불안의 세 가지 요소를 관찰해 오십시오. 이것은 불안이 당신에게 어떻게 느껴지는지 주의를 기울이는 연습입니다. 당신은 불안이 불편하게 느껴지는 것을 알기 때문에 아마도 그 상황을 벗어나고 싶을지 모릅니다. 이제 당신은 불안 반응을 분석해서 자신의 경험을 세부적인 요소(신체 증상, 생각, 행동)로 파악할 수 있습니다. 기록지 2.4(사회불안의 3요소 관찰)를 사용하십시오.

날짜 _____

사회불안을 경험한 상황을 간단히 기술하십시오.

생리적 요소	인지적 요소	행동적 요소
내가 경험한 신체 증상은 …	내가 했던 생각은 …	다른 사람들에게 관찰될 만한 나의 행동이나 행동 방식은 … (또한 그 상황에서 도피했는지 또는 그 자체를 회피했는지로 표시한다.)

이번 주에 어떤 불안한 상황이든 사회불안을 경험할 때마다 이 과제를 연습하십시오. 특별히 힘든 상황일 필요는 없습니다만, 불안이 당신을 불편하게 하는 정도는 되어야 합니다. 만약 이번 주에 불안 유발 상황이 없다면 최근에 경험했던 상황을 떠올려서 작성하십시오. 그림 2.5는 앞서 기술한 급여 인상을 요구하고 싶은 현정 씨 사례입니다.

또한 일주일 동안 사회불안과 치료의 세 가지 요소에 대한 우리의 설명이 일리가 있는지 생각해 보십시오. 당신의 반응을 따져보는 데 도움이 되는 기록지 2.5(이 치료 프로그램을 시작하는 데 대한 반응)를 사용하십시오. 각 질

그림 2.5 | 현정 씨가 작성한 사회불안의 3요소 관찰 기록지

날짜 __3월 2일__

사회불안을 경험한 상황을 간단히 기술하십시오.

프로젝트에 관해 상사와 면담하고 나서 급여 인상을 요구할 계획을 했다.

생리적 요소	인지적 요소	행동적 요소
내가 경험한 신체 증상은 …	내가 했던 생각은 …	다른 사람들에게 관찰될 만한 나의 행동이나 행동 방식은 … (또한 그 상황에서 도피했는지 또는 그 자체를 회피했는지로 표시한다.)
속이 답답하다. 근육이 긴장된다. 손이 떨린다. 가슴이 뛴다.	내가 뭔가 잘못하고 있는 것이 틀림없어. 그렇지 않다면 급여를 올려줬어야 해. 나는 무능해. 급여를 올려줄 만하다고 생각했다면 벌써 인상이 되었어야 해. 급여 인상을 먼저 요구하는 것은 너무 뻔뻔한 일이야. 상사는 내가 급여를 올려달라고 하면 웃을 거야. 내가 너무 불안해해서 바보같아 보일 거야. 상사와 대화하는 것이 너무 불안해. 나는 해고될 거야. 나는 실패자야! 결국 난 급여를 더 받을 수 없어.	서류 더미를 쓰러뜨렸다. 가만히 앉아있을 수 없었다. 발을 떨었다. 급여 인상에 대해 요구하는 것을 회피했다.

지시사항 : 각 문항에 대해 어떻게 생각하는지를 적절한 점수로 평가하고, 그렇게 생각하는 이유를 설명하십시오.

1. 이 치료 프로그램이 얼마나 논리적이라고 생각합니까?

1	2	3	4	5	6	7	8	9	10
전혀									매우

  자신의 평가에 대한 이유를 설명하십시오.

_____

_____

2. 이 치료가 당신의 공포를 성공적으로 없애줄 것이라고 얼마나 확신합니까?

1	2	3	4	5	6	7	8	9	10
전혀									매우

  자신의 평가에 대한 이유를 설명하십시오.

_____

_____

3. 이 치료 프로그램을 사회불안이 있는 친구에게 얼마나 자신 있게 권하겠습니까?

1	2	3	4	5	6	7	8	9	10
전혀									매우

자신의 평가에 대한 이유를 설명하십시오.

_____

_____

다음 점수 척도를 이용하여 4번의 a), b), c) 질문에 답하십시오.

1	2	3	4	5	6	7	8	9	10
전혀									매우

4. a) 현재 자신의 사회불안이 얼마나 심합니까? _____

   b) 이 치료 프로그램이 끝난 직후에 자신의 사회불안이 어느 정도일 것이라고 기대합니까?
   _____

   c) 이 치료 프로그램을 마치고 나서 1년 뒤에 당신의 사회불안은 어느 정도일 것이라고 기대합니까? _____

   자신의 평가에 대한 이유를 설명하십시오.

_____

_____

문에 1~10점 척도로 답하고 그에 대한 간단한 설명을 쓰십시오.

마지막으로, 다음 회기에는 당신의 사회불안이 어디에서 기원했는지 논의를 시작할 것입니다. 유전과 생물학적 요인, 가족적 요인, 성장기 또래관계 같은 환경적 요인 등 사회불안의 많은 원인에 대해 검토할 것입니다. 논의를 위해 제3장을 읽고 기록지 3.1(나의 사회불안은 어디에서 왔을까?)을 작성하십시오.

작성한 기록지는 치료자와 검토해야 하므로 다음 회기에 가져오십시오. 매주 확인하게 되겠지만, 일주일 동안 작성한 기록지를 치료자와 검토하는 시간은 치료 회기에서 중요한 부분입니다.

자가평가

각 질문에 '예' 또는 '아니오'로 표시하고, 이 책의 마지막에 수록된 부록에서 정답을 맞추어 보십시오.

1. 불안은 네 가지 요소, 즉 행동, 신체, 인지, 회피로 구성되어 있다.   **예   아니오**

2. 불안의 신체 증상에는 빈맥, 시야 흐림, 발열, 호흡 곤란 등이 포함될 수 있다.   **예   아니오**

3. 사회불안을 경험할 때 드는 불안한 생각은 대체로 나쁜 일이 일어날 것이라는 예측이다.   **예   아니오**

4. 두려운 상황에 대한 회피는 당신을 즉각 편하게 할 뿐 아니라 장기적으로는 사회불안을 줄이는 효과적인 전략이다.   **예   아니오**

5. 불안의 행동요소에는 당신이 실행하는 관찰될 수 있는 것만 포함되며 실행하지 않는 것은 포함되지 않는다.   **예   아니오**

6. 노출은 당신이 사회적 상황에서 일어날 것이라고 기대하던 일이 실제로 일어나는지 확인할 수 있는 기회이다.   **예   아니오**

제3장 사회불안의 원인

제2장에서 우리는 불안한 상황에서 당신이 경험하는 생리적, 인지적, 행동적 증상에 관해 배웠습니다. 과제를 통해 이들 세 가지 요소가 어떻게 당신에게 적용되는지 살펴보고 불안의 하향 나선을 만들었습니다. 치료자는 이 과제를 함께 검토하면서 이 프로그램으로부터 최상의 이득을 얻도록 각 요소를 더 잘 추적, 관찰하는 방법에 관해 의견을 제시할 것입니다. 제2장은 또한 치료의 세 가지 요소(두려운 상황에 대한 점진적 노출, 인지재구성, 과제)가 어떻게 불안의 하향 나선을 차단시키는지 설명하였습니다. 또한 과제를 위해 이 치료 프로그램에 대해 얼마나 확신하는지 생각해 보도록 요구하였습니다. 만약 평가 점수가 매우 확신한다고 나온다면, 아주 좋습니다. 당신은 이 프로그램의 다음 단계로 넘어갈 준비가 된 것입니다. 만약 확신하지 못하는 주제가 있다면 첫 두 장으로 돌아가서 해당 단락을 다시 읽어보는 것이 도움이 될 것입니다. 또한 제1장에서 찾았던 사회불안을 극복하려는 이유를 검토하는 것도 좋을 것입니다.

사회불안은 어떻게 발생하는가

이 장의 뒷부분에서는 사회불안증의 원인에 대해 다룰 것입니다. 사실 사회불안증의 원인에 대한 명확한 설명은 없지만, 이 질환의 발생에 영향을 미칠 수 있는 요인에 대한 훌륭한 과학적 연구는 있습니다. 한 가지 좋은 소식은 사회불안증을 치료하는 데 있어서 원인을 이해할 필요는 없다는 것입니다. 그럼에도 불구하고, 많은 사람들이 사회불안이 어떻게 자신에게 문제가 되었는지 이해하고 싶어 합니다. 또한 우리는 학습이 사회불안의 발생에 매우 중요한 역할을 한다고 생각합니다. 만약 학습 경험이 사회불안의 발생에 어떻게 기여하는지 알 수 있다면, 덜 불안한 삶을 살려면 어떻게 새로운 학습 경험을 해야 하는지 더 잘 알 수 있을 것입니다.

먼저, 당신의 사회불안이 어떻게 발생했는지부터 살펴봅시다. 가족들의 불안 문제에 관해 당신이 알고 있는 것 그리고 성장하면서 받았을지 모를 메시지와 경험을 탐색하기 위해 기록지 3.1(나의 사회불안은 어디에서 왔을까?) 질문에 답하십시오. 그림 3.1은 진우 씨가 작성한 사례입니다. 그는 55세 남성으로, 자신이 관리하는 부하직원들에게 지시나 요구를 하는 것을 두려워하여 치료를 받으러 찾아왔습니다.

사회불안의 원인

대부분의 전문가들은 사회불안증이 대부분의 다른 심리질환과 마찬가지로 유전적 요인, 가족 내 경험, 개인적 경험 등 복합적인 요인에 의해 발생한다는 데 동의합니다. 각 요인에 대해 차례로 다루어 보겠습니다.

유전 : 유전자 속에 사회불안이 있을까?

사회불안증을 '일으키는' 유전자는 아직 발견되지 않았으며, 단일 유전자가 존재하는 것 같지도 않습니다. 그러나 지난 30년간의 과학적 연구는 적어도 일부 환자의 경우에는 사회불안에 유전적 요인이 있을 가능성을 시사합니다. 이 가설을 지지하는 두 가지 계열의 증거가 있습니다. 첫째, 쌍둥이 연구에서 한 쌍둥이에게 사회불안이 있을 때 나머지 쌍둥이도 사회불안이 있을 확률이 높았습니다. 이 확률은 이란성 쌍둥이보다는 일란성 쌍둥이(같은 난자에서 나왔고, 동일한 유전자를 가지고 있음)에서 더 높았습니다.

사회불안증에 유전적 요인이 있다는 두 번째 계열의 증거는 하버드대학의 제롬 케이건(Jerome Kagan) 등의 연구 결과입니다. 케이건 박사는 일부 신생

유전 : 당신의 가족이나 친척들 중에서 사회불안을 포함한 불안장애를 겪는 사람을 나열하십시오. 단순히 수줍거나 말이 없는 사람도 포함시키십시오.

가족 환경 : 당신의 부모나 주된 양육자는 새로운 사회적 상황 또는 수행 상황에 어떻게 대처하도록 가르쳤습니까?

당신의 부모나 주된 양육자는 비록 불안하더라도 시도해 보라고 얼마나 많이 격려하였습니까? 그런 경험으로부터 무엇을 배웠습니까?

당신의 가족은 다른 사람의 평판을 강조하였습니까?(예 : 이웃 사람들이 너를 보면 뭐라고 생각하겠느냐는 말을 자주 들었습니까?) 그런 경험으로부터 무엇을 배웠습니까?

당신의 부모나 주된 양육자는 얼마나 사교적이었습니까? 직장이나 지역사회 또는 종교 모임 때 사람들 앞에서 말을 잘하였습니까? 그런 경험으로부터 무엇을 배웠습니까?

당신의 부모나 주된 양육자가 당신을 정서적, 육체적, 성적으로 학대하였습니까? 당신의 기본적인 욕구(신체적 돌봄, 정서적 지지)를 충족시켜 주는 부모나 주된 양육자가 있었습니까? 만약 그랬다면, 그런 경험이 당신 자신과 타인에 대한 관점에 어떤 영향을 미쳤습니까?

중요한 경험 : 사회불안이 발생하는 데 중요한 영향을 미쳤을 수 있는 부정적 또는 외상적인 사회적 경험에 대해 설명하십시오. 그런 경험이 자신과 다른 사람에 대한 관점에 어떤 영향을 미쳤습니까?

그림 3.1 │ 진우 씨가 작성한 나의 사회불안은 어디에서 왔을까? 기록지

유전 : 당신의 가족이나 친척들 중에서 사회불안을 포함한 불안장애를 겪는 사람을 나열하십시오. 단순히 수줍거나 말이 없는 사람도 포함시키십시오.

어머니, 외삼촌, 외할머니, 남동생, 여동생

가족 환경 : 당신의 부모나 주된 양육자는 새로운 사회적 상황 또는 수행 상황에 어떻게 대처하도록 가르쳤습니까?

어머니는 내가 어렸을 때 항상 그녀 뒤에 숨었다고 했다. 어머니는 다들 그러면서 큰다고 생각했기 때문에 적극적으로 고치려고 하지 않았다. 나와 남동생, 여동생은 형과 달리 다른 아이들과 어울릴 기회가 전혀 없었다. 우리 집에서는 그래도 그냥 내버려 뒀다.

당신의 부모나 주된 양육자는 비록 불안하더라도 시도해 보라고 얼마나 많이 격려하였습니까? 그런 경험으로부터 무엇을 배웠습니까?

어려서부터 나는 시간만 나면 운동을 즐겼다. 부모님은 나에게 운동을 적극적으로 시켰다. 내가 잘 못할까 봐 주저하더라도 할 수 있다고 격려했다. 그에 비해 사교적인 활동은 많이 시키지 않았다. 만약 부모님이 나에게 보이스카우트나 청년회 같은 활동을 시켰다면 지금 내가 사회적 상황에서 훨씬 더 편하지 않을까 궁금하다. 나는 항상 동생들하고 노는 것이 더 편했다.

당신의 가족은 다른 사람의 평판을 강조하였습니까?(예 : 이웃 사람들이 너를 보면 뭐라고 생각하겠느냐는 말을 자주 들었습니까?) 그런 경험으로부터 무엇을 배웠습니까?

우리 가족이 이웃의 평판을 걱정했던 기억은 없다. 하지만 우리 부모님은 늘 우리들에게 어떤 경우라도 다른 사람들에게 공손하고 예의 바르게 구는 것이 중요하다고 가르쳤다. 그래서 나는 비록 어떤 문제가 있다고 하더라도 마찰을 일으키지 않고 공손하게 구는 것이 더 좋다고 배운 것 같다.

당신의 부모나 주된 양육자는 얼마나 사교적이었습니까? 직장이나 지역사회 또는 종교 모임 때 사람들 앞에서 말을 잘하였습니까? 그런 경험으로부터 무엇을 배웠습니까?

나의 부모님은 몇몇 가족과 잘 지냈다. 그들과 함께 교회도 다녔지만 아버지가 적극적으로 나서는 모습을 본 기억은 없다. 아버지는 공장에서 일하는 근로자였기 때문에 여러 사람 앞에 나서서 말할 기회가 없었을 것이다. 어머니는 전업주부여서 집에서 우리를 돌봤다.

그림 3.1 | 진우 씨가 작성한 나의 사회불안은 어디에서 왔을까? 기록지 (계속)

당신의 부모나 주된 양육자가 당신을 정서적, 육체적, 성적으로 학대하였습니까? 당신의 기본적인 욕구(신체적 돌봄, 정서적 지지)를 충족시켜 주는 부모나 주된 양육자가 있었습니까? 만약 그랬다면, 그런 경험이 당신 자신과 타인에 대한 관점에 어떤 영향을 미쳤습니까?

해당 사항 없음.

중요한 경험 : 사회불안이 발생하는 데 중요한 영향을 미쳤을 수 있는 부정적 또는 외상적인 사회적 경험에 대해 설명하십시오. 그런 경험이 자신과 다른 사람에 대한 관점에 어떤 영향을 미쳤습니까?

첫 직장에서 아주 나쁜 상사를 만났다. 그 상사는 근무 스케줄을 엉망으로 짜기로 악명이 높았기 때문에 동료들은 모이기만 하면 그 상사 흉을 봤다. 그 모습을 보면서 나도 조심하지 않으면 동료들이 내 흉을 볼 수도 있겠다고 생각했다.

아의 '낯선 사람에 대한 행동 억제'에 대해 기술했습니다. 케이건 박사는 이들이 청소년이 될 때까지 추적 조사를 했습니다. 7세가 되었을 때, 낯선 사람을 불편해하던 신생아 중 3/4은 계속 수줍음이 많았으며, 불편해하지 않던 신생아 중 3/4은 7세가 되었을 때 수줍음이 없었습니다. 청소년 초기에 수줍음 아동군에 어떤 정신질환이 있는지 확인하기 위한 면담을 했을 때, 예상할 수 있듯이, 가장 흔한 진단은 사회불안증이었습니다. 낯선 사람에 대한 이런 행동 억제는 아주 어릴 때부터 나타날 수 있고, 아동기 내내 지속되는 것으로 보이며, 유전될 가능성이 높아 보입니다.

사회불안이 있는 대부분의 사람과 마찬가지로, 당신도 아마 유전이 이 문제의 발생에 기여할 것이라는 사실을 알고 있을 것입니다. 당신의 가족이나 가까운 친척 중에는 진우 씨가 기록지에 나열한 다섯 명의 가족과 친척처럼 사회불안이 있거나 적어도 수줍음을 많이 타는 사람이 있을 것입니다. 실제로 사회불안증이 있는 사람의 가까운 가족이 동일한 질환을 겪을 확률은 사회불안이 없는 사람에 비해 3배나 높습니다. 사회불안증은 '유전'이 명백해 보입니다. 그렇다면 이 나쁜(또는 불운한) 유전자가 있는 사람은 어쩔 수 없이 사회불안증을 겪을까요? 아닙니다. 앞서 설명한 쌍둥이 연구에서, 일란성 쌍둥이 중 한 명이 사회불안증이 있다고 해서 나머지 쌍둥이에게 반드시 사회불안이 있는 것은 아니었습니다. 사실 대부분이 그렇지 않았습니다. 케이건 박사의 연구에서도 수줍고 불편해하던 신생아 중 1/4은 몇 년 뒤에 수줍어하지 않았습니다. 그 이유는 다른 심리적 문제와 마찬가지로 사회불안증에서 유전적 요인은 한 소인일 뿐 운명이 아니기 때문입니다. 유전적 소인이란, 모든 조건이 그대로일 경우, 수줍음과 관련된 유전자를 물려받았다면 수줍음을 타게 될 가능성이 높다는 의미입니다. 그러나 유전적 소인과는 상관없이, 당신이 사회불안을 겪게 될지 아닐지, 그리고 사회불안이 얼마나 심각할지는 인생의 경험에 크게 영향을 받습니다. 가족은 우리의 어린 시절 경험 대부분을 제공합니다. 다음으로 사회불안 발생에 미치는 가족의 영향에 대해 살펴보겠습니다.

가족 환경

우리가 자신과 다른 사람들 그리고 세상의 원리에 대해 알고 있는 대부분은 성장 과정에서 가족으로부터 배웁니다. 한때 일부 심리학자들이 믿었듯이 사람의 성격이 5세 정도에 확립되는 것 같지는 않지만, 삶에 대한 핵심믿음은 유아기 때부터 형성되기 시작하는 것이 분명합니다. 이들 핵심믿음은 우리는 다른 사람을 신뢰할 수 있는가, 우리가 겪는 사건이 예측할 수 있는 방식으로 일어나는가, 인생을 우리가 통제할 수 있는가, 우리는 일반적으로 운명의 변덕과 힘 있는 다른 사람에게 취약한가 등입니다. 또한 우리는 이때부터 자신이 소중하고 가치 있는 사람인지 아닌지 깨닫기 시작합니다. 우리는 이런 기본적인 원리를 주변 사람들에게서 보고 들으면서 배웁니다.

만약 부모 중 한 명 또는 모두에게 사회불안이 있다면, 자녀는 부모가 사회적 상황에 대처하는 것을 보고 사회불안을 배웠을 수 있습니다. 예컨대 다른 사람을 잘 사귀지 않는 부모를 둔 자녀 역시 사교적이지 않고 사회적 활동을 중요하게 여기지 않을 것입니다. 실제 몇몇 연구에서 사회불안증이 있는 사람의 가족은 광장공포증 등 다른 불안장애를 가진 환자의 가족과 비교할 때 다른 가족을 잘 사귀지 않는 경향이 있는 것으로 나타났습니다. 이와 유사하게, 다른 사람들과 어울릴 때 불안하고 자신을 어떻게 생각할지 걱정하는 부모는 자녀에게 사회적 상호작용은 안전하지 않기 때문에 항상 긴장해야 한다고 가르칩니다.

부모들은 또한 자녀가 불안해할 때 두려운 상황에 대한 하나의 대처 전략으로서 초대를 거절하거나 회피를 제안하여 그 상황을 회피하도록 가르칠 수 있습니다. 7세인 규리는 친구 생일 파티에 가기를 두려워합니다. 사회불안이 있는 규리에게 부모는 공감을 해주고, 친구에게 딸이 아프다고 전화까지 하면서 은연중에 집에 머물러 있기를 격려할 수 있습니다. 물론 우리는 부모가 자녀들이 두려워하는 것을 모두 하도록 강요해야 한다고 주장하는 것은 아닙니다. 그러나 계속해서 회피를 하나의 옵션으로 선택하게 함으로써, 공포를 억지로 극복하는 것보다는 회피하는 게 더 낫다고 가르칠 수 있습니다.

마지막으로, 우리 내담자 중 일부는 학대적이거나 무관심한 부모를 두었으며, 이런 가족 경험은 자신과 다른 사람에 대한 관점에 큰 영향을 미칩니다. 예를 들어, 재호 씨는 어려서부터 어머니에게 정서적으로 학대를 받았습니다. 어머니는 그가 실수를 하거나 그녀를 화나게 할 때마다 그에게 "죽일 가치도 없는 쓸모없는 놈"이라고 말하곤 했습니다. 치료를 시작할 무렵에 재호 씨는 자신을 관리자로서 아무것도 내세울 게 없는 '사기꾼'으로 생각했습니다. 앞서 진우 씨가 작성한 그림 3.1 기록지를 살펴보면, 그는 운동을 하도록 격려받았으며 운동이 그에게는 안전한 사회적 활동이었지만, 그 외 많은 사회적 활동에는 참여하지 않았음을 알 수 있습니다. 비록 그의 가족이 다른 가족들과 어울리기는 했지만, 그는 부모님이 다른 사람들을 이끌거나 여러 사람 앞에서 말하는 모습을 본 적이 없습니다. 진우 씨는 또한 적극적인 것보다는 공손함이 더 중요하다고 배웠습니다.

중요한 경험

사회불안증을 치료받는 사람들은 때때로 사회불안을 일으킨 특별한 경험이 있었다고 말합니다. 또래 친구들과 조금 '다른' 어린이나 청소년은 사회불안이 생길 수 있습니다. 남준 씨는 말을 더듬는 것 때문에 한창 놀림을 당하고 있을 시기에 사람들과 어울리는 것이 불안해졌다고 했습니다. 말더듬은 언어치료를 통해 거의 없어졌지만, 성인이 되고 나서도 여전히 잘 모르는 사람에게 말할 때 불편을 느낍니다. 또 다른 예를 들어보겠습니다. 가난하지만 화목한 가정에서 자란 사람이 있었습니다. 그의 사회불안은 부유한 집 자녀인 대학 동창과 결혼하면서 시작되었다고 합니다. 그는 결혼식이 진행되는 동안 격식에 어긋나는 행동을 할까 봐 두려워서 엄청나게 땀을 흘렸습니다. 사람들이 그가 긴장하여 땀 흘리는 모습을 보고 수군거렸습니다. 그때부터 그는 자신의 출신보다 사회적 지위가 더 높다고 여겨지는 사람들과 어울릴 때 불안했습니다. 그는 지금 경제적으로나 사회적으로나 큰 성공을 거두었음에도 불구하고 동료나 지인들이 그가 '원래 상류층 출신이 아니었다'는 사실을 알게 될까 봐 불안했습니다. 진우 씨의 경우, 첫 직장에서의 경험이 상사에 대한 그의 생각에 영향을 미쳤습니다. 이제는 그가 그 위치에 있기 때문에, 그런 상황이 반복될까 봐 걱정합니다. 하지만 직원들이 싫어하는 상사가 되는 것은 그의 걱정일 뿐입니다.

어떤 사회적 상황에서 공황을 경험하고 나서부터 사회불안이 시작되는 사람도 있습니다. 예컨대 심한 연설불안이 있는 사람은 연설하는 동안 엄청난 불안 증상이 몰려오는 순간(공황)을 기억하곤 합니다. 그럼에도 끝까지 연설을 마칠 수 있는 사람이 있는 반면, 어떤 사람은 연설을 중단해야 합니다. 이런 경험은 흔히 학교에서 일어나기 때문에 사람들은 급우들에게 놀림거리가 되거나 비웃음거리가 되고 창피를 당했던 일을 떠올릴 수 있습니다. 사람들 앞에서 말을 해야 할 때마다 자주 이 상황에 대한 기억이 그들을 괴롭히기 때문에 그들은 사람들 앞에서 말하기를 회피하기 쉽습니다. 회피는 더 성공적인 경험을 할 기회를 빼앗기 때문에 나쁜 경험이 계속 그들을 지배하게 됩니다.

요인들의 결합 : 유전과 가족 환경 그리고 중요한 경험의 상호작용

우리는 앞서 사회불안증에는 세 가지 일차적 원인, 즉 불안하고 내성적인 성향에 대한 유전적 소인, 가족 내 학습 경험, 기타 특별하거나 충격적인 경험이 있다는 사실을 알았습니다. 이들 요인이 사회불안의 발생에 기여하는 정도를 그림 3.2에 파이 조각으로 표시하였습니다. 각 요인의 기여도는 사회불안증을 겪는 사람마다 모두 다릅니다. 그러나 치료를 원하는 사람 대부분은 수줍음을 타는 경향과 새로운 상황을 피하려는 경향을 타고나는 것으로 보입

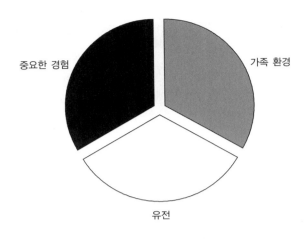

중요한 경험　　　　　　　　　가족 환경

유전

각 '조각'의 크기 또는 중요성은
개인에 따라 다를 수 있음

그림 3.2 │ 사회불안의 발생에 기여하는 요인

니다. 그리고 그들의 가족과 인생 경험에 따라, 이 경향은 그들의 인생에 문제를 유발하는 불안 및 회피 패턴으로 자리 잡을(또는 자리 잡지 않을) 수 있습니다.

　기록지 3.1 질문에 답변한 내용을 살펴보고, 당신에게는 유전, 가족 환경, 중요한 삶의 경험이 얼마나 중요했는지 생각해 보십시오. 어떤 요인이 더 중요하거나 덜 중요한지 보여주기 위해 기록지 3.2(나의 사회불안에는 무슨 요인이 중요한가?)의 원에 색칠을 하십시오. 그림 3.3에서 진우 씨는 중요한 삶의 경험이 가장 큰 영향을 미쳤고, 유전이 가족 환경보다 더 큰 역할을 했다고 생각합니다.

흔히 하는 질문

사람들이 사회불안에 대한 이 설명을 자신의 상황에 적용시킬 때 몇 가지 질문을 흔히 떠올립니다. 그중에서 가장 흔한 몇 가지 질문을 다루어 보겠습니다.

사회불안은 뇌의 화학적 불균형에서 옵니까?

사회불안증을 겪는 사람들은 이 질환이 뇌나 신경계의 '화학적 불균형' 때문

기록지 3.1의 정보를 살펴보고, 유전, 가족 환경, 중요한 경험이 각각 얼마나 중요하다고 생각하는지 그려보십시오.

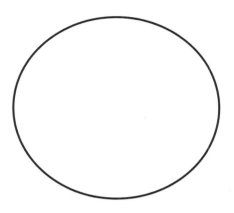

그림 3.3 | 진우 씨가 작성한 나의 사회불안에는 무슨 요인이 중요한가? 기록지

기록지 3.1의 정보를 살펴보고, 유전, 가족 환경, 중요한 경험이 각각 얼마나 중요하다고 생각하는지 그려보십시오.

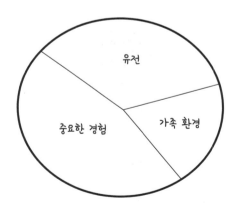

에 발생한다는 말을 매우 자주 듣습니다. 일반적으로 사람들은 이 말을 사회불안이 갑상선 기능저하가 있는 것과 비슷하다는 의미로 받아들입니다. 단순히 몸에서 적절한 화학물질을 적정한 양으로 생산하지 못하는 것이라면, 약을 복용해서 그 화학물질이 만들어지도록 변화시키면 해결될 것입니다. 그러나 이런 생각은 일부만 맞습니다. 사회불안증 환자의 뇌에 관한 연구는 사회불안증이 있는 사람과 사회불안증이 없는 사람 간의 유의미한 차이를 발견하지 못했습니다. 이 연구가 보여준 것은, 사회불안을 겪으면 사람이나 대화 같은 잘못된 자극에 뇌의 정상적인 공포 반응이 너무 쉽게 촉발된다는 것입니다. 이것은 우리가 세상에서 경험하는 것들이 뇌에서 복잡한 화학 시스템과 신경 경로에 크게 영향을 미친다는 사실을 강조합니다. 뇌영상을 이용한 최근 연구에서 약물치료 또는 이 워크북에서 설명하는 심리학적 치료로 정서장애를 성공적으로 치료하면 환자들의 뇌가 변화한다는 사실이 입증되었습니다.

우리는 사회불안증을 완전히 이해하는 데 생물학적 작용이 중요하다는 사실을 알고 있습니다. 실제로 사회불안증이 있는 많은 사람이 약을 복용하고 있고, 상당한 효과를 경험하고 있습니다. 그러나 과학적 연구 결과들은 사회불안증에 대한 생물학적 설명과 약물치료가 모든 사람에게 해당하는 것은 아니라는 사실을 보여줍니다.

저는 단지 내성적이거나 수줍음을 탈 뿐입니다. 괜찮지 않나요?

물론 당신이 괜찮다면 내성적이거나 수줍음을 타는 것은 문제가 되지 않습니다. 많은 사람들은 더욱 혼자만의 생활을 선호하며, 독자적으로 살아가는 것을 강조하는 풍요롭고 만족스러운 삶을 추구합니다. 또한 많은 창조적이고 재능 있는 사람들이 친구를 신중하게 가려서 사귑니다.

내성적이어서 행복한가 아닌가는 당신이 가장 잘 알 것입니다. 만약 수줍음 때문에 원하는 것을 하지 못하거나, 친구가 없어서 외롭거나, 사람들과 함께 있고 싶지만 너무 불안하고 불편하다면 내성적인 것이 당신에게 괜찮지 않다는 것입니다. 이 책에서 논의하는 치료가 당신이 변화하도록 도울 수 있습니다. 물론 당신이 어느 날 갑자기 파티를 주도하는 외향적인 사람으로 변하지는 않겠지만, 아마도 훨씬 더 편안해질 수 있는 타협점이 있을 것입니다.

이 설명은 저에게는 맞지 않습니다. 우리 가족 중 누구도 사회불안증이 없으며, 저도 이혼/충격적 경험/임신/기타 원인을 겪기 전까지는 괜찮았습니다.

우리는 인생 초기 경험이 두 가지 이유에서 사회불안증 발생에 중요하다고 생각합니다. 첫째, 연구에 의하면, 사회불안증이 있는 사람들은 그들의 부모가 그들을 대하는 방식이 이 문제의 발생과 연관이 있었다고 했습니다. 둘째, 대부분 사회불안이 어려서부터 있었거나 고등학교 때 시작되었다고 보고했습니다. 사회불안증이 20세 이후에 시작되는 경우는 상대적으로 드뭅니다. 사회불안증이 이혼이나 직장에서의 좌천 같은 성인기 중요 사건 이후에 시작된 것처럼 보일 때, 이전부터 이 문제의 조짐이 있었지만 스스로 대처 방법을 개발했던 경우를 자주 봅니다. 예를 들면, 배우자의 사망 또는 이혼 후에 사회불안증 치료를 받으러 오는 사람들을 드물지 않게 봅니다. 이들은 사회적 상황에서 배우자에게 지나치게 의지했기 때문에 이제는 다른 이성을 찾는 것은 고사하고 단순한 사회적 상황에 직면할 자신감조차도 없습니다. 만약 당신이 성인기 이후에 사회불안증이 발생한 몇 사람 중 한 명이더라도 이 워크북이 도움이 될 것입니다. 사회불안이 발생할 때 당신의 인생에 무슨 일이 있었는지를 검토하고 그것이 자신과 주변 세상에 대한 믿음을 어떻게 변화시켰는지 살펴보는 것이 중요할 수 있습니다.

경과 기록

어떤 형태의 치료든지 얼마나 잘 진행되고 있는지 기록하는 것은 매우 중요합니다. 이것은 근거기반치료의 중요한 측면입니다. 근거기반치료란 치료자가 당신의 경과를 계속 기록하며, 이 치료를 받는 다른 사람들의 반응과 당신의 반응을 비교하면서 필요에 따라 조정하는 과학적 접근을 하는 것입니다. 이제부터 회기를 시작할 때마다 **사회불안 회기 변화 지수(SASCI)**를 작성할 것입니다. 이 척도를 이용하면 당신의 사회불안이 매주 얼마나 변화했는지 쉽게 파악할 수 있습니다. 변화가 나타나기 전까지는 SASCI 점수가 일시적으로 동일한 수준에 머물러 있는 경우가 많습니다. 처음에 변화가 적거나 오히려 점수가 나빠지더라도 걱정하지 마십시오. 이것은 변화 과정에 나타나는 정상적

SASCI   이름 _____ 날짜 _____

치료를 시작하기 전과 비교할 때 지금은 어떤지 다음 질문에 답하십시오.

치료를 시작하기 전과 비교할 때…

사회적 상황이나 수행 상황(다른 사람들과 교류를 하거나 사람들 앞에서 무언가를 하는 상황)을 예상하거나 직면할 때 지금은 얼마나 불안한가?

1	2	3	4	5	6	7
☐	☐	☐	☐	☐	☐	☐
훨씬 덜하다	상당히 덜하다	조금 덜하다	차이가 없다	조금 더하다	상당히 더하다	훨씬 더하다

치료를 시작하기 전과 비교할 때…

사회적 상황이나 수행 상황, 주목을 받는 것, 사람들과 대화하는 것을 지금은 얼마나 회피하는가?

1	2	3	4	5	6	7
☐	☐	☐	☐	☐	☐	☐
훨씬 덜하다	상당히 덜하다	조금 덜하다	차이가 없다	조금 더하다	상당히 더하다	훨씬 더하다

치료를 시작하기 전과 비교할 때…

다른 사람들 앞에서 수행하거나 말하는 것이 지금은 얼마나 당황스럽거나 창피한가?

1	2	3	4	5	6	7
☐	☐	☐	☐	☐	☐	☐
훨씬 덜하다	상당히 덜하다	조금 덜하다	차이가 없다	조금 더하다	상당히 더하다	훨씬 더하다

치료를 시작하기 전과 비교할 때…

사회적 상황이나 수행 상황에 대한 불안이 직장이나 학교 또는 사회적 활동에 참여하는 것을 지금은 얼마나 방해하는가?

1	2	3	4	5	6	7
☐	☐	☐	☐	☐	☐	☐
훨씬 덜하다	상당히 덜하다	조금 덜하다	차이가 없다	조금 더하다	상당히 더하다	훨씬 더하다

출처 : Reprinted from *Cognitive and Behavioral Practice*, Vol. 15, Hayes, S. A., Miller, N. A., Hope, D. A., Heimberg, R. G., & Juster, H. R. Assessing Client Progress Session by Session in the Treatment of Social Anxiety Disorder: The Social Anxiety Session Change Index, page 9 with permission of Elsevier.

인 부분입니다. 이 책의 SASCI 척도를 복사해서 회기를 시작할 때마다 작성하여 제출하십시오.

과제

여기까지가 도입부의 교육적 내용입니다. 제4장은 치료 프로그램의 첫 단계를 소개하는데, 당신을 불안하게 하는 특정 상황에 초점을 맞춥니다. 다음 장들에서 기술을 학습할 준비를 하기 위해 이번 주에 발생한 불안 유발 상황에 대해 제2장에서 배운 기록지 2.4(사회불안의 3요소 관찰)를 작성하십시오. 지난주와 마찬가지로 불안한 상황이 없다면, 과거에 불안했던 상황을 떠올려 기록지를 완성하십시오. 과거의 경험을 떠올린다면, 이전 과제에 사용한 것과는 다른 경험이어야 합니다.

제4장을 읽어 오십시오. 이 장을 읽으면 치료자와 함께 당신에게 어떤 상황이 더 쉽고 더 어려울지 알게 되고, 상황을 더 불안하게 만들 요소를 계획할 준비가 될 것입니다. 그리고 나서 다음 회기 전에 기록지 4.1(공포 회피 순위의 브레인스토밍)을 작성하십시오.

자가평가

각 질문에 '예' 또는 '아니오'로 표시하고 이 책의 마지막에 수록된 부록에서 정답을 맞추어 보십시오.

1. 과학자들이 사회불안을 유발하는 특정 유전자를 분리했다. **예 아니오**

2. 사회적 상황에서 불안한 듯 행동하는 것(즉 초대를 거절하거나, 다른 사람이 어떻게 생각할지 걱정하는 것 등)은 가족으로부터 배웠을 수 있다. **예 아니오**

3. 당신의 가족에 불안 성향이 많다면, 당신도 나쁜 유전자를 가졌을 뿐이므로 어쩔 수 없다. **예 아니오**

4. 당신은 이 치료에서 매주 SASCI를 작성하므로 치료자와 함께 당신의 진전을 계속 확인할 수 있다.　　　　　　　**예　아니오**

5. SASCI 점수가 처음 몇 회기 동안 상당히 낮아지지 않는다면, 이 치료는 당신에게 효과가 없을 것이다.　　　　　　　**예　아니오**

제4장 두려운 상황들 : 여행지도 그리기

과제를 통해서 불안의 세 가지 요소가 당신에게 어떻게 적용되는지 계속 주의를 기울였습니다. 당신이 경험하는 생리, 인지, 행동 증상을 관찰할 때마다 그 증상이 발생하는 상황도 기록했습니다. 이 장에서 우리는 불안을 유발하는 상황에 대해 매우 자세하게 논의하겠습니다. 사회불안을 경험하는 사람은 누구나 사회적 상황에서 다른 사람에게 부정적으로 보이거나 일을 제대로 못할까 봐 두려워하지만, 공포를 유발하는 상황은 사람마다 매우 다릅니다. 치료자와 함께 도전할 상황을 파악하기 전에, 어떤 점이 상황을 쉽게 혹은 어렵게 만드는지 이해하는 것이 중요합니다. 예를 들면, 만약 당신이 대화할 상대를 안다면, 그 사람과 대화하는 것이 더 쉽습니까 아니면 더 힘듭니까? 일대일 상황보다 여러 사람을 대하는 상황이 더 쉽습니까, 더 힘듭니까? 이런 질문에 답하기 위해 우리는 공포 회피 순위를 만들 것입니다. 공포 회피 순위는 당신이 불안을 경험하는 여러 상황에 순서를 매긴 목록입니다.

공포 회피 순위 만들기

공포 회피 순위 만들기는 4단계로 구성됩니다. (1) 브레인스토밍, (2) 상황을 쉽게 또는 어렵게 만드는 요인을 찾고 상황 목록을 수정하기, (3) 각 상황에 대한 공포 및 회피 점수 매기기, (4) 상황 순위 매기기. 각 단계는 치료자와 함께 해볼 것입니다.

1단계 : 브레인스토밍

공포 회피 순위를 만드는 첫 단계는, 포함시키면 좋을 것 같은 상황의 목록을 만드는 것입니다. 가장 좋은 방법은 불안한 상황을 가능한 한 많이 나열해 보는 '브레인스토밍'입니다. 치료자와 함께 기록지 4.1(공포 회피 순위의 브레인스토밍)을 작성할 때는 넓은 범위의 상황을 포함시켜야 합니다. 그 상황들이 모두 최종 순위에 포함되는 것은 아니지만, 브레인스토밍을 함으로써 중요한 상황을 빠트리지 않을 수 있습니다. 당신은 적어도 8~10개 상황을 나열하고 싶을 것입니다. 이때까지는 목록에 순서를 매기지 않아도 됩니다. 아주 힘든 상황뿐 아니라 약간 불안하거나 중간 정도 불안한 상황도 꼭 포함시키십시오. 충분한 상황을 떠올리기가 힘들다면 사회불안이 있는 사람들이 흔히 불안하다고 하는 상황들을 고려해 보십시오.

- 여러 사람 앞에서 말할 때
- 가벼운 대화를 나눌 때
- 의견을 나눌 때
- 대화 중 사적인 정보를 주고받을 때
- 새로운 사람을 만날 때
- 문자나 이메일을 보낼 때
- 전화로 말할 때
- SNS에 글을 게시할 때
- 다른 사람들 앞에서 먹거나 마실 때
- 필기나 타이핑하는 것을 다른 사람이 볼 때
- 자기주장할 때
- 권한을 가진 사람과 대화할 때
- 아주 매력적인 사람과 대화할 때
- 구직면접을 볼 때
- 아는 사람을 우연히 만날 때
- 칭찬을 하거나 칭찬을 받을 때
- 누군가에게 "아니오."라고 말할 때

브레인스토밍을 할 때 친구, 연인, 가족, 영성, 건강, 지역사회 참여, 교육, 직업 등 영역에서 당신의 가치에 더 부합하는 삶을 살기 위해서 어떤 상황을 직면해야 하는지 생각해 보십시오.

놀랍게도, 다른 사람에게 부정적으로 평가받는 것을 걱정하는 사람들은 긍정적인 평가를 받는 것에 대해서도 걱정을 하곤 합니다. 만약 이것이 당신에게도 해당한다면, 브레인스토밍에 다음과 같은 상황도 고려하십시오.

- 칭찬을 받을 때
- 긍정적인 관심을 받을 때
- 누군가가 당신에게 경의를 표하며 건배를 할 때
- 재능을 과시할 때
- 자기 홍보 또는 자기 '선전'을 할 때

브레인스토밍을 돕는 또 다른 기법은 제2장에서 한 것과 유사하게 당신의 가치와 목표를 반영하는 것입니다. 친구, 연인, 가족, 영성, 건강, 지역사회 참여, 교육, 직업 등 인생 영역에서 얼마나 만족했는지 생각해 보십시오.

이들 각 영역에서 당신의 가치에 더 부합하는 삶을 살기 위해서는 어떤 상황을 직면해야 합니까? 재오 씨는 영성과 종교단체의 일원이 되는 것을 중요하게 생각했기 때문에 자신의 브레인스토밍 목록에 교회에 가서 성경 공부를 하는 항목을 추가했습니다. 슬기 씨는 평생학습의 중요성을 믿었기 때문에 지역의 전문대학 야간반에 다니는 것을 순위 항목에 넣었습니다. 제니 씨는 가족을 소중하게 생각했기 때문에 언젠가 자신의 가족을 만들고 싶어 했습니다. 그녀는 데이트 사이트에 자신의 프로필을 올리고, 누군가에게 데이트 신청을 하고, 데이트를 하는 것과 연관된 항목을 순위에 추가했습니다. 용석 씨는 다른 사람들과 친밀해지는 것을 중요하게 여겼기 때문에 그들에 대해서 물어보고 개인적인 정보를 공유하며 그들에게 그가 실제로 어떻게 느끼고 있는지 말하는 것을 순위 항목에 넣었습니다.

그림 4.1은 유리 씨가 작성한 브레인스토밍 목록입니다. 유리 씨는 40대 중반의 초등학교 교사입니다. 그녀는 기혼이기 때문에 데이트는 문제가 아닙니다. 그러나 남편의 직장 동료들과 대화하는 것과 같은 가벼운 대화는 여전히 불안합니다. 유리 씨의 목록에는 '학부모와 면담할 때' 같은 일반적인 범주와 '모임에서 남편의 옛날 여자 친구를 만날 때' 같은 구체적인 범주가 함께 있습니다. 이런 식으로 일반적인 범주와 구체적인 범주가 혼재해도 상관없습니

그림 4.1 | 유리 씨가 작성한 공포 회피 순위의 브레인스토밍 기록지

브레인스토밍을 할 때 친구, 연인, 가족, 영성, 건강, 지역사회 참여, 교육, 직업 등 영역에서 당신의 가치에 더 부합하는 삶을 살기 위해서 어떤 상황을 직면해야 하는지 생각해 보십시오.

학부모와 면담할 때
_____

동창모임에서 남편의 옛날 여자 친구와 만날 때
_____

가벼운 대화를 나눌 때
_____

물건을 사고 나서 반품할 때
_____

사람들이 먼저 와서 자리에 앉아있는 모임에 뒤늦게 들어갈 때
_____

교장선생님께 맡을 걸 때
_____

학부모 간담회에 참석할 때
_____

친하지 않은 사람의 집에 초대받아 저녁 식사를 할 때
_____

교회 평신도 회의에서 발언할 때
_____

_____

_____

_____

_____

_____

다. 유리 씨는 그녀의 가치를 되돌아보면서 어린이 교육에 대한 자신의 열정뿐 아니라 불안 때문에 학부모 회의 참석을 어떻게 회피했는지도 생각했습니다. 그래서 '학부모 간담회 참석' 항목을 순위 목록에 포함시켰습니다.

2단계 : 상황을 쉽게 또는 어렵게 하는 요소를 찾고 순위 개선하기

대화에 다양한 유형이 있는 것과 같이 일부 상황에는 당신을 더 불안하거나

덜 불안하게 하는 변형이 있을 수 있습니다. 아마 당신은 친한 사람과 일상적인 대화를 할 때는 크게 불안하지 않지만, 낯선 사람과 대화를 한다면 훨씬 더 불안해질 것입니다. 나이가 많거나 어린 사람은 편하게 느껴지지만 비슷한 또래의 매력적인 사람과 대화를 하면 극심한 불안을 느낄지도 모릅니다. 치료자와 함께 목록을 살펴보면서 상황을 쉽게 또는 어렵게 만드는 요소가 있는지 찾아보십시오. 때로는 이런 요소를 반영하기 위해 일반적인 상황을 몇 가지 구체적인 상황으로 나누는 것이 타당할 수 있습니다. 다음은 불안에 영향을 미칠 수 있는 여러 요소입니다. 자신에게 해당하는 요소를 찾아보십시오.

- 상대가 남자인가 여자인가?
- 상대가 독신인가 아닌가?
- 상대가 당신보다 지위가 높은가 낮은가?
- 상대가 당신보다 어린가 또는 나이가 많은가?
- 상대가 당신과 같은 인종/민족인가 아닌가?
- 상대가 당신과 같은 성적 지향인가 아닌가?
- 상대가 다시 볼 사람인가 아닌가?
- 상대가 아주 매력적인가 아닌가?
- 상대가 당신보다 교육을 더 많이 받은 사람인가 아닌가?
- 한 사람을 상대하는 상황인가 여러 사람을 상대하는 상황인가?
- 상대가 친구들인가? 아는 사람들인가? 낯선 사람들인가?
- 상황이 (어떤 활동을 중심으로) 조직화되었는가 아닌가?
- 상황이 공식적인가(예 : 결혼식 피로연) 일상적인가(예 : 주말 바비큐 파티)?
- 서있는 상황인가 앉아있는 상황인가?
- 잠시 동안 지속될 행사인가? 오랫동안 지속될 행사인가?
- 대비할 수 있는 일인가 아닌가?

유리 씨는 가벼운 대화를 하는 상대에 따라 차이가 있다는 것을 알았습니다. 그녀는 남편의 상사보다는 동료들이 훨씬 더 편하게 느껴졌습니다. 돌이켜보면, 상대가 권한을 가진 사람일 경우에는 상황이 더 힘들었습니다. 그래서 가벼운 대화를 나누는 상황을 '남편의 상사와 가벼운 대화를 나눌 때'와 '남편의 동료들과 가벼운 대화를 나눌 때'로 나눴습니다. 반면 유리 씨는 교실에서 수업을 할 때는 전혀 불안을 느끼지 않았습니다. 그래서 이것은 브레인스토밍 목록에 포함시키지 않았습니다. 학부모 간담회도 불안하지만, 다루는 주제가 모두 아동교육이나 그녀의 업무와 관련되므로 자신감이 있어서 무슨 말을 해야 할지 잘 알았습니다. 그러나 그녀는 교회에서 말을 해야 할 때는 매우 불안해집니다. 유리 씨는 상황을 더 쉽게 또는 더 어렵게 하는 두 가지 요인을 발견했습니다. 그것은 상대의 신분(남편의 직장 상사는 권한을 가진 사람)과 잘 아는 주제(아동교육)인지 여부입니다.

당신에게 중요한 요소는 유리 씨와 전혀 다를 수 있습니다. 실제로 어떤 사람에게는 상황을 어렵게 하는 요소가 다른 사람에게는 반대일 수 있으며, 심지어 전혀 중요하지 않을 수도 있습니다. 이런 요소를 확인하는 것이 왜 중요할까요? 이런 요소를 잘 이해해야 공포 회피 순위에 없는 새로운 상황에서 얼마나 불안을 경험할지 더 잘 예측할 수 있기 때문입니다. 점진적 노출은 수영을 배울 때 수영장 얕은 쪽 끝에서 시작해서 점점 더 깊은 쪽으로 들어가는 것과 유사합니다. 어떤 의미에서는, 상황을 더 쉽게 또는 어렵게 하는 요소가 '수영장'의 더 얕은 부분이나 깊은 부분에 해당한다고 할 수 있습니다. 또한 이 요소들은 당신이 지니고 있는 어떤 생각과 믿음을 반영할 수 있습니다.

예를 들면, 유리 씨는 나중에 자신이 권한을 가진 사람에 대해 지니고 있는 생각과 믿음을 확인할 수 있었습니다. 즉 그녀는 "권한을 가진 사람들의 기준은 매우 높아.", "권한을 가진 사람들은 그들이 가진 힘을 함부로 남용할 거야.", "나는 권한을 가진 사람들의 기준을 맞추지 못할 거야." 등의 생각을 확인했습니다. 인지재구성과 노출을 통해 유리 씨는 권한을 가진 사람과의 소통을 다르게 생각하게 되었습니다. 그 결과 그녀는 교장선생님이나 남편의 상사를 대하기가 더 편해졌습니다. 또한 권한을 가진 사람이 포함된 새로운 상황, 예컨대 특수교육 석사 과정에 진학하기 위해 교수를 만나는 것 같은 상황도 더 편해졌습니다.

3단계 : 각 상황에 대한 공포와 회피 정도 평가

다음 단계는 각 상황에 대한 몇 가지 평가를 하는 것입니다. 치료자는 당신과 함께 두 가지 평가를 할 것입니다. 그 상황이 얼마나 불안한가(공포 점수), 얼마나 회피하고 싶은가(회피 점수).

SUDS : 주관적 불편감 척도

앞으로 공포 정도를 평가하는 데 사용될 척도를 주관적 불편감 척도 혹은 SUDS(Subjective Units of Discomfort Scale)라고 합니다. SUDS는 행동치료의 창시자인 조셉 월피(Joseph Wolpe)와 아널드 라자루스(Arnold Lazarus) 두 사람에 의해 50년 전에 개발되었습니다. SUDS는 간단하고 사용하기 쉽기 때문에 오랫동안 사용되고 있습니다. SUDS는 0~100점 척도로서 점수가 높을수록 더 불안하고 불편함을 의미합니다. SUDS 척도의 모양은 다음과 같습니다.

| 0 | 5 | 10 | 15 | 20 | 25 | 30 | 35 | 40 | 45 | 50 | 55 | 60 | 65 | 70 | 75 | 80 | 85 | 90 | 95 | 100 |

| 불안하지 않음, 편안함 | 경도의 불안, 경계하지만 대처할 수 있음 | 중등도 불안, 집중이 잘 안 됨 | 심한 불안, 벗어나고 싶다는 생각 | 매우 심한 불안, 경험해 본 가장 심한 불안 |

우리는 0, 25, 50, 75, 100에 설명 라벨을 붙여두었습니다. 이 척도는 그 이름이 의미하듯 '주관적' 불안, 즉 불안을 느끼는 정도를 평가합니다. 당신이 얼마나 불안하게 느끼는가는 다른 사람에게 얼마나 불안해 보이는가와 반드시 일치하지 않습니다. 또한 불안에 대처할 수 있는가와 그 상황에 머무를 수 있는가가 주관적 불안 정도를 평가하는 기준이 되지 못합니다. SUDS는 단지 감정만을 평가합니다. 이제 SUDS의 여러 가지 측면을 살펴보도록 합시다.

SUDS=0. SUDS 0은 불편감이 0이라는 것을 의미합니다. 당신은 행복할 수도 행복하지 않을 수도 있습니다. 그러나 전혀 불안하지 않다면 SUDS 점수는 0입니다. SUDS 점수가 0이었던 최근 상황을 떠올릴 수 있습니까? 그때 편안하고 이완되었습니까? 또는 흥분되었지만 불안하지는 않았습니까? 다음 빈칸에 그 상황을 기록해 보십시오.

SUDS 점수가 0이었던 사회적 상황은 …

_____

_____

_____

SUDS=25. SUDS 25는 약간 불안하지만 대처할 수 있다는 것을 의미합니다. 어떤 사람들은 이것을 '걱정된다' 또는 '초조하다'고 설명할지도 모르며, 아마도 대부분의 사람들이 항상 원하는 감정 수준보다는 좀 더 각성된 상태일 것입니다. 일상적인 사회적 상황에서 SUDS 25는 사회불안 문제가 없는 대부분의 사람들이 경험하는 것보다 더 불안한 정도일 것입니다. 최근에 SUDS 점수가 25였던 사회적 상황 또는 수행 상황을 생각해 보십시오.

SUDS 점수가 25였던 사회적 상황은 …

_____

_____

_____

SUDS=50. SUDS 점수가 50이 되면 불안으로 인해 명백하게 힘들고 불편합니다. 주변에서 일어나고 있는 일에 대해 집중하기가 힘들고 불안감으로 인해 산만해집니다. 그러나 50에서는 여전히 대처할 수 있을 것 같기에 아직 그 상황을 벗어나려는 생각은 하지 않습니다. 최근에 SUDS 점수가 50이었던 사회적 상황 또는 수행 상황을 생각해 보십시오.

SUDS 점수가 50이었던 사회적 상황은 …

_____

_____

_____

SUDS=75. SUDS 점수 75에서는 극도로 불편감을 느끼고, 불안한 감정에 대처하는 데 어려움을 겪습니다. 집중을 하기가 매우 힘들고, 불안이 얼마나 심각한가 외에는 아무런 생각도 할 수 없습니다. 만약 벗어나고 싶다는 생각이 든다면, 당신의 점수는 아마도 75에 도달했을 것입니다. 최근 이 설명에 부합하는 상황이 있었는지 생각해 보십시오.

SUDS 점수가 75였던 사회적 상황은 …

_____

_____

_____

SUDS=100. 간단히 설명하자면, SUDS 점수 100은 당신이 사회적 또는 수행 상황에서 지금까지 경험한 또는 상상할 수 있는 최악의 불안입니다. SUDS 점수는 당신의 사회불안을 기록하는 데 사용되기 때문에 반드시 사회적 상황 또는 수행 상황에 관해서만 생각하십시오. 당신은 더 두려웠던 충격적 사건이나 스트레스 상황을 경험했을 수 있습니다. 그러나 그것은 당신의 사회불안과는 큰 관련이 없습니다.

SUDS 점수가 100이었던 사회적 상황은 …

_____

_____

_____

지금 당신의 SUDS는 몇 점입니까? 0에서 100 사이의 어떤 숫자(예 : 23, 57, 92)를 사용해도 상관없습니다. 0과 100도 사용할 수 있습니다. 어떤 사람은 '5' 또는 '10'단위(10, 20, 30 등)만 사용하지만, 당신의 상태를 가장 잘 표현할 수 있는 점수를 사용하면 됩니다. 가장 중요한 것은 시간 경과에 따라 불안이 오르내릴 때 기록할 수 있도록 당신이 느끼는 불안이 어느 정도인지 당신과 치료자가 서로 의사소통하는 것입니다.

지금 내 SUDS 점수는? _____

회피 점수

당신이 작성한 상황 목록을 공포 회피 순위라고 합니다. 각 상황에 대한 두 번째 점수는 회피 점수입니다. 앞서 논의했듯이, 회피는 사회불안의 행동 요소로서 불안한 일을 하느냐 하지 않느냐 여부와 관련이 있습니다. 우리는 일반적으로 회피를 양자택일(연설을 하느냐 하지 않느냐)로 생각합니다. 그러나 당신은 연설하는 내내 원고만 보면서 청중과 눈을 마주치지 않음으로써 미묘한 회피를 할 수 있습니다. 또는 질식할 것 같을 때 물을 마실 수 있도록 항상 손에 물병을 들고 다니는 것 같은 안전행동을 할 수도 있습니다. 또는 청중에게 인사를 하고 질문을 받지 않은 채 연단을 내려옴으로써 그 상황을 벗어날 수 있습니다. 이런 미묘한 회피행동도 당신의 회피 점수에 포함시키십시오.

　SUDS와 같이 회피도 0~100 척도를 사용하는데, 더 높은 점수는 더 큰 회피를 의미합니다. SUDS와 달리 회피는 감정에 관한 것이 아닙니다. 회피는 행동에 관한 것입니다.

0	5	10	15	20	25	30	35	40	45	50	55	60	65	70	75	80	85	90	95	100
회피하지 않음					가끔 회피함					때때로 회피함					대개 회피함					항상 회피함

회피 점수=0. 회피 점수 0은 전혀 회피하지 않는 것입니다. 회피 점수 0일 때는 비록 불편하더라도 그 상황에 기꺼이 접근할 뿐 아니라 모든 측면을 온전히 직면합니다. 어떤 미묘한 회피나 안전행동도 하지 않습니다. 예를 들어, 여러 사람 앞에서 말하는 것을 두려워하는 사람은 단순히 연설을 하는 것만으로는 회피 점수 0이 되지 못합니다. 말을 하는 것뿐 아니라, 연단 뒤에 서 있는 것 같은 안전행동이나 손떨림이 드러날까 봐 레이저 포인터를 사용하지 않는 것 같은 미묘한 회피도 하지 않아야 합니다. 대화를 두려워하는 사람에

게 회피 점수 0은 모든 대화에 참여하면서 어떤 주제라도 피하거나 중단하지 않고, 눈 맞춤을 하며 대화를 나눈 다음, 급하게 끝내지 않고, 자연스럽게 대화를 마치는 것을 의미합니다.

회피 점수=25. 회피 점수 25는 불안에도 불구하고 거의 항상 상황을 직면하는 것을 말합니다. 당신은 잠깐 동안 망설일 수 있겠지만, 문제가 생기기 전에 상황을 직면합니다. 상황 내에서 약간의 회피행동을 할 수도 있습니다. 예를 들면, 발표를 해야 하는 수업을 회피하지 않고 발표시간에도 항상 출석하는 학생이지만, 발표 준비를 지나치게 하거나 발표 때 청중과 눈을 마주치지 않는 것 같은 안전행동을 할 수 있습니다.

회피 점수=50. 회피 점수 50은 때때로 불안 때문에 상황을 회피하는 것을 말합니다. 상황을 직면할 때 미묘한 회피를 할 수도 있습니다. 전체적으로 볼 때, 회피 점수 50은 아마도 다른 사람이 알 수 있는 중간 수준의 회피입니다. 예를 들면, 주례 업무 보고가 불안한 어떤 사람은 가끔 아프다는 핑계로 회의에 빠지거나 다른 사람에게 보고를 대신해 달라고 부탁합니다. 그러나 이 사람은 때때로 자신이 보고를 하면서 상황을 직면하기도 합니다.

회피 점수=75. 회피 점수 75는 대개 상황을 회피하거나 상황을 빨리 벗어나거나 상황 내에서 노골적인 회피행동을 하는 것입니다. 전체적으로 볼 때, 회피 점수 75는 명백한 회피를 말합니다. 예를 들면, 파티를 두려워하는 어떤 사람은 늘 초대를 거절하지만, 빠지면 심각한 결과가 예상될 때(예 : 가까운 친척 결혼식, 중요한 직장 행사)는 참석합니다. 어떤 남성은 마음에 드는 여성이 있더라도 대부분의 경우 말 걸기를 회피하지만, 술을 몇 잔 마셨을 때는 가끔 매력적인 여성에게 말을 걸곤 합니다.

회피 점수=100. 회피 점수 100은 어떤 상황이든 완전히 회피하는 것을 의미합니다. 사람들은 때로는 회피하기가 쉽기 때문에 불안을 유발하는 일을 완전히 회피할 수 있습니다. 예를 들면, 먹을 때 손이 떨리는 것을 다른 사람들이 알까 봐 두려워하는 어떤 사람은 다른 사람들 앞에서 국물 음식을 절대로 먹지 않고 떠먹지 않는 다른 음식을 선택할 수 있습니다. 반면, 사람들은 많은 비용을 치르더라도 두려워하는 상황에 접근하지 않기 위해 어떤 일을 완전히 회피할 수도 있습니다. 예를 들면, 어떤 사람은 다른 사람들을 감독해야 하기 때문에 파격적인 승진을 거절할 수 있습니다.

이제 공포 점수와 회피 점수를 이해했습니다. 치료자와 함께 공포 회피 순위의 나머지 작업을 해봅시다. 치료자는 회기에서 당신이 각 항목에 점수를 매길 때 어떤 상황이 가장 힘들고 그 이유가 무엇인지 함께 이해할 수 있도록 당신과 대화를 나눌 것입니다. 치료자는 또한 당신이 이전에 언급한 적이 있지만 목록에 포함시키지 않은 힘든 상황을 생각해낼 수도 있습니다. 이 밖에도, 치료자와 함께 상황에 대한 점수를 매기면서 새로운 요소를 발견할 수도 있습니다.

예를 들면, 유리 씨는 '학부모와 면담' 항목에 공포 점수와 회피 점수를 매길 때 매우 힘들었습니다. 치료자와 논의를 하면서 부모와의 면담이 얼마나 힘든가는 그들에게 무슨 말을 해야 하느냐에 달렸다는 사실을 깨달았습니다. 시험을 잘 본 학생의 부모에게 말을 할 때는 중간 정도 불안했습니다. 그러나 낙제를 한 학생의 부모에게 말을 해야 할 때는 매우 불안해졌습니다. 유리 씨는 나쁜 소식에 대해 부모들이 부정적인 반응을 보일 가능성 때문에 상황을 훨씬 더 나쁘게 인식했다는 사실을 깨달았습니다. 그래서 유리 씨는 '학부모와 면담' 항목을 두 가지 항목, 즉 '시험을 잘 본 학생의 부모와 면담할 때'와 '낙제를 한 학생의 부모와 면담할 때'로 나누었습니다. 유리 씨와 치료자는 그녀의 불안에서 세 번째 요소를 발견했는데, 긍정적 피드백이 부정적 피드백보다 더 쉽다는 것이었습니다. 그림 4.2는 유리 씨가 점수를 매긴 브레인스토밍 목록입니다.

4단계 : 상황에 순위 매기기

치료자와 함께 SUDS와 회피 점수를 매기고 나면, 상황에 순위를 매겨야 합니다. 상황 #1은 SUDS 점수를 가장 높게 매긴 상황입니다. SUDS 점수가 같다면, 더 많이 회피할 것 같은 상황이 더 높은 순위입니다. 가장 덜 불안한 상황이 가장 아래, 즉 가장 큰 번호가 되도록 순위를 매깁니다. 그림 4.3은 유리

그림 4.2 | 유리 씨가 점수를 매긴 공포 회피 순위 기록지

SUDS

| 0 | 5 | 10 | 15 | 20 | 25 | 30 | 35 | 40 | 45 | 50 | 55 | 60 | 65 | 70 | 75 | 80 | 85 | 90 | 95 | 100 |

| 불안하지 않음, 편안함 | 경도의 불안, 경계하지만 대처할 수 있음 | 중등도 불안, 집중이 잘 안 됨 | 심한 불안, 벗어나고 싶다는 생각 | 매우 심한 불안, 경험해 본 가장 심한 불안 |

회피 점수

| 0 | 5 | 10 | 15 | 20 | 25 | 30 | 35 | 40 | 45 | 50 | 55 | 60 | 65 | 70 | 75 | 80 | 85 | 90 | 95 | 100 |

| 회피하지 않음 | 가끔 회피함 | 때때로 회피함 | 대개 회피함 | 항상 회피함 |

상황	SUDS	회피
낙제를 한 학생의 부모와 면담할 때	100	35
시험을 잘 본 학생의 부모와 면담할 때	40	5
동창모임에서 남편의 옛날 여자 친구와 만날 때	100	100
남편의 상사와 가벼운 대화를 나눌 때	80	40
남편의 동료들과 가벼운 대화를 나눌 때	30	15
물건을 사고 나서 반품할 때	40	100
사람들이 먼저 와서 자리에 앉아있는 모임에 뒤늦게 들어갈 때	75	99
교장선생님께 말을 걸 때	70	30
학부모 간담회에 참석할 때	50	20
친하지 않은 사람 집에 초대받아 저녁 식사를 할 때	35	50
교회 평신도 회의에서 발언할 때	90	50

씨가 작성한 순위입니다. '동창모임에서 남편의 옛날 여자 친구와 만날 때'가 가장 힘든 상황이었고 '남편의 동료들과 가벼운 대화를 나눌 때'가 가장 덜 힘든 상황이었습니다.

그림 4.3에서 유리 씨의 점수를 살펴봅시다. 여기서 우리는 그녀의 사회불

그림 4.3 │ 유리 씨가 순위로 나열한 공포 회피 순위 기록지

SUDS

| 0 | 5 | 10 | 15 | 20 | 25 | 30 | 35 | 40 | 45 | 50 | 55 | 60 | 65 | 70 | 75 | 80 | 85 | 90 | 95 | 100 |

| 불안하지 않음, 편안함 | 경도의 불안, 경계하지만 대처할 수 있음 | 중등도 불안, 집중이 잘 안 됨 | 심한 불안, 벗어나고 싶다는 생각 | 매우 심한 불안, 경험해 본 가장 심한 불안 |

회피 점수

| 0 | 5 | 10 | 15 | 20 | 25 | 30 | 35 | 40 | 45 | 50 | 55 | 60 | 65 | 70 | 75 | 80 | 85 | 90 | 95 | 100 |

| 회피하지 않음 | 가끔 회피함 | 때때로 회피함 | 대개 회피함 | 항상 회피함 |

상황	SUDS	회피
#1 동창모임에서 남편의 옛날 여자 친구와 만날 때	100	100
#2 낙제를 한 학생의 부모와 면담할 때	100	35
#3 교회 평신도 회의에서 발언할 때	90	50
#4 남편의 상사와 가벼운 대화를 나눌 때	80	40
#5 사람들이 먼저 와서 자리에 앉아있는 모임에 뒤늦게 들어갈 때	75	99
#6 교장선생님께 말을 걸 때	70	30
#7 학부모 간담회에 참석할 때	50	20
#8 물건을 사고 나서 반품할 때	40	100
#9 시험을 잘 본 학생의 부모와 면담할 때	40	5
#10 친하지 않은 사람 집에 초대받아 저녁 식사를 할 때	35	50
#11 남편의 동료들과 가벼운 대화를 나눌 때	30	15

안에 관해서 상당히 많은 것을 알 수 있습니다. 그녀는 제일 위 두 상황에서 가장 불안합니다(SUDS=100). 그러나 그녀는 학부모에게 아이가 낙제를 했다고 통보하는 것보다 동창모임에 가는 것을 더 회피하고 있습니다. 그녀는 학부모와 상담하는 일은 직업상 중요한 일이고, 학부모에게 사실대로 알려주

지 않는 것은 아이에게 해롭다고 믿습니다. 그러나 때때로 학부모와 면담 약속을 며칠씩 미루거나, 하고 싶은 말을 직접적으로 하지 못하기 때문에 이 상황에 대한 회피 점수를 35로 매겼습니다. 한편, 그녀는 고등학교 동창모임에서 남편의 옛 여자 친구를 만나는 것은 쉽게 피할 수 있습니다. 사실 남편은 그녀가 다음 달에 있을 동창모임에 안 가겠다고 해서 매우 화를 냈지만, 그녀는 여전히 갈 생각이 없습니다.

유리 씨의 순위표를 아래로 더 살펴보면, '남편의 상사와 가벼운 대화를 나눌 때'도 매우 불안한 상황이지만 회피 점수는 아주 낮게 매겼다는 것을 알 수 있습니다. 그런 상황에서 그녀는 대개 남편의 상사와 불안하더라도 대화를 하려고 노력하는데, 그를 피한다는 인상을 주고 싶지 않기 때문입니다. 그러나 그녀는 가능한 한 짧게 대화를 하고 엉뚱한 말을 하지 않도록 대화에 집중합니다. 한편, 다음 두 상황은 불안이 덜한데도 거의 대부분 회피합니다. 상황 #5 '사람들이 먼저 와서 자리에 앉아있는 모임에 뒤늦게 들어갈 때' 그녀는 시간을 정확하게 지킴으로써 그런 상황을 회피합니다. 상황 #8은 회피하기 쉬운데, 남편에게 대신 바꾸라고 시키거나 마음에 들지 않더라도 그냥 쓰기 때문입니다.

공포 회피 순위표의 맺는말

치료자는 당신과 함께 공포 회피 순위를 자세하게 작성하는 데 많은 시간을 할애할 것입니다. 이 장의 내용을 숙지하고, 순위에 포함시키고 싶은 상황에 관해서 생각해 보는 것이 좋습니다. 공포 회피 순위는 인지행동치료 프로그램에서 몇 가지 중요한 역할을 합니다. 첫째, 앞에서 언급한 것처럼 순위를 만들면 상황을 쉽게 혹은 어렵게 만드는 요소를 이해하는 데 도움이 됩니다. 치료자는 이 정보를 바탕으로 어렵지만 압도하지 않을 만한 회기 내 노출과 과제를 개발할 수 있습니다. 또한, 이 요소들은 아마 당신이 가지고 있는 자신과 다른 사람 또는 세상에 대한 중요한 생각과 믿음에 부합할 것입니다. 치료자는 인지재구성과 노출을 통해 이런 생각과 믿음을 찾고 공략하도록 도울 것입니다. 마지막으로, 몇 주 후에 치료자는 당신의 순위를 다시 살펴보고 나서 공포 및 회피 점수를 새로 매겨보게 할 것입니다. 이는 변화를 추적하는 좋은 방법으로서, 이 프로그램이 당신에게 얼마나 효과가 있었는지를 측정할 수 있습니다.

순위는 불안을 유발하는 상황을 잘 대표하는 수단입니다. 당신은 순위에 수록된 모든 노출을 할 수도 있고 하지 않을 수도 있습니다. 치료자는 노출을 개발할 때 당신의 순위를 하나의 정보로 사용할 것이며, 당신의 치료 목표나 노출에서 얻어지는 정보도 고려할 것입니다.

과제

다음 일주일 동안 불안을 느끼는 한두 상황에 대해서 사회불안의 세 가지 요소를 계속 관찰하십시오. 매주 관찰하다 보면 문제가 되는 상황을 직면할 때 반복되는 자신의 생각과 신체 반응, 행동 패턴을 알게 될 것입니다. 또한 지난주에 기록지 작성과 관련하여 얻은 치료자의 조언을 실천함으로써 치료 프로그램의 성과를 높일 수 있습니다. 제2장의 기록지 2.4(사회불안의 3요소 관찰)를 다시 사용하여 기록합니다. 지난주와 마찬가지로, 이번 주도 사회불안을 느끼는 어떤 상황이든 상관없습니다. 불안을 유발하는 상황이 없다면 최근에 경험한 상황을 상상하십시오. 그 상황을 최대한 선명하고 자세하게 떠올리고 나서 느껴지는 것을 기록하십시오.

다음 회기를 준비하기 위해 제5장(불안을 유발하는 생각)을 읽고, 기록지 5.1(노란 색안경 벗기 연습)을 작성하십시오.

자가평가

각 질문에 '예' 또는 '아니오'로 표시하고 이 책의 마지막에 수록된 부록에서 정답을 맞추어 보십시오.

1. 사회불안을 일으키는 상황은 모든 사람에게 동일하다.　　**예　아니오**

2. 불안한 상황에 영향을 미치는 요소를 이해하면 공포 회피 순위에 포함되지 않은 새로운 상황에서 어느 정도나 불안을 경험할지 예측하는 데 도움이 된다.　　　　**예　아니오**

3. 어떤 상황에서 불편감을 느끼는 정도는 공포 회피 순위의 회피 점수 척도를 이용해서 측정할 수 있다.　　　　**예　아니오**

4. 공포 회피 순위를 작성할 때, 불안 유발 상황에 대한 회피 점수가 낮다면 불안 점수도 항상 낮을 것이다.　　　　**예　아니오**

5. 직장에 출근하거나 학교에 가는 것 같은 많은 불안한 상황들은 회피하기가 불가능하다.　　　　**예　아니오**

6. 공포 회피 순위를 작성할 때 불안을 느끼는 모든 상황을 포함시켜야 한다. 치료 과정에서 모든 상황을 노출에 사용할 것이기 때문이다.　　　　**예　아니오**

제5장

불안을 유발하는 생각

첫 네 장에서는 이 장에서 시작하게 될 치료 프로그램에 대한 기본 원리를 다루었습니다. 이 장과 다음 장에서는 당신의 생각이 어떻게 불안에 영향을 미치는지 그리고 불안을 더 잘 조절하고 인생에서 하고 싶은 것을 더 잘할 수 있도록 어떻게 생각을 변화시키는지 배우게 될 것입니다.

생각의 중요성

미혼 남성인 민수 씨와 재현 씨는 최근 직장 때문에 시내로 아파트를 옮겼습니다. 두 사람 모두 아는 사람이 없었기 때문에 친구가 필요했고, 여자도 만나고 싶었습니다.

하루는 민수 씨가 퇴근해서 집에 돌아왔을 때, 젊고 매력적인 여성이 우편함에서 우편물을 꺼내고 있었습니다. 그녀도 금방 도착한 듯 보였습니다. 민수 씨는 전에도 그녀를 본 적이 있었는데, 같은 아파트에 사는 것 같았습니다. 한 번도 대화를 나누어 보지는 않았지만, 몇 번 눈을 마주치고 미소를 지었던 적이 있습니다. 그는 친해질 목적으로 그녀에게 다가가 한두 달 전에 이사를 왔다고 자신을 소개합니다. 그녀는 우편물을 정리하다가 잠깐 눈을 들어 인사를 합니다. 그녀가 우편물을 계속 정리하는 동안, 민수 씨는 다음과 같이 생각합니다.

■ 나와 대화하고 싶지 않은가 봐.

- 지금 그녀를 성가시게 하고 있어.

- 그녀는 나를 이상한 사람으로 생각할 거야.

- 내가 너무 서툴러서 그냥 인사만 했는데도 나쁜 첫인상을 남겼어.

갑자기 불안감과 불편감을 느낀 민수 씨는 "다음에 뵐게요."라고 하면서 자신의 우편물을 챙겼습니다. 아파트로 들어가면서 그는 조금 화가 나고("그녀는 내게 대꾸도 안 했어.") 우울했습니다("나는 앞으로 어떤 여자도 만나지 못할 거야.").

이제 같은 상황에서 재현 씨의 경험을 살펴봅시다.

민수 씨와 마찬가지로 재현 씨가 퇴근해서 집에 돌아왔을 때도 젊고 매력적인 그 여성이 우편물을 꺼내고 있었습니다. 재현 씨도 그녀를 본 적이 있습니다. 서로 몇 번 눈을 마주치고 미소를 지었던 적이 있기 때문에 그녀가 이웃에 살고 있는 것을 압니다. 그는 그녀에게 다가가 한두 달 전에 이사 왔다고 자신을 소개합니다. 그녀는 이번에도 역시 우편물을 정리하다 잠깐 눈을 들어 인사를 했습니다. 그녀가 우편물을 계속 정리하는 동안, 재현 씨는 다음과 같이 생각했습니다.

- 그녀는 뭔가 중요한 우편물을 찾고 있는 것 같아.

- 그녀는 아마 일 때문에 지쳤나봐. 좀 더 열심히 시도해야겠는 걸.

- 그녀는 예쁘게 차려입었어. 어디서 근무하는지 물어봐야지.

- 그녀는 모르는 남자와 대화하는 것을 꺼리는지도 몰라.

재현 씨는 이윽고 날씨에 대해 언급하면서, 그녀에게 요즘 이곳 날씨가 어떤지 물었습니다. 그녀는 재현 씨의 질문에 답하고 나서 그에게 어디에서 왔는지 물었습니다. 서로의 직장에 대해 더 대화한 후, 재현 씨는 그녀에게 함께 커피 마시러 가자고 제안하였습니다.

민수 씨와 재현 씨는 동일한 상황에서 시작을 했지만 결과는 아주 달랐습니다. 이유가 무엇일까요? 그 여성의 서먹함에 대한 두 사람의 판단이 극적으로 달랐기 때문입니다. 다시 말해, 그들이 그녀의 행동을 어떻게 해석하느냐가 그들의 다음 행동에 영향을 미쳤으며, 궁극적으로는 그녀와 더 대화를 하느냐를 결정하였습니다. 즉 불안을 유발하는 것은 사건 그 자체가 아니라, 그 사건에 대한 우리의 해석입니다. 다음 자료에서 보이듯이, 그런 해석은 우리의 믿음과 사회적 상황에 대한 우리의 이해로부터 비롯됩니다.

사건, 사고, 감정의 관계

우리는 흔히 어떤 상황이 우리를 슬프거나 행복하거나 불안하게 한다고 합니다. 그러나 한 걸음 물러서 객관적으로 생각해 본다면, 우리의 감정과 행동에 영향을 미친 것은 상황 그 자체가 아니라 상황이 갖는 의미와 상황에 대한 우리의 생각이었습니다. 이 개념은 그림 5.1에 설명되어 있습니다. 그림에서 여

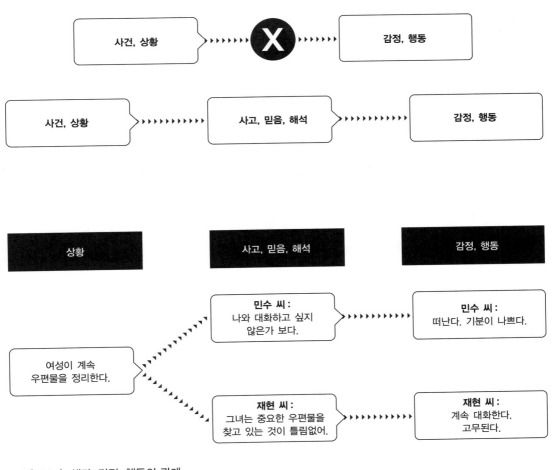

그림 5.1 │ 생각, 감정, 행동의 관계

성의 반응에 대한 민수 씨와 재현 씨의 생각이 어떻게 다른 결과를 가져왔는지 볼 수 있습니다. 제5장에서 우리는 사회적 상황에서 덜 불안해지도록 중도에 생각, 믿음, 해석을 변화시키는 방법에 관해 논의합니다. 그러나 먼저 사회적 사건과 당신의 감정과 행동 사이에 일어나는 과정에 관해 좀 더 이해하는 것이 중요합니다.

역기능적 사고 패턴 : 노란 색안경

제3장에서 확인했던 가족 패턴과 중요한 경험 중 일부는 (더 이상 당신에게 유용하지 않은) 다른 사람과 세상에 대한 사고 패턴을 발달시키는 데 기여했을 것입니다. 만약 사람들이 당신을 학대했다면 이러한 습관적 사고방식이 과거에는 타당했을 수 있습니다. 그러나 이런 사고 패턴은 대체로 새로운 상황에 대한 관점에 영향을 미쳐 현재의 사회적 상황을 중립적으로 보거나 기회로(재현 씨) 보지 못하고 위협으로(민수 씨) 볼 가능성이 높습니다. 어떤 의미에서, 이런 사고 패턴은 세상을 보는 방식을 변화시키는 색안경을 쓰고 있는 것과 같습니다. 그러나 이 사례에서 당신은 색안경을 너무 오랫동안 쓰고 있어서 더 이상 변화를 알아차리지 못할 수도 있습니다.

당신은 아마 "장밋빛 색안경을 쓰고 세상을 본다."라는 표현을 들어본 적이 있을 것입니다. 이 표현은 사람이나 환경을 실제보다 더 긍정적으로 보는 경향을 말합니다. 사람마다 필터 같은 역할을 하는 세상에 대한 독특한 관점이 있어서 필터를 투과한 것에 대해서는 생각하고 반응하지만, 필터를 투과하지 못한 것은 차단됩니다. 장밋빛 색안경을 쓰면 사람이나 상황의 긍정적인 면만 투과하고, 부정적인 정보는 걸러지거나 무시됩니다. 중립적인 정보는 분홍색으로 물들게 되어 긍정적으로 보이게 됩니다.

이 비유에 따르자면, 심한 사회불안을 경험하는 사람은 (그리고 아마 다른 형태의 불안을 경험하는 사람도) 세상을 노란 색안경으로 본다고 할 수 있습니다. 노란색 신호등이 멈출 준비를 하고 조심해서 운전하라고 경고하는 것과 같이, 이 색안경도 위험이 가까이 있을 수 있으니 항상 조심하고 대비하라고 경고합니다. 지금은 괜찮을 수 있지만, 상황은 언제든지 위험하게 변할 수

그림 5.2 | 사회적 상황에 대한 관점을 왜곡시키는 노란 색안경

있습니다. 그림 5.2에서 볼 수 있듯이 노란 색안경은 사건 또는 상황과 생각 사이에 위치합니다.

이 노란 색안경은 다가올 사회적 상황에서 최악의 결과를 예상하고, 관계가 잘못될지 모른다거나 다른 사람이 부정적인 인상을 받고 있다는 신호에 추가로 주의를 기울이게 합니다. 노란 색안경은 또한 상황이 안전하거나, 잘 진행되거나, 다른 사람이 호감을 갖는 것 같은 위협적이지 않음을 시사하는 정보를 차단시킵니다. 예를 들어, 사회불안이 있는 사람에게 대화 때 어떻게 하는지 물어본다면, 그들은 대개 그들의 수행을 과소평가합니다. 이는 노란 색안경이 그들의 실수나 단점("나는 말을 더듬었어.")에만 주목하는 편향된 관점을 상징하기 때문입니다. 이 같은 관점은 또한 잘하는 것을 무시하거나 평가절하하게 합니다("내가 웃음거리가 되지 않았던 건 그가 편하게 대했기 때문이야."). 이런 믿음(즉 노란색 필터)은 상황에 대한 편향된 관점을 제공하기 때문에 해롭다는 사실을 깨닫는 것이 중요합니다. 이런 편향된 관점은 역기능적 믿음을 지속시키고, 불안의 신체 증상을 증가시키며, 수행능력 저하를 실제로 초래하거나 연상하게 합니다. 이 치료의 목표 중 하나는 노란 색안경을 벗고 사회적 상황을 있는 그대로 보도록 돕는 것입니다.

만약 당신도 우리가 치료했던 많은 사람들과 비슷하다면, 사회적 상황에 대한 당신의 생각이 노란 색안경에 의해 어떻게 편향되어 있는지 이해하기 힘들 수 있습니다. 색안경에 의한 필터링은 흔히 매우 빠르고 자동적으로 일어나기 때문입니다. 회기 중에 두려운 상황에 대해 노출을 하는 이득 중 하나는 당신이 경험하는 것에 대해 보다 균형 잡힌 관점을 갖도록 치료자가 도울 수 있다는 것입니다. 다음은 이것이 어떻게 작용하는지 보여주는 예입니다.

주현 씨는 대화를 할 때마다 할 말이 없어서 침묵하게 될까 봐 두렵고, 무슨 말이라도 해서 대화를 이어야 할 것 같은 부담을 느낍니다. 그녀는 침묵이 점점 길어져서 매우 당황하게 되는 상상을 합니다. 주현 씨는 대화할 때 길게 침묵하는 경우가 자주 있으며, 그럴 때마다 심장이 너무 심하게 두근거리기 때문에 대화를 빨리 끝내려 애쓴다고 치료자에게 털어놓았습니다. 치료가 진행되면서, 치료자는 주현 씨가 회기 내 노출 때마다 항상 긴 침묵 때문에 자신이 원하는 만큼 잘하지 못했다고 말한다는 것을 알았습니다. 그러나 치료자는 그런 침묵을 느끼지 못했습니다. 그래서 다음 회기 내 노출(이웃과 대화하는 역할 연기)을 할 때, 치료자는 대화가 중단될 때마다 시간을 측정했습니다. 역할 연기를 끝낸 후, 주현 씨는 대화 중에 1분 정도 이어지는 긴 침묵이 몇 차례 있었다고 말했습니다. 매우 놀랍게도, 치료자가 측정한 가장 긴 침묵은 겨우 4초였습니다. 대화 중에 주현 씨가 먼저 침묵을 깬 경우도 있었고 '이웃'이 먼저 말을 꺼낸 경우도 있었기 때문입니다. 자신은 대화를 잘 못한다는 역기능적 믿음과 대화가 끊기는 것의 중요성에 대한 지나친 강조가 그녀의 노란 색안경이었습니다. 이것이 이웃과 대화를 많이 나눴다는 모든 증거를 차단했고, 자연스럽게 대화가 끊겼던 시간을 과장했습니다. 훈련을 통해서, 주현 씨는 대화가 끊기는 것에만 신경을 쓰거나, 대화가 끊기지 않게 하려고 애를 쓰거나, 대화가 끊기는 것을 피할 궁리를 하기보다는, 대화의 실제 내용에 집중하는 법을 배울 수 있었습니다.

노란 색안경 벗기 연습

이제 서로 다른 생각이 어떻게 다른 감정과 행동으로 이어지는가에 대한 이해와 함께 지금까지 다루었던 개념을 불안의 3요소 관찰 과제에 대입해 봅시다. 기록지 5.1(노란 색안경 벗기 연습)에 연습을 위한 몇 가지 상황이 있습니다. 각 상황의 첫 번째 행에는 만약 노란 색안경을 통해 상황을 필터링하며 불안을 느낀다면 나타날 수 있는 생각, 감정/신체 증상, 행동을 기록하십시오. 그리고 나서, 두 번째 행에는 색안경을 벗고 나서 다른 생각을 찾고 그것이 어떻게 당신의 감정 또는 신체 증상과 행동에 영향을 미치는지 기록합니다. 기록지의 첫 번째 상황에 기록된 내용은 예시입니다.

상황		생각	감정과 신체반응	행동
상점에서 잘 아는 사람들이 인사를 하지 않고 지나간다.	(색안경 씀)	그들은 나를 좋아하지 않는다. 그들은 나와 대화하고 싶지 않다.	슬프고 약간 화가 남. 심장박동과 근육긴장이 증가함.	곤란한 상황을 회피하기 위해 빨리 자리를 옮긴다. 다음에 그들을 보면 피한다.
	(색안경 쓰지 않음)	날 못 본 게 분명해. 뭔가 다른 생각을 하고 있을 거야.	감정이나 생리적 반응에 변화가 없음.	그들의 이름을 부르고 먼저 인사를 한다. 그러고 나서 안부를 묻는다.
극장에서 누군가를 기다리고 있는데, 그 사람이 늦는다.	(색안경 씀)			
	(색안경 쓰지 않음)			
누군가에게 문자를 보냈는데 답장이 오지 않는다.	(색안경 씀)			
	(색안경 쓰지 않음)			
"오랜만에 뵙네요."라고 말하는 지인을 마주친다.	(색안경 씀)			
	(색안경 쓰지 않음)			

우리의 생각에 다른 사람들은 어떻게 반응하는가?

기록지 5.1에 노란 색안경을 쓰고 기록한 생각을 다시 살펴보면서, 만약 그런 생각이 만화에서와 같이 말풍선으로 보인다면 무슨 일이 일어날지 생각해 봅시다. 다른 사람들이 그 생각을 읽을 수 있다면 무어라 말할 것 같습니까? 상점에서 인사를 건네지 않은 사람은 당신을 좋아하지 않는다고 말하거나 당신과 대화하고 싶지 않다고 말할 것 같습니까? 만약 사람들이 당신이 스스로 불안한 생각을 하고 있다는 사실을 안다면, 동정할 것이라고 생각합니까?

우리가 치료했던 사회불안을 가진 사람들은 대부분 다른 사람이 불안해하는 것을 안다면 아마도 그들을 감싸줄 것이라고 말했습니다. 사람들은 대개 그 사람을 더 편하게 해주고 상황을 다르게 보도록 도울 것이라고 말합니다. 간혹 다른 사람이 그들을 이상하거나 미친 생각을 하는 정신병자라고 생각할 것이라는 내담자도 있습니다. 비록 부정적으로 반응하는 사람이 있을 수 있지만, 우리 경험상 사람들은 대부분 누군가 불안해하는 것을 보면 오히려 감싸주고 격려했습니다. 그것은 아마도 사회불안이 모든 사람이 경험하는 삶의 일부이기 때문일 것입니다. 모든 사람은 언젠가 자신이 불안했던 느낌을 떠올릴 수 있습니다. 그렇기 때문에 사람들은 사회불안을 이상하게 여기기보다는 오히려 공감하게 되는 것입니다.

자동적 사고

인지치료의 창시자인 아론 벡(Aaron Beck)은 부정적 사고가 어떻게 우리를 불편하게 하는지 광범위하게 저술한 선구자 중 한 명입니다. 그의 첫 업적은 심한 우울증 환자들을 대상으로 했습니다. 아론 벡은 우울증 환자들이 "나는 실패자야.", "나는 더 이상 나아질 수 없어.", "나는 제대로 되는 일이 없어." 등 부정적이고 절망적인 생각을 많이 한다는 것을 알았습니다. 환자들은 이런 생각을 아론 벡에게 자주 털어놓았습니다. 이런 생각은 환자들의 마음에 자연스럽게 떠오르는 것 같았고, 이런 생각을 많이 할수록 기분은 더 나빠지는 것 같았습니다. 1979년에 출간된 그의 대표적인 저서 우울증의 인지치료(*Cognitive Therapy for Depression*)에서 그는 이런 부정적 사고를 **자동적 사고**(automatic thoughts, ATs)로 명명했습니다. 그는 자동적 사고를 자신과 세상 그리고 미래에 대한 부정적이거나 비합리적인 생각으로 정의했습니다. 이후로 아론 벡을 비롯한 많은 치료자와 연구자는 불안을 경험하는 사람들 또한 많은 자동적 사고를 가지고 있다는 사실을 확인하였습니다. 좋은 소식은 사람들이 자동적 사고를 변화시키는 법을 배우면 불안과 우울을 덜 느낄 수 있다는 것입니다.

불안을 일으키는 자동적 사고를 변화시키는 법을 배우는 것은 단순히 나쁜 생각을 제거하고 좋은 생각으로 대체하는 일이 아닙니다. 자동적 사고는 매우 지속적이며 단지 생각을 하지 않으려는 것만으로는 사라지지 않습니다. 긍정적으로 생각하기 위해 부정적 사고를 억누르는 것은 오히려 자동적 사고를 더 악화시킬 수 있습니다. 사회심리학자인 웨그너(Daniel Wegner)는 사람들에게 흰곰을 생각하지 말도록 요구하는 실험을 했습니다. 실험을 시작할 때는 아무도 흰곰에 대해서 생각하지 않았지만, 흰곰에 대해서 생각하지 말라는 지시를 받고 나서는 놀랍게도 모두 흰곰만 생각했습니다. 그 이후로 많은 실험을 했고, 그 결과 무언가를 생각하지 못하게 하는 것은 오히려 반대 효과를 낸다고 결론 내렸습니다. 따라서 이 프로그램에서는 자동적 사고를 억제하거나 긍정적으로 생각하게 하는 시도가 아니라 자동적 사고를 직접 공략하는 일련의 전략을 학습할 것입니다.

인지재구성 첫 단계는 자동적 사고를 찾는 법을 배우는 것입니다. 사실, 당신은 지난 몇 주간 사회불안의 3요소 관찰(기록지 2.4)을 작성하면서 이 훈련을 이미 시작했습니다. '인지적 요소' 칸에 나열한 생각들이 아마 자동적 사고일 것입니다. 완성한 기록지를 검토하고 기록한 생각들을 살펴보십시오. 앞서 우리는 자동적 사고를 '자신과 세상 그리고 미래에 대한 부정적이고 비합리적인 생각'으로 정의했습니다. 당신이 기록한 생각 중에서 이 정의에 부합하는 생각이 얼마나 있습니까? 그 생각이 비합리적이거나 비논리적으로 보이지 않을 수도 있고, 실제로 비합리적이거나 비논리적이지 않을 수도 있습니다. 어떤 자동적 사고는 맞는 말 같지만 부정적이거나 도움이 되지 않는 생각일 수도 있습니다. 자동적 사고는 흔히 "나는 ~이다.", "나는 ~할 것이다.” 또는 “그(녀)는 ~라고 생각할 거야.” 같은 형태입니다. 또한 감정이 많이 실린 생각이나 감정적 단어(예 : 초조한, 불안한, 걱정스러운, 절망적인) 또는 감정적 명칭(예 : 멍청한, 무능한, 바보)을 포함하는 생각도 찾아보십시오. 만약 우리가 치료했던 많은 사람들과 다르지 않다면, 당신의 기록지에는 틀림없이 많은 자동적 사고의 예가 있을 것입니다.

인지적 오류

앞에서 자동적 사고를 자신과 세상 그리고 미래에 대한 부정적이거나 비합리적인 생각으로 정의했습니다. ‘비합리적’이란 무슨 뜻일까요? 비합리적이란, 자동적 사고를 따져보았을 때 이치에 맞지 않는, 비논리적인 부분이 있다는 것을 의미합니다. 즉 자동적 사고는 노란 색안경의 산물이며 자신이나 다른 사람 또는 상황을 있는 그대로 보지 못하게 합니다.

문제는 사람들이 때로는 진실 같아 보이는 자동적 사고에 너무 익숙해져서 그 생각 속에 있는 문제를 알아차리기 힘들다는 것입니다. 다수의 심리학자와 정신과 의사들은 [그중에서도 특히 아론 벡, 재클린 퍼슨스(Jacqueline Persons), 주디스 벡(Judith Beck)] 불안증과 우울증 내담자의 사고에서 발견되는 논리적 오류 유형에 대해 기술했습니다. 당신의 자동적 사고들을 검토하고 그 생각들이 인지적 오류 범주에 속하는지 여부를 확인해 보는 것은 도움이 될 수 있습니다. 이것은 이런 생각의 타당성을 공략하여 궁극적으로 생각과 감정을 변화시키는 인지재구성 첫 단계입니다.

많은 자동적 사고를 특징짓는 논리 문제를 인지적 오류라고 하며, 인지적 오류를 찾아보는 것이 인지재구성 두 번째 단계입니다. 우리는 주디스 벡이 그녀가 2011년에 출간한 인지치료 : 이론과 실제(*Cognitive Therapy : Basics and Beyond*)와 아론 벡의 연구에 근거하여 정의한 여러 종류의 인지적 오류에 대해 논할 것입니다. 이어지는 단락들을 읽을 때 두 가지 사항을 염두에 두십시오.

1. 많은 자동적 사고는 생각의 어떤 측면을 강조하는가에 따라서 한 가지 이상 인지적 오류가 있을 수 있다.

표 5.1 | 인지적 오류 목록

흑백논리 : 어떤 상황을 연속적인 관점이 아니라 두 가지 범주로만 봅니다.

점쟁이 예언 : 마치 수정구슬을 통해 들여다보듯이 미래에 부정적인 일이 일어날 것이라고 예측합니다. 점쟁이 예언의 극단적 형태인 **재앙화**는, 다른 결과가 일어날 가능성이나 덜 부정적일 가능성은 고려하지 않고 최악의 결과가 일어날 것이라고 생각합니다.

장점 무시하기 : 근거 없이 자신의 긍정적인 경험이나 성과 또는 자질이 중요하지 않다고 스스로 평가절하합니다.

감정적 추론 : '느낌'(실제로는 믿음)이 너무 강력하기 때문에 반대 증거는 무시하거나 고려하지 않고 틀림없이 진실이라고 생각합니다.

명명하기 : 보다 합리적으로 덜 재앙적인 결론에 도달할 수 있는 증거를 고려하지 않은 채 자신이나 다른 사람에게 확고하고도 포괄적인 부정적 명칭을 붙입니다.

독심술 : 다른 가능성을 충분히 고려하거나 확인해 보지 않고, 다른 사람이 무슨 생각을 하는지 알 수 있다고 믿습니다.

정신적 여과 : 전체를 보지 않고 단편적이고 부정적인 세부 항목에만 지나치게 주의를 기울입니다.

강박적 부담 : 자신이나 다른 사람의 행동에 대해 엄격하고 완고한 기준을 요구하며, 이런 기대를 충족하지 못하는 것에 대해 지나치게 부정적으로 평가합니다.

쓸모없는 생각 : 논리적 오류가 없는 문제 사고. 이 생각은 진실이거나 옳고 그름을 따질 수 없는 가치판단일 수도 있습니다. 그러나 이런 생각을 곱씹으면 결국 더 불안하고 수행을 방해할 수 있습니다.

출처 : Beck, J. (2011), *Cognitive Therapy : Basics and Beyond*, 2nd ed., Guilford Press, New York, Figure 11.2, p. 181.

2. 자동적 사고에서 인지적 오류를 많이 찾는다는 것이 사회불안이 더 심각하거나 이 치료 프로그램으로 효과를 볼 수 없다는 의미는 아닙니다. 오히려 당신의 생각에서 다양한 관점을 찾는 능력은 도움이 될 것입니다.

우리는 각각의 인지적 오류를 자세히 검토할 것입니다. 표 5.1은 인지적 오류를 요약한 것으로서, 일상생활에서 인지적 오류를 찾을 때 참조하기 쉽도록 복사해서 자주 꺼내 볼 수 있는 곳에 보관하십시오.

흑백논리

흑백논리는 또한 '전부 아니면 전무', 양극화 사고, 또는 이분법적 사고로 불립니다. 이것은 어떤 상황을 연속적인 관점이 아니라 두 가지 범주로만 보는 것을 말합니다.

흑백논리는 어떤 대상이 두 가지 범주만 있다고 봅니다. 대상을 흑과 백으로만 보며 회색이 없습니다. 한 범주는 우수함, 성공, 지혜로움, 매력을 나타내는 반면, 다른 범주는 불량함, 실패, 어리석음, 못생김을 나타냅니다. 일반적으로 좋은 범주는 매우 좁고 성취하기 힘든 조건입니다. 그러나 나쁜 범주는 아주 넓어서 이 범주에 들기가 매우 쉽습니다. 이것은 사람들이 흑백논리로 매사를 성공과 실패로 나눈다면 성공보다는 실패하기가 훨씬 더 쉽다는 의미입니다. 모든 것이 흑과 백이기 때문에 적당하거나 부분적인 성공은 없습니다. 몇 가지 예를 살펴봅시다.

다음과 같은 자동적 사고를 가지고 있는 여성이 있습니다. '남자들은 내가 아름다워야만 나와 사귀려고 할 거야.' 이 경우에 '아름다움'이란 영화배우나 슈퍼모델 같아 보이는 것을 의미합니다. 따라서 '아름다운' 범위는 매우 좁은 반면, '못생긴' 또는 '매력 없는' 범위에는 영화배우나 슈퍼모델을 제외한 지구상 모든 여성이 포함됩니다! 말할 것도 없이, 그녀는 이 자동적 사고에 의해 자신은 언제라도 퇴짜를 맞을 수 있다고 예상하므로 남자와 대화를 할 때 매우 불안해집니다. 그녀는 매력적임에도 불구하고 자신이 잡지 표지모델 정도는 아니라고 생각합니다.

흑백논리의 다른 예를 보겠습니다. 부인이 근무하는 대학 학과에서 주최하는 야유회에 따라갔다가 매우 불안해진 회사원의 경우입니다. 그의 부인은 교수였고 야유회에 온 사람들은 대부분 그보다도 훨씬 더 많이 공부한 사람들이었습니다. 그는 '멍청한 소리를 해서 아내를 당황스럽게 만들 거야.'라고 생각했습니다. 그가 생각하는 멍청한 소리에는 대부분의 사람들이 대화하는 주제인 날씨나 스포츠, 뉴스, 영화 같은 거의 모든 주제가 포함됩니다. 그는 '고상한' 말만 하려고 했지만, 결국 아무 말도 하지 못했습니다.

어떤 자동적 사고가 완벽해야만 괜찮다고 암시한다면, 아마도 흑백논리가 들어있을 것입니다. 만약 당신이 완벽하게 하지 못할까 봐 두렵기 때문에 어떤 일을 하려고 하지 않는다면, 부분적인 성공이나 적당히 잘하는 중요한 회색영역 대신 성공과 실패에 관해서만 생각하는 것은 아닌지 검토해 보십시오.

점쟁이 예언과 재앙화

마치 수정구슬을 통해 들여다보듯이 미래에 부정적인 일이 일어날 것이라고 예측하는 인지적 오류를 점쟁이 예언이라고 합니다.

축제에서 점성술사가 수정구슬을 보며 미래에 누구와 결혼을 할지 또는 아이를 몇 명이나 갖는지 예언하는 것을 믿는 사람은 거의 없습니다. 하지만 사회불안을 가진 내담자는 미래를 볼 수 있듯이 확신하며, 예컨대 "그 모임에 가면 불안해질 거야.", "그녀는 나와 데이트하고 싶지 않을 거야.", "나는 아무런 할 말이 없을 거야." 같은 예언을 하는 경우가 많습니다. 이들은 이미 상황이 나빠질 것이라고 확신하기 때문에 상황이 너무나 힘들어서 대처할 수 없다는 '증거'를 스스로 만들면서 상황을 자주 회피합니다. 상황을 회피하지 않는다고 하더라도 이러한 부정적 예상은 현실화될 수 있습니다(자기 충족적 예언). 예를 들어, 데이트 신청을 하기 전부터 거절당할 것이라고 예상을 한다면 실제로 상대를 초대할 때 좋은 인상을 주지 못할 것입니다.

당신은 가끔 더 잘 일어날 수 있거나 덜 부정적인 다른 가능성은 고려하지 않고 최악의 일이 일어날 것이라고 짐작하곤 합니다. 이것은 점쟁이 예언의 극단적인 형태로서 재앙화라고 합니다. 이것은 어떤 일의 결과가 (실제로 아주 나쁠 것이라는 증거도 없이) 극도로 끔찍하거나 끔찍할 것이라고 속단하는 것을 말합니다. 사람들은 흔히 다가올 어떤 일의 결과가 끔찍할 것이라고 예측하면서 미래에 대해 재앙화하고, 마치 그 예측이 진실인 것처럼 행동합니다. "나는 절대로 직업을 갖지 못할 거야."라는 생각은 우리 내담자가 힘든 입사면접을 치른 후 흔히 보고하는 자동적 사고로서, 재앙화의 좋은 예입니다. 또 다른 예는 실연 후에 "나는 앞으로 다시는 사랑을 못 할 거야."라거나 상사 앞에서 긴장하는 모습을 보이고 나서 "앞으로 승진은 다 했어."라고 생각하는 것 등입니다. 이러한 재앙화 사고는 어떤 일이 잘 진행되지 않으면 극도로 부정적인 결과를 예상하는 공통점이 있습니다.

때때로 재앙화 사고는 터무니없는 생각같이 들릴 수 있습니다. 대개 직업을 잃는다고 해서 다음 날로 온 가족이 거리에 나앉지는 않습니다. 그러나 이런 재앙화 사고로 인해 심한 불안감, 우울감, 절망감 등이 유발될 수 있습니다. 때때로 사회불안증이 있는 사람들은 두려운 재앙적 결과를 너무나 부끄러워하고 걱정한 나머지 재앙적 사고를 직면하지 못할 수도 있습니다. 두려운 재앙은 흔히 끔찍한 결과가 또렷하게 시각적 이미지 형태로 나타납니다. 예를 들면, 홀로 집에서 매일 밤 외롭게 지내는 것, 혼자서 임종을 맞는 것, 자녀들이 차가운 뒷골목에서 무리 지어 다니는 것 등의 장면입니다. 내담자가 이런 끔찍한 이미지를 직면하고 자신의 두려움을 크게 표현하고 나면, 그 이미지는 대개 덜 무섭게 됩니다.

일반적으로 사람들은 불안한 상황에서 일어날 일에 관해 부정적인 예측을 할 때, 그 예측을 입증할 증거가 있는지에 대해서는 깊게 생각하지 않습니다. 그 상황이 그냥 괜찮아질 것이라고 믿을 만한 상당한 이유가 있을 수도 있습니다. 또 다른 경우, 사람들은 그들의 과거 경험으로 미루어 볼 때 부정적 예측이 틀림없다고 믿습니다(예 : "이런 상황에서 나는 늘 불안해."). 그러나 그들은 모든 환경은 약간씩 다를 수 있다는 사실을 간과하고 있습니다. 아무리 작은 차이라도 사회적 상황에서 결과에 영향을 미칠 수 있습니다. 이것은 이 프로그램에서 당신이 성과를 얻는 데 있어 특히 더 중요할 수 있습니다. 당신은 과거 방식과는 다르게 행동하고 생각하는 새로운 사람으로 변화할 것입니다. 그러므로 과거 경험은 더 이상 '증거'로 적용될 수 없습니다. 어떤 상황이 나빠질 것이라고 자동적으로 예측할 때마다 점쟁이 예언 오류를 조심하십시오!

장점 무시하기

근거 없이 자신의 긍정적인 경험이나 성과 또는 자질이 중요하지 않다고 스스로 평가절하하는 것이 장점 무시하기입니다.

장점 무시하기는 사회불안을 가진 사람들에 대한 우리 치료에서 가장 흔히 발견되는 오류 중 하나입니다. 제7장에서 다루겠지만, 장점 무시하기, 즉 긍정적 경험이나 사건을 무시하거나 거부하는 오류는 이 프로그램에서 달성한 당신의 성공을 평가절하하고 진전을 방해할 수 있습니다. 다음은 장점 무시하기의 몇 가지 예입니다.

- 그녀가 붙임성이 있었기 때문에 대화가 잘 진행됐어.
- 나는 그리 불안하지 않았어. 단지 잘 지내야 했기 때문이야.
- 내가 무얼 그렇게 걱정했는지 모르겠어. 그리 큰일도 아니었는데.

이 생각들에 어떤 공통점이 있습니까? 이전에 불안해하던 일이 성공했음에도 불구하고, 이들은 자신에 대한 어떤 칭찬도 거부합니다. 대신 '찬사'를 다른 사람에게 돌리거나, 우리를 '잘 지내게' 혹은 '잘 못 지내게' 하는 어떤 알려지지 않은 힘에게 돌리거나, 실제로는 매우 쉬웠는데도 지레 어려울 것이라고 믿었던 자신의 멍청함 때문으로 돌립니다. 장점 무시하기는 당신이 두려워하는 상황에 잘 대처할 수 없을 것이라는 믿음을 지속시키는 완벽한 전략입니다. 즉 그 상황의 성공적인 결과에 자신이 기여한 바가 없다고 믿기 때문에 다음번에 더 자신감을 갖지 못합니다!

감정적 추론(감정과 사실 혼동)

'감정'(실제로는 믿음)이 너무 강력하기 때문에 반대 증거는 무시하거나 고려하지 않은 채, 어떤 사실이 틀림없이 진실이라고 믿습니다.

정서, 특히 불안 감정은 대체로 아주 강렬하기 때문에 무시하거나 다른 데 집중하기가 쉽지 않습니다. 이런 강렬한 감정은 마치 그 상황의 유일한 현실을 반영하는 것 같습니다. 예를 들면, 당신은 "나는 너무 불안해. 그래서 이번 대화는 틀림없이 엉망이 될 거야."라고 생각할 수 있습니다. 이것은 감정과 사실을 혼동하는 예로서, 매우 불안하기 때문에 상황이 틀림없이 나쁠 것이라고 믿습니다. 그러나 대화가 잘 진행되지 못하라는 법은 없습니다. 실제로는 다른 사람들이 당신의 불안을 눈치채지 못할 수도 있습니다. 그리고 불편하더라도 수행에 영향을 받지 않거나, 다른 사람들은 당신이 어떤 감정인지 전혀 상관하지 않을 수도 있습니다. 우리는 흔히 감정이 사실인 것처럼 행동하지만, 감정은 사실이 아닙니다.

감정과 사실을 혼동하는 또 다른 예를 들어보겠습니다. 결혼식 피로연 같은 격식 있는 자리에서 불안에 떠는 어떤 남성이 있습니다. 그는 이때까지 목수로서 일만 했습니다. 모두들 잘 차려입고 낯선 사람들에게 말을 걸어야 하는 이런 모임에서 자신은 멍청하고 어울리지 않는 것 같았습니다. 그의 자동적 사고는 "내가 너무 바보같이 느껴져. 실제로 바보 같아 보일 게 틀림없어."였습니다. 그러나 실제로 그는 정장과 넥타이 차림이 아주 멋있었습니다. 오히려 다른 사람들이 그에게 말을 걸기 두려워했을 정도였습니다. 앞의 예와 마찬가지로, 그는 감정이 사실을 대체하는 효과 때문에 자신의 불안 감정을 상황에 대한 사실과 혼동하고 있습니다. 이것은 현명한 선택이 아닙니다. 불안 감정은 심리적 경험의 일부일 뿐이기 때문입니다. 우리가 어떤 상황에서 적절히 행동하는 것이나 다른 사람들이 우리에게 반응하는 것은 우리의 느낌과는 아무런 관련이 없습니다.

명명하기

보다 합리적으로 덜 재앙적인 결론에 도달할 수 있는 증거를 고려하지 않은 채 자신이나 다른 사람에게 확고하고도 포괄적인 부정적 명칭을 붙입니다.

명명하기 오류는 자기 자신이나 상황 또는 다른 사람에 대한 감정을 부정적 명칭으로 압축합니다. 사회불안이 있는 사람들은 대부분 다른 사람보다 자신에게 더 극단적으로 부정적인 명칭을 붙입니다. 이런 부정적 명칭은 당신의 주의를 기분 나빴던 말이나 행동 같은 지엽적인 문제로부터 당신의 성격이나 인격 전체에 대한 부정적 판단으로 옮아가게 합니다. 이것은 어떤 일에 실수를 했을 때 혼잣말로 실수를 했다고 하는 것과 스스로를 '무능한 멍청이'라고 하는 것의 차이입니다. 이 명칭은 당신의 기분을 나쁘게 할 뿐 아니라 변화에 대한 아무런 희망이 없다고 느끼게 합니다. 다음은 지난 몇 년간 우리 내담자들이 스스로에게 붙인 화려한 명칭들입니다.

바보	구제불능	천치
정신 나간	모자란	지루한
어리석은	무능한	정신병자

| 비굴한 | 부적격자 | 이상한 |
| 멍청한 | 패배자 | 혐오스러운 |

짐작하듯이, 이런 감정적 수식어로 자신에게 딱지를 붙였던 사람들이 오히려 다른 사람으로부터 똑똑하다, 유능하다, 재미있다, 즐겁다, 매력적이다 등의 평가를 받는 경우가 많습니다.

사회불안이 있는 사람들이 다른 사람에게 부정적 명칭을 붙이는 경우는 대개 상대에게 화가 났을 때이며, 대부분은 화가 날 만한 충분한 이유가 있습니다. 그러나 때로는 자기 불안으로 인해 불편한 상황에 놓이게 되었기 때문에 화를 내는 경우도 있습니다. 강의실에서 발표를 끝까지 하게 했다고 교수를 '멍청이', '무능한 선생'이라고 묘사한 대학생의 경우를 봅시다. 사람들 앞에서 말하는 것이 매우 불안했던 이 학생은 발표에 대한 공포와 낙제에 대한 걱정 사이에서 갈등하였습니다. 그러나 교수에 대한 명명하기로 인해 그의 주의는 불안에 대처하려는 노력 대신 교수에게 단순히 화를 내는 것으로 옮아 갔습니다. 그러므로 명명하기는 문제 해결에 도움이 되지 않았습니다.

독심술

다른 가능성을 충분히 고려하거나 확인해 보지 않고, 다른 사람이 무슨 생각을 하는지 알 수 있다고 믿습니다.

독심술은 그 이름이 의미하는 것과 같습니다. 즉 당신은 마치 상대의 생각을 읽을 수 있다는 듯이, 그가 당신에게 부정적으로 반응할 것이라고 추측합니다. 당신은 다른 사람이 당신에 대해 생각하는 것을 확신하기 때문에, 그것은 진실이며 확인조차 필요 없다는 듯이 행동합니다. 이는 당신이 보통사람과 같이 다른 사람의 마음을 읽는 능력이 없다는 사실과, 상대가 당신에 대해 중립적 또는 긍정적으로 생각했을 수도 있고 다른 것에 관한 생각을 했을 수도 있다는 사실을 깨닫지 못하게 합니다.

직장 상사가 자신을 무능하게 생각한다고 믿는 한 여성의 경우를 봅시다. 그녀는 상사가 새로 만들어진 보직에 자신을 추천하지 않았기 때문에 그렇게 생각했습니다. 그러나 그녀의 상사는 실제로는 그녀가 그 자리에 충분히 갈 만하다고 생각했지만, 그녀가 그 자리로 가기를 원하는 줄은 몰랐습니다. 다른 예를 봅시다. 어떤 남성이 물건을 사고 나서 신용카드 전표에 서명할 때 손을 조금 떨기 때문에 점원이 자신을 이상하게 볼 것이라며 불안해합니다. 그러나 그 점원은 실제로는 그가 줄을 길게 서서 오래 기다렸기 때문에 화가 난 줄 알았습니다.

정신적 여과

전체를 보지 않고 단편적이고 부정적인 세부 항목에만 지나치게 주의를 기울입니다.

정신적 여과(선택적 추론) 오류는 모든 주의를 단편적이고 부정적인 세부 항목에 집중하는 것을 의미하며, 이는 자신이나 다른 사람 또는 상황에 대한 전체적인 관점에 영향을 끼칩니다. 부정적 세부 항목은 목소리 떨림이나 손떨림, 안면 홍조 같은 불안의 신체적 증상이 될 수 있습니다. 부정적 세부 항목은 음식이나 음료수를 흘리는 실수, 좋아하는 사람과 벌였던 단 한 번의 논쟁, 건망증 등이 될 수 있습니다. 부정적 세부 항목에 집중하면 많은 긍정적 측면이 있을 수 있는 전체적인 상황을 보기 힘듭니다. 정신적 여과는 장점 무시하기와 유사합니다. 장점 무시하기에서는 긍정적 경험이 평가절하됩니다. 정신적 여과에서는 부정적 세부 항목에 대한 집중이 긍정적 경험을 압도해 버립니다.

정신적 여과의 예로, 75명의 청중들 속에서 한 사람이 하품을 하고 있는 것을 보고 매우 불안해진 강사를 생각해 봅시다. 이 강사의 자동적 사고는 "저 사람이 하품을 하는구나. 내 강의가 지루한 게 틀림없어."입니다. 모든 주의를 졸린 사람에게만 집중하고 나머지 74명은 무시함으로써, 이 강사는 전체적인 상황을 놓치고 있습니다. 그 사람이 하품을 한 것은 맞습니다. 강의가 지루했기 때문일 수도 있습니다(또는 전날 밤에 충분히 잠을 자지 못했기 때문일 수도 있습니다). 여하튼 하품을 하지 않은 나머지 74명보다 그 한 사람에게 더 주의를 기울일 이유는 없습니다.

강박적 부담

자신이나 다른 사람의 행동에 대해 엄격하고 완고한 기준을 요구하며, 이런 기대를 충족하지 못하는 것에 대해 지나치게 부정적으로 평가합니다.

강박적 부담은 일반적으로 가장 찾기 쉬운 오류 중 하나입니다. '~해야 한다', '반드시 ~한다', '~하지 않으면 안 된다', '~해야만 한다' 등의 표현이 자동적 사고에 들어있는지 찾기만 하면 됩니다. 강박적 부담은 인생을 살아가는 원칙으로서 도움이 될 수도 있습니다. 이런 원칙이 꼭 나쁜 것만은 아닙니다. "물건을 훔쳐서는 안 돼."라는 원칙은 모든 사람이 동의하는 좋은 생각이며, 불합리한 믿음이 아닙니다. 인지적 오류에 속하는 강박적 부담은 극단적이거나 완벽주의적인 원칙, 즉 "나는 늘 완벽해야 해.", "나는 절대 불안해져서는 안 돼.", "나는 늘 감정 조절을 잘해야 해." 같은 생각입니다. 사회불안이 있는 사람들이 사용하는 강박적 부담은 흔히 극단적으로 높은 기준을 만들어 냅니다. 사실 이런 기준은 지나치게 완벽할 것을 요구하기 때문에 실제로는 누구도 그렇게 살 수 없습니다. 아무리 인기 있는 뉴스 앵커라고 하더라도 사회불안이 있는 사람들같이 "나는 절대로 말을 더듬어서는 안 돼.", "나는 항상 말을 명확하고 유창하게 해야 돼." 등의 기준을 완벽하게 만족시킬 수는 없습니다.

강박적 부담은 대개 자신에게 요구하는 것이지만, 다른 사람에게 요구할 수도 있습니다. 만약 누군가에게 분노감과 적개심을 느낀다면, 강박적 부담의 영향이 아닌지 고려해 보십시오. 당신에게는 아마도 다른 사람이 어떻게 행동해야 하는가에 관한 '원칙'이 있을 것입니다. 내담자 중 한 사람이 남편과 휴가계획을 논의하면서 그에게 매우 화가 났습니다. 그녀에게는 다음과 같은 강박적 부담이 있었습니다. "남편은 크리스마스 휴가를 시댁 식구들과 보내자는 말을 해서는 안 돼. 내가 시댁 식구들과 있으면 얼마나 불안한지 잘 알잖아."

쓸모없는 생각

다음의 생각들을 살펴보십시오.

- 나는 지금까지 한 번도 데이트 신청을 해본 적이 없어.
- 나는 기분이 안 좋아.
- 왜 나만 이렇게 심한 불안을 느껴야 하나.
- 내 불안을 극복하려고 노력하는 것은 힘들어.

이 생각들의 공통점은 무엇입니까? 이 생각들은 비논리적이지 않습니다. 사실, 이 생각들은 진실일 수도 있고, 옳고 그른 것을 따질 수 없는 가치판단일 수도 있습니다. 우리는 자동적 사고를 '부정적, 비논리적 생각'으로 정의했기 때문에 엄밀히 따지면 이 생각들은 자동적 사고가 아닙니다. 당신은 이같이 어떤 인지적 오류 범주에도 넣을 수 없는 생각을 가질 수 있습니다. 불안을 유발하는 몇몇 생각은 논리적 오류가 아닌 것으로 보입니다. 그러나 만약 이런 생각을 곱씹는다면 더 불안해지고, 당신의 수행을 방해하게 됩니다. 다행스럽게도 자동적 사고를 공략할 때 사용되는 전략들이 쓸모없는 생각을 공략하는 데도 유용할 수 있습니다.

쓸모없는 생각을 찾을 때는 숨겨진 자동적 사고가 있는지를 유의해야 합니다. 내담자에게 "지금까지 한 번도 데이트하자고 해본 적이 없다는 것이 무슨 의미입니까?"라고 물었을 때, 그의 대답은, 흔히 있는 일이지만, 다른 인지적 오류(흑백논리, 독심술)를 포함한 자동적 사고를 드러냈습니다. "여자들은 경험 많은 남자에게만 관심이 있습니다." 그러므로 당신의 생각을 쓸모없다고 판단하기 전에 자세히 살펴보는 것이 중요합니다. 당신의 생각을 자세히 검토할 수 없게 하는 전략은 유용하지 못합니다.

앞에서 살펴본 표 5.1은 인지적 오류들의 요약입니다.

자동적 사고에서 인지적 오류 찾기

인지적 오류 개념을 일상생활에 적용하기 위해 먼저 정은 씨가 정말 원하는 직장에 면접을 앞두고 했던 생각들을 살펴봅시다.

- 첫인상이 좋아야 해. 그렇지 않으면 나를 뽑지 않을 거야.
- 그들은 내가 충분한 경력이 없다고 생각할 거야.
- 이만큼 완벽한 자리는 절대로 다시 찾지 못할 거야.

이런 자동적 사고를 떠올리며 정은 씨는 취직에 대한 불안과 좌절을 느꼈습니다. 인지적 오류 목록을 살펴보고, 정은 씨의 생각들을 어떤 오류로 분류할 수 있을지 생각해 보십시오. 자동적 사고는 한 가지 이상의 인지적 오류로 분류될 수 있습니다. 지금 당장은 그 생각이 진실인지 아닌지 걱정하지 말고, 오로지 어떤 인지적 오류가 그 자동적 사고를 잘 설명하는지만 보십시오.

1. "첫인상이 좋아야 해. 그렇지 않으면 나를 뽑지 않을 거야." 이 생각은 몇 가지 인지적 오류를 포함하고 있습니다. 먼저 '강박적 부담' 범주에 넣을 수 있습니다. '~해야 해'라는 생각은 엄격한 기준이나 원칙으로 자신을 옭아맵니다. 이 생각은 조금의 융통성도 허용하지 않기 때문에 정은 씨는 좋은 첫인상을 보여야 하며, 그렇지 않으면 직장을 구하지 못할 것이라고 느낍니다.

   이 자동적 사고는 또한 모든 것이 첫인상에 달렸다는 흑백논리 특징도 가지고 있습니다. 정은 씨에게는 좋은 첫인상을 보여주고 취직을 하거나 나쁜 인상 때문에 취직을 하지 못하는 두 가지 극단이 있을 뿐입니다. 이 생각은 흑백논리에 속하는 다른 모든 생각과 마찬가지로 두 극단 사이에 어떤 다른 가능성도 무시합니다. '좋은' 첫인상과 '나쁜' 첫인상 사이에는 수많은 첫인상이 있을 수 있습니다. 예컨대, 정은 씨가 중간 정도 좋은 첫인상이라도 아마 취직을 할 수 있을 것입니다. 정은 씨는 또한 나쁜 첫인상을 주는 방법은 많은 반면 좋은 첫인상을 주는 방법은 한두 가지밖에 없을 것이라고 믿습니다.

   마지막으로 정은 씨는 점쟁이 예언 오류를 범하고 있습니다. 그녀는 수정구슬을 통해 자신의 미래에 무슨 일이 일어날지 들여다보는 것 같습니다. 설사 첫인상이 좋아야 구직면접에 합격할 가능성이 높다는 것이 사실이라고 하더라도, 현실적으로 그것을 확인할 길은 없습니다. 직원을 고용하는 데는 여러 가지 요인이 작용합니다. 좋은 첫인상은 많은 요인 중 하나에 불과합니다.

2. "그들은 내가 충분한 경력이 없다고 생각할 거야." "그들은 ~라고 생각할 것 같아." 또는 "그들은 ~라고 생각해." 같은 생각은 항상 자동적 사고가 독심술 오류를 포함한다는 좋은 증거입니다. 정은 씨는 면접관의 생각을 알 수 없습니다. 그들은 정은 씨가 경험이 많다고 판단할 수 있고, 경력이 많지는 않지만 훈련을 통해 숙달 가능하다고 판단할 수도 있습니다. 면

접관들이 그녀가 경력이 부족하다고 판단하더라도, 처음에는 급여를 숙련자만큼 지급하지 않아도 되기 때문에 오히려 좋아할 수도 있습니다. 사실, 면접관들은 다양한 견해를 가질 수 있으므로 그녀의 경력에 대해서 면접관마다 다른 평가를 내릴 수 있습니다.

만약 정은 씨가 경험이 많은 경력자라면, 이 자동적 사고는 장점 무시하기 오류입니다. 정은 씨는 자신을 그 직책에 매우 적합한(또는 필요 이상의) 경력을 갖춘 사람으로 생각하지 않고, 오히려 자신의 업적을 무시할 수 있습니다.

이 생각은 정은 씨가 무슨 일이 일어날 것인지 예상하고 있는 부분에서 점쟁이 예언 측면을 포함합니다. 당신을 불안하게 하는 사건에 대해 예상하는 많은 자동적 사고는 점쟁이 예언 오류를 포함하고 있습니다. 우리는 마치 그것이 사실인 것처럼 미래에 어떤 일이 일어날 것이라는 생각에 사로잡히기 쉽습니다. 만약 그 생각이 당신을 불안하게 한다면, 정은 씨와 같이 아마도 어떤 일이 일어날지 실제로는 알지 못하더라도 나쁜 일이 일어날 것이라고 예측하고 있는 것입니다.

3. "이만큼 완벽한 자리는 절대로 다시 찾지 못할 거야." 이것은 재앙화와 흑백논리의 전형적인 예로서 한 생각에 두 오류가 모두 들어있습니다. '절대로'는 흔한 재앙화의 증거입니다. 어떤 기회가 절대로 다시 오지 않는다는 것은 다른 여러 가능성은 고려하지 않고 최악의 결과만을 예상하고 있다는 것을 의미합니다. 정은 씨는 이번이야말로 멋진 직장을 가질 수 있는 마지막 기회라고 주장하면서, 이 자리를 놓친다면 다시는 기회가 없을 것이라고 생각합니다. 만약 올림픽 대표로 선발되거나 대법관에 지명되거나 달나라에 첫발을 내딛는 정도의 일이라면 인생에서 유일한 기회라고 볼 수 있을 것입니다. 그러나 우리가 살면서 겪는 대부분의 사건은 유일한 기회가 아닙니다.

마지막으로 이 자동적 사고는 일부 흑백논리를 포함합니다. 비록 이 회사가 정은 씨에게 훌륭한 직장이 될 수 있다고 하더라도 모든 면이 좋지는 않을 것입니다. 이 직장이 '완벽'하다고 설명하면서 정은 씨는 극도로 긍정적인 견해를 갖게 되는데, 이는 두 가지 이유에서 문제를 유발할 수 있습니다. 첫째, 그것이 진실일 가능성이 적습니다. 사실, 정은 씨가 한동안 일해보기 전까지는 그 직장에 어떤 단점이 있는지 정확히 알 수 없습니다. 둘째, 그 직장을 '완벽'하다고 하면 다른 모든 직장은 '두 번째 좋은' 직장이라는 재앙화 사고에 이르게 됩니다.

보다시피, 자동적 사고를 검토하는 데는 대개 여러 가지 방법이 있습니다. 먼저 각 생각에 어떤 인지적 오류가 있는지 찾아보는 것이 좋습니다. 이것은 당신의 자동적 사고를 보다 객관적으로 따져보는 법을 익히는 데 도움이 됩니다. 시간이 지나면 대부분의 사람들은 자신이 어떤 인지적 오류를 가장 흔히 범하는지 알게 됩니다. 만약 정은 씨가 여러 상황에 걸쳐서 자신의 생각을 이런 식으로 관찰하고 분류하는 연습을 한다면, 자신의 생각에 어떤 인지적 오류가 규칙적으로 나타나는지 알 수 있을 것입니다. 정은 씨의 생각을 살펴보면 이 상황에서는 점쟁이 예언과 흑백논리가 가장 흔하게 나타납니다. 앞으로 정은 씨는 그녀가 불안을 느낄 때 아마도 점쟁이 예언이나 흑백논리를 범한다는 것을 배울 것입니다. 그런 다음, 그녀는 불안을 일으키는 자동적 사고를 신속하게 찾아서, 제6장에서 배울 전략을 사용하여 그 생각을 공략할 것입니다. 이제 당신의 생각 속에 어떤 인지적 오류가 있는지 찾는 연습을 해봅시다.

과제에서 인지적 오류 확인하기

당신은 지난 몇 주간 기록지 2.4(사회불안의 3요소 관찰)의 '인지적 요소' 칸에 당신의 생각을 기록했습니다. 앞서 우리는 이 생각들이 자동적 사고 정의(자신, 세상, 미래에 대한 부정적 또는 비합리적 생각)에 부합하는지 살펴보도록 요구하였습니다. 이번에는 자동적 사고에서 인지적 오류를 찾는 연습을 하기 위해 이 생각들을 다시 살펴보십시오. 표 5.1 인지적 오류 목록을 참조하여 당신의 첫 번째 자동적 사고에 어떤 인지적 오류가 있는지 찾아보십시오. 이 시점에서 그 생각이 왜곡되었다고 진심으로 믿는지 고민할 필요는 없습니다. 연습을 위해 그 생각에 어떤 인지적 오류가 있다고 추정하고, 그 오류를 찾아보십시오. 가능하다면 각 생각마다 두세 가지 오류를 검토합니다. 가장 적합한 인지적 오류가 있더라도 여러 종류의 오류를 찾는 연습을 하면 자동적 사고를 더 객관적으로 볼 수 있게 될 것입니다. 자동적 사고 옆에 인지적 오류 종류를 써보십시오.

자신의 생각에서 인지적 오류를 확인하였으면 그중에서 반복적으로 사용되는 오류가 있는지 살펴보십시오. 두드러지는 인지적 오류가 있습니까? 그렇다면 그것이 당신이 많이 사용하는 인지적 오류일 것입니다. 앞으로 몇 주간 당신의 자동적 사고를 기록하고 분석해 보면 어떤 인지적 오류가 가장 흔한지 알게 될 것입니다.

과제

일주일 동안 불안한 상황에서 떠오르는 자동적 사고(그리고 그 안에 포함된 인지적 오류)를 찾는 연습을 하십시오. 기록지 5.2(자동적 사고 관찰)에 불안했던 상황을 간략하게 씁니다. 그러고 나서 그때 떠올랐던 생각들을 적습니다. 맞춤법은 신경 쓰지 않습니다. 생각을 더 좋게 또는 더 지적으로 다듬지 말고 있는 그대로 기술하도록 노력하십시오. 예컨대, "나는 망할 놈의 멍청이야."라고 생각한다면, 그대로 쓰십시오. 이것을 "나는 내가 썩 똑똑하지 않다고 생각하고 있어."와 같이 고치지 마십시오. 생각을 적어도 5개 이상 찾아보십시오.

자동적 사고를 기록하고 나서, 각 생각을 얼마나 강하게 믿는지 0~100점 척도로 평가해 보십시오(높은 점수=강한 믿음). 이것은 앞으로 인지재구성을 연습할 때 많은 도움이 될 것입니다. 솔직하게 점수를 매기도록 최선을 다하십시오. 아마도 믿음 점수가 매우 높은 자동적 사고가 몇 개씩은 있을 것입니다.

다음으로, 그 상황에서 어떤 감정을 느꼈는지 기록지에 표시하십시오. 만약 당신의 감정이 목록에 없다면, 빈칸에 기록하십시오. 만약 심한 불안 또는 기타 부정적 감정을 경험했다면, 자동적 사고에 몇 가지 중요한 인지적 오류가 포함되었을 것입니다. 자동적 사고마다 두세 가지 인지적 오류를 찾아보

1. 상황 (불안 유발 상황을 간략하게 기술하십시오.)

2. 자동적 사고 (이 상황에서 떠오른 생각들을 나열하고, 그 생각이 사실이라고 믿는 정도를 0~100점 척도의 점수로 매기십시오.)

3. 인지적 오류 (각 생각에 대해 0~100점 척도로 점수를 매긴 후 인지적 오류의 종류를 쓰십시오.)

흑백 : 흑백논리

점재 : 점쟁이 예언/재앙화

무시 : 장점 무시하기

추론 : 감정적 추론

명명 : 명명하기

독심 : 독심술

여과 : 정신적 여과

강박 : 강박적 부담

무용 : 쓸모없는 생각

4. 이런 생각들을 할 때 느끼는 감정 (해당하는 감정에 모두 표시하십시오.)

☐ 불안/초조   ☐ 좌절감   ☐ 짜증스러움   ☐ 부끄러움

☐ 분노   ☐ 슬픔   ☐ 당황스러움   ☐ 미움

☐ 기타 _____

그림 5.3 | 재오 씨가 작성한 자동적 사고 관찰 기록지

1. 상황 (불안 유발 상황을 간략하게 기술하십시오.)

은주 씨에게 전화로 점심 초대를 하는 상황

2. 자동적 사고 (이 상황에서 떠오른 생각들을 나열하고, 그 생각이 사실이라고 믿는 정도를 0~100점 척도의 점수로 매기십시오.)	**3. 인지적 오류** (각 생각에 대해 0~100점 척도로 점수를 매긴 후 인지적 오류의 종류를 쓰십시오.)
그녀는 나와 데이트하고 싶지 않을 것이다. **독심** 85	**흑백** : 흑백논리
그녀가 거절한다면 어색할 것이다. **점재, 흑백, 명명** 95	**점재** : 점쟁이 예언/재앙화
그녀는 아마 너무 바쁠 것이다. **점재, 독심** 70	**무시** : 장점 무시하기
그녀가 승낙한다면 정말 가야 하기 때문에 더 불안해질 것이다. **점재, 추론** 100	**추론** : 감정적 추론
	명명 : 명명하기
추천할 만한 좋은 레스토랑을 알아야 한다. **강박** 80	**독심** : 독심술
내 목소리가 그녀에게 초조하게 들릴 것이다. **점재, 독심, 추론** 100	**여과** : 정신적 여과
	강박 : 강박적 부담
목소리가 떨리면 그녀는 나를 이상한 사람으로 생각할 것이다. **독심** 90	**무용** : 쓸모없는 생각

4. 이런 생각들을 할 때 느끼는 감정 (해당하는 감정에 모두 표시하십시오.)

☑ 불안/초조   ☑ 좌절감   ☐ 짜증스러움   ☐ 부끄러움

☐ 분노   ☐ 슬픔   ☐ 당황스러움   ☐ 미움

☐ 기타 _____

_____

_____

십시오. 그림 5.3은 재오 씨의 자동적 사고 관찰 기록지로서, 은주 씨에게 점심을 같이 먹자고 전화하는 상황의 자동적 사고입니다.

과제를 하는 시기

생각이 들었을 당시에 바로 기록지를 작성하는 것이 가장 좋습니다. 만약 다가올 어떤 사건에 대해 불안을 느낀다면, 그 일이 일어나기 전 몇 분 동안 당신의 생각을 써보십시오. 물론 실제 상황이 일어난 후에 몇 가지 생각을 추가할 수 있습니다. 종이를 가지고 다니면서 당신의 생각을 즉시 기록하는 것이 불가능한 경우도 있을 것입니다. 그럴 경우에는 쓸 수 있을 때 가능한 한 빨리 기록지를 작성하십시오. 대개는 잠자리에 들기 전이 되겠습니다. 어떤 상황을 겪고 나서 마음속으로 계속 되새기는 사람일수록 그 상황이 지나자마자 즉시 생각을 기록하는 것이 좋습니다. 생각을 계속하다 보면 생각의 본질이 바뀔 수 있기 때문입니다. 그 상황에서 생각과 감정이 떠오를 때 바로 포착하는 것이 가장 바람직합니다.

이번 주에 불안하지 않으면 어떻게 하나?

이번 주에 불안한 상황이 없다면, 과거에 겪었던 상황이나 앞으로 일어날 상황을 떠올려 볼 수 있습니다. 한 가지 상황을 선택해서 몇 분간 가능한 한 생생하게 상상을 하십시오. 그러고 나서 당신이 상상한 상황과 떠오르는 생각 및 감정을 기록합니다.

다음 회기를 위해 제6장을 읽어 오십시오.

자가평가

각 질문에 '예' 또는 '아니오'로 표시하고 이 책의 마지막에 수록된 부록에서 정답을 맞추어 보십시오.

1. 해석이 아니라 실제 사건이 불안을 일으킨다.　　　　　　**예　아니오**

2. 노란 색안경이란, 사회불안이 많은 사람은 사회적 상황에서 수용보다 거절 신호를 인지하고 기억할 가능성이 더 높다는 개념과 관련이 있다. **예 아니오**

3. 어떤 사회적 상황에 임하기 전에 하는 생각은 행동과 상황의 결과에 영향을 미치지 않는다. **예 아니오**

4. 단순히 긍정적으로 생각하려고 노력하면 부정적인 자동적 사고가 바뀌게 된다. **예 아니오**

5. 자동적 사고를 찾고 나서 다음 단계는 그 생각에 대해 질문하고 공략하는 것이다. **예 아니오**

6. 상대가 대화하기 편한 사람이었기 때문에 대화를 '성공'으로 간주하지 않는다고 말하는 것은 독심술 오류이다. **예 아니오**

7. 어떤 생각은 논리적으로 틀린 것은 아니지만, 생산적이거나 유용하지 않을 수 있다. 이런 생각은 오히려 불안을 유발하고 수행을 방해한다. **예 아니오**

제6장

자동적 사고 공략

제5장에서 불안할 때 드는 자동적 사고에서 인지적 오류를 찾는 법을 배웠습니다. 또한 불안한 생각이 들 때 당신이 어떤 인지적 오류를 범하는 경향이 있는지 알아보았습니다.

혹시 자동적 사고나 인지적 오류를 찾기 힘들더라도 좌절하지 마십시오! 인생의 대부분이 그렇듯, 이것도 연습하면 더 쉬워집니다.

이 장에서는 인지재구성의 나머지 중요한 두 단계를 다룹니다. 이 단계는 자동적 사고가 진실인지 질문하고, 보다 합리적이고 유용한 생각을 만드는 것입니다. 이 장을 마치고 나면, 당신의 삶을 망칠 수 있는 불안 유발 자동적 사고에 대항하는 막강한 무기를 갖게 될 것입니다.

자동적 사고와 인지적 오류 찾기 : 간단한 복습

자동적 사고를 논박하고 합리적 반응을 만드는 새로운 기법을 배우기 전에, 먼저 한 내담자가 매우 불안한 어떤 상황에서 떠올렸던 자동적 사고 예를 살펴봅시다. 이 예를 통해 자동적 사고와 인지적 오류를 복습하고 새로운 인지재구성 기법을 예습할 것입니다.

영주 씨는 학사학위를 마치기 위해 대중 연설 야간 강좌에 등록했습니다. 그 강좌는 학위를 마치는 데 필요한 거의 마지막 강좌였습니다. 그녀는 과거에도 이 강좌에 등록을 했지만 세 번이나 포기했습니다. 수업시간에 다른 학생들 앞에서 다섯 번 발표해야 하는 과제가 너무 두려웠기 때문입니다. 하지만 이번 학기에는 그 강좌를 반드시 끝내야 했습니다. 첫 번째 발표는 존경하는 사람에 관한 3분 스피치였습니다. 발표하기 일주일 전부터 영주 씨는 불안하기 시작했습니다. 치료를 받으면서 만약 그녀가 불안을 느낀다면 반드시 자동적 사고를 가지고 있다는 것을 알았습니다. 그녀는 또한 자신의 자동적 사고에 어떤 인지적 오류가 반복해서 개입한다는 사실도 깨달았습니다. 그녀의 생각을 살펴봅시다.

- 나는 발표할 만한 존경하는 사람이 없어.
- 나는 매우 긴장할 거야.
- 나는 철저히 바보 같아 보일 거야.
- 나는 아무 말도 할 수 없을 거야.

이런 생각을 살펴보면, 영주 씨가 불안하고 걱정하는 것이 당연해 보입니다. 그녀가 상상하는 것은 이렇습니다. 발표하는 날은 다가오는데, 그녀는 아직도 주제를 정하지 못하고 있습니다. 준비가 안 된 채로 강의실 앞으로 나간 그녀는 주어진 3분 동안 심한 불안과 불편감을 느끼면서 한 마디도 못 하고 서있습니다. 사람들은 그녀가 아는 것이 없다고 판단합니다. 이런 일이 실제로 일어난다면, 당연히 불안할 것입니다. 이런 불편한 경험을 하면 누구라도 두려울 것입니다! 영주 씨는 자신의 미래를 노란 색안경을 쓰고 바라보고 있었습니다. 영주 씨가 발표를 걱정하게 만든 인지적 오류는 무엇이었습니까? 그녀의 자동적 사고 목록을 살펴보고, 어떤 인지적 오류가 있는지 찾아보십시오. 그러고 나서 영주 씨가 자신의 생각에서 어떤 인지적 오류를 발견했는지 말하는 다음 내용을 검토해 보십시오.

나는 발표할 만한 존경하는 사람이 없어.

영주 씨는 3분 스피치를 할 만한 사람이 한 명 있었기 때문에 흑백논리 오류를 범했으며, 발표할 만한 사람을 반드시 찾아야 한다고 생각했기 때문에 강박적 부담 오류도 있었다고 말했습니다.

나는 매우 긴장할 거야.

영주 씨는 이 생각을 재앙화 사고 사례라고 설명했습니다. 매우 긴장하면 다음 자동적 사고("나는 철저히 바보 같아 보일 거야.")가 실현된다고 믿었기 때문입니다. 또한 그녀는 너무 초조하면 안 된다고 생각하면서 다시 불안감을 느끼기 시작할 때 자책을 했기 때문에 이 생각은 강박적 부담 오류이기도 했습니다.

난 철저히 바보 같아 보일 거야.

이 생각은 스스로를 자책하는 영주 씨의 오래된 경향입니다. 그녀는 이 생각에서 점쟁이 예언/재앙화, 명명하기 오류를 찾았습니다. 그녀는 아무런 증거도 없이 자신의 미래를 부정적으로 예측하고 고약한 명칭으로 함축하여 표현하였습니다.

나는 아무 말도 할 수 없을 거야.

이것은 점쟁이 예언/재앙화의 또 다른 예입니다. 이 생각은 앞서 다루었던 다른 생각과 마찬가지로 최악의 결과에 초점을 맞추고 있으며, 그녀가 발표 수업에서 겪는 어려움을 극복하는 데 전혀 도움이 되지 않았습니다.

영주 씨의 발표가 그녀가 두려워하는 대로 진행될 가능성이 얼마나 되겠습니까? 이 발표가 노란 색안경을 쓰고 있지 않은 사람에게는 어떻게 보일 것 같습니까?

인지재구성의 다음 요소에 대해 알아보기 위해 영주 씨의 자동적 사고 분석을 좀 더 따라가 봅시다. 영주 씨는 자동적 사고와 인지적 오류를 찾고 나서, 질문을 하면서 자신의 생각을 공략했습니다. 이 과정은 영주 씨 내면의 두 부분, 즉 '불안한 영주'와 '대처하는 영주'가 대화하는 것과 비슷합니다.

불안한 영주 : 나는 발표할 만한 존경하는 사람이 없어.
대처하는 영주 : 발표할 만한 사람이 없다는 것이 사실일까? 나는 우리 언니를 정말로 존경해. 언니는 유방암 환자였지만 너무나 용감했어. 나는 언니에 관해 말할 수 있어. 아니면 대통령이나 영화배우같이 유명한 사람에 관해 말할 수도 있어. 내가 어떤 선택을 하든 등급이 있는 것이 아니

	니까 누구에 관해서 말하건 문제 되지 않을 거야.
불안한 영주 :	나는 매우 긴장할 거야.
대처하는 영주 :	이 강좌를 오랫동안 회피해 왔는데, 당연히 긴장하지 않을까? 어쨌든, 매우 긴장한다는 의미가 뭐지? 나는 그저 발표를 준비하고, 자동적 사고를 공략해서, 발표를 끝내기만 하면 돼. 한번 하고 나면 다음부터는 쉬워질 거야. 첫 발표를 할 때 불안을 느끼는 사람이 내가 처음은 아닐 거야.
불안한 영주 :	난 철저히 바보 같아 보일 거야.
대처하는 영주 :	철저히 바보라는 말이 무슨 뜻일까? 그것은 나 자신에 대한 가혹한 딱지일 뿐이고 당연히 내 기분은 조금도 나아지지 않아. 내가 불안해하는 것을 다른 사람들이 모두 볼 것이라고 생각해? 내가 불안을 느낀다고 해서 철저히 바보 같아 보일까? 내 불안에 대해서 다른 사람들보다 나 자신이 더 냉정한 것 같아. 나는 나 자신에게 더 친절해야 해.
불안한 영주 :	나는 아무 말도 할 수 없을 거야.
대처하는 영주 :	내가 3분 동안 정말로 아무 말도 못할 것이라고 생각해? 분명 무슨 말이라도 조금은 할 수 있을 거야. 하고 싶은 말을 미리 써놓을 수도 있어. 대본만 읽을 수는 없겠지만, 생각이 나지 않을 때를 대비해서 메모를 만들어 둘 수도 있어. 입이 떨어지지 않으면 물로 목을 축이면서 시간을 조금 벌 수도 있어. 가장 중요한 건 오랫동안 회피했던 일을 해본다는 것이야.

영주 씨가 자신의 자동적 사고에 사로잡혀 있을 때는 어떤 기분이었던 것 같습니까? 자신과 '합리적 대화'를 나누고 나서는 어떤 기분일 것 같습니까? 그녀가 이제는 이 상황을 불안 렌즈를 통해서 보지 않고, 보다 객관적으로 볼 수 있다고 생각합니까? 잠깐 동안 자동적 사고를 찾고, 질문하고, 보다 합리적으로 검토하면 대개 불안이 줄어듭니다. 이것이 인지재구성의 목적입니다. 인지재구성은 불안을 없애는 마술이 아닙니다. 인지재구성으로 모든 불안감이 사라지지 않을 것입니다. 그러나 인지재구성은 당신이 두려운 상황에 대

처하고 극복할 수 있을 정도로 불안을 감소시키는 데 도움이 됩니다. 치료의 두 요소, 즉 자동적 사고에 대한 반복적인 공략과 두려운 상황에 대한 반복노출을 함께 훈련하면 해야 하거나 원하는 일을 할 때 불안이 차츰 줄어들고 더 쉬워집니다.

자동적 사고 공략

지금까지 인지재구성 첫 두 단계를 배웠습니다.

1. 자동적 사고와 감정 찾기
2. 자동적 사고에서 인지적 오류 조사

당신은 또한 영주 씨가 자신의 자동적 사고에 대해 질문하고 공략하는 것을 보았습니다. 이제 자동적 사고가 진실인지 또는 도움이 되는지 확인하기 위해 질문하고 공략하는 방법을 배우겠습니다. 우리는 당신이 영주 씨와 같이 합리적인 과학자가 되어 당신의 자동적 사고가 진정으로 의미하는 것이 무엇인지 분석해 보게 할 것입니다. 때때로 그 생각이 진실인지 검증하는 실험도 진행할 것입니다. 우리 프로그램에 참가했던 대부분의 참가자와 마찬가지로 당신도 자신이 진정으로 생각하는 것이 무엇인지 알고 나면 놀랄 것입니다!

사회불안 문제를 겪는 사람들은 오랫동안(아마도 평생에 걸쳐) 동일한 자동적 사고를 가졌을 수 있습니다. 사람들은 그 생각이 너무 익숙해서 설령 전혀 말이 되지 않을지라도 전혀 의심하지 않거나, 진실인지 따져보지 않았습니다. 따라서 자동적 사고를 공략하는 가장 좋은 방법은 그 생각의 의미에 대해 일련의 질문과 답변을 해보는 것입니다. '묻고 답하는 것'을 기억하십시오. 당신이 제기한 질문에 답하는 것이 인지재구성 과정의 핵심 단계입니다.

몇 년 전, 생크(Lawrence Sank)와 샤퍼(Carolyn Shaffer)는 자동적 사고를 공략하는 질문 목록을 만들었습니다. 이후, 주디스 벡은 수많은 내담자가 자신의 자동적 사고에 대해 다른 관점을 갖는 데 도움을 받았던 몇 가지 추가 질문을 개발했습니다. 지난 수년간 우리는 생크와 샤퍼의 목록에 내담자들에게 특히 유용했던 몇 가지 질문을 추가했습니다. 우리는 이 모든 질문을 수정하고 결합해서 '논박적 질문'으로 불리는 다목적 질문 목록을 만들었습니다. 어떤 논박적 질문은 특정한 인지적 오류를 지닌 자동적 사고에 적합하지만, 나머지 질문은 다양한 생각에 활용됩니다. 논박적 질문 목록은 그림 6.1에 실었습니다.

논박적 질문이 자동적 사고를 공략하는 데 어떻게 사용될 수 있는지 살펴봅시다. 영철 씨는 동료인 지영 씨에게 데이트 신청을 하려고 할 때마다 "그녀는 나와 데이트하지 않을 거야."라는 자동적 사고가 떠오릅니다.

제5장에서 배운 내용에 의하면 이 자동적 사고는 전형적인 점쟁이 예언입니다. 영철 씨는 데이트 신청을 하기 전부터 그녀가 자신의 제의를 거절할 것임을 '압니다'. 논박적 질문을 이용해서 영철 씨의 추측이 얼마나 타당한지 살펴봅시다. 영철 씨는 자신에게 다음과 같이 질문할 수 있습니다.

지영 씨가 나와 데이트하지 않을 것이 확실한가?

이 질문에 대한 답 :

아니, 나는 지영 씨가 어떻게 할지 모른다.

그러고 나서 그녀의 반응에 대해 얼마나 확신하는지 알아보는 또 다른 논박적 질문을 사용할 수 있습니다.

지영 씨가 나와 데이트하지 않을 현실적 확률은 얼마인가?

답 :

지영 씨가 나와 데이트할 확률은 아마 50 : 50 정도일 거야. 그녀는 아주 친절해 보였고, 이번 주말에 약속이 없다고 힌트까지 줬어.

그런 다음 영철 씨는 다음과 같이 질문할 수 있습니다.

지영 씨에게 데이트를 신청하는 상황을 직면하는 것이 왜 중요한가?

답 :

나는 인생을 함께할 누군가를 만나고 싶어. 그건 정말 큰 목표지만, 첫 단계

그림 6.1 | 논박적 질문

다음 질문을 이용해서 자동적 사고를 공략하십시오. 질문에 반드시 답하십시오. 시작하는 데 도움이 되도록 몇 가지 예가 제공됩니다.

1. ＿＿＿＿＿＿＿＿＿＿＿이 확실한가? 그것을 100% 확신할 수 있는가?

   예 : 내가 할 말이 없다는 것이 확실한가? 내가 할 말이 없을 거라고 100% 확신하는가?

2. ＿＿＿＿＿＿＿＿＿＿＿가 일어날 수 있는 현실적 가능성이 얼마나 되는가?

   예 : 내 연설문이 하나도 생각 나지 않을 현실적 가능성이 얼마나 되는가?

3. 당신의 생각에 대한 증거와 반대 증거 목록을 작성하시오.

   ＿＿＿＿＿＿＿＿＿＿＿이 맞다는 증거는 무엇인가?

   ＿＿＿＿＿＿＿＿＿＿＿이 틀리다는 증거는 무엇인가?

   예 : 동료에게 점심을 같이 먹자고 하면 거절할 것이라는 증거는 무엇인가?

4. 일어날 수 있는 최악의 상황은 무엇인가? 그것이 얼마나 나쁜가? ＿＿＿＿＿＿＿＿＿＿＿가 정말로 그렇게 중요하거나 중대한가? 나는 그것에 어떻게 대처할 수 있는가?

5. 이렇게 생각하고 있는 친구를 돕기 위해 뭐라고 말하겠는가?

6. ＿＿＿＿＿＿＿＿＿＿＿외에 ＿＿＿＿＿＿＿＿＿＿＿에 대한 또 다른 설명은 무엇인가?

   예 : 내가 지루하다는 것 외에 내 마지막 강의에서 사람들이 잠든 이유에 대한 또 다른 설명은 무엇인가?

7. ＿＿＿＿＿＿＿＿＿＿＿하면 반드시 ＿＿＿＿＿＿＿＿＿＿＿하게 되는가? ＿＿＿＿＿＿＿＿＿＿＿이 ＿＿＿＿＿＿＿＿＿＿＿인가?

   예 : 불안해하면 반드시 멍청해 보이게 되는가?

8. ＿＿＿＿＿＿＿＿＿＿＿의 의미는 무엇인가? ＿＿＿＿＿＿＿＿＿＿＿가 정말 내가 ＿＿＿＿＿＿＿＿＿＿＿라는 의미인가?

   예 : '바보 같아 보인다'의 의미는 무엇인가? 내가 말을 더듬는 것이 정말 내가 멍청해 보인다는 의미인가?

9. 내가 이 생각을 믿는 것의 영향은 무엇인가? 내 생각을 바꾸면 어떤 영향을 받을 수 있는가?

10. 이 상황을 직면하는 것이 왜 중요한가? 이 상황을 직면하는 것이 내 가치나 목표에 어떻게 부합하는가?

출처 : Lawrence I. Sank and Carolyn S. Shaffer (1984), *A Therapist's Manual for Cognitive Behavior Therapy in Groups*, Plenum Press, p. 233. Adapted with permission of SNCSC (Science Nature Customer Service Center).

는 다른 사람에게 데이트 신청을 하는 것부터야. 지영 씨가 승낙할지 안 할지는 모르지만, 적어도 데이트를 시작해서 인생의 동반자를 만나는 데 필요한 사항을 연습하게 될 거야.

애초에 영철 씨는 지영 씨가 자신과 데이트를 하지 않을 것이라고 생각했지만, 이제는 그녀가 받아들일 확률이 50% 정도 된다고 말할 수 있게 되었습니다. 그는 또한 이것이 자신의 가치와 목표를 가지고 일관성 있게 행동할 수 있는 기회라는 점을 상기했습니다. 영철 씨가 일으킨 생각의 변화는 아마도 그의 행동을 변화시킬 것입니다. 만약 그녀가 데이트를 거절할 것이라고 믿고 더 큰 그림을 생각하지 못한다면, 그가 데이트 신청을 할 가능성은 거의 없을 것입니다. 그러나 그는 그녀가 어떻게 반응할지 생각해 보고, 만약 그녀가 거절하더라도 다음에 좋아하는 누군가를 만날 때를 대비해 얼마나 좋은 연습이 될 것인지 고려해 본 뒤 이제는 데이트 신청을 할 수 있습니다.

이들 예에서 우리는 논박적 질문으로 자동적 사고를 공략할 때 고려해야 할 몇 가지 중요한 사항을 알 수 있습니다. 첫째, 그 생각에 가장 적합한 논박적 질문을 선택하십시오. 만약 처음 선택한 질문이 적당하지 않으면 다른 질문을 시도하십시오. 둘째, 만약 논박적 질문에 빈칸이 있다면, 자동적 사고를 그 빈칸에 넣어서 질문하십시오. 논리적인 질문으로 만들기 위해 표현을 바꿔야 할 수 있습니다. 예를 들면, "나는 완전히 웃음거리가 될 거야."라는 자동적 사고는 "만약 내가 완전히 웃음거리가 된다면, 일어날 수 있는 최악의 일은 무엇인가?"로 바꿀 수 있습니다. 셋째, 영철 씨는 오랫동안 지영 씨가 그와 데이트하기를 거절할 것이라고 생각했습니다. 논박적 질문에 대한 답을 말로 표현해 보지 않는다면, 그 믿음에서 벗어나거나 다른 관점으로 생각하기 힘들 것입니다. 때로는 논박적 질문에 대한 답을 쓰거나 크게 말해보는 것만으로도 자동적 사고가 논리적이거나 현실적이지 않다는 것을 깨닫는 데 도움이 됩니다.

그림 6.1의 논박적 질문 목록은 자동적 사고에 대한 공략을 시작하는 데 도움이 될 것입니다. 이 목록을 사용하다 보면, 특히 더 도움이 되는 질문을 알게 될 것입니다. 또한 목록에 없는 질문도 만들 수 있을 것입니다. 이 논박적

질문 목록은 완벽하지 않습니다. 자동적 사고를 공략하는 여러 다른 접근법이 있습니다. 인지재구성 절차에 경험이 쌓이면, 당신은 자신에게 가장 효과적인 접근법을 개발할 것입니다.

이제 제5장에서 만났던 정은 씨의 구직면접으로 돌아가서 자동적 사고를 공략하는 과정을 좀 더 자세히 살펴봅시다. 보다시피, 어떤 한 생각을 여러 논박적 질문으로 공략하는 것이 좋습니다. 논박적 질문과 답변은 당신의 내면에 있는 '합리적으로 대처하는 사람'과 '불안한 사람'이 서로 대화하는 개념일 수 있습니다. 한 자동적 사고를 충분히 다루기 위해서는 흔히 한 개 이상의 논박적 질문이 필요합니다. 또한 논박적 질문에 대한 당신의 반응도 자동적 사고를 포함하고 있을 수 있습니다. 따라서 논박적 질문에 대한 당신의 대답에 대해 다시 질문해 보는 것은 종종 당신이 무슨 생각을 하고 있는지, 그리고 무엇이 더 효과적인 반응일지 충분히 이해하는 데 도움이 되는 매우 유용한 전략입니다. 즉 첫 질문에 답하는 것으로 끝내지 말고, 여러 질문에 답하고, 당신의 답변에 다시 질문하십시오. 이 전략은 다음 불안한 정은과 대처하는 정은의 대화에서 살펴볼 수 있습니다.

구직면접에 대한 정은 씨의 첫 번째 생각은 "첫인상이 좋아야 해. 그렇지 않으면 나를 뽑지 않을 거야."였습니다. 우리는 이 생각에서 일차적으로 세 가지 인지적 오류, 즉 강박적 부담, 흑백논리, 점쟁이 예언을 발견할 수 있습니다. 다음 대화에서 대처하는 정은 씨가 불안한 정은 씨의 자동적 사고를 공략합니다.

불안한 정은 :	첫인상이 좋아야 해. 그렇지 않으면 나를 뽑지 않을 거야.
대처하는 정은 :	첫인상이 좋지 못하다는 것이 취직을 못할 것이라는 의미일까?
불안한 정은 :	아마도.
대처하는 정은 :	첫인상이 좋지 못하다는 것이 취직을 못할 것이라는 의미라고 100% 확신해?
불안한 정은 :	아니, 100%는 아냐. 때때로 첫인상이 좋지 못하더라도 만회할 수 있어.
대처하는 정은 :	그렇다면 첫인상이 좋으면 더 좋겠지만, 그렇지 않더라

도 취직할 수 있다고 말하는 것이 맞겠구나.

불안한 정은 : 　그래. 나는 대부분의 자격을 갖췄어. 내 이력서를 보고 나에 대해 좋은 인상을 가진 게 틀림없어. 그렇지 않다면 왜 나에게 면접을 보자고 했겠어?

보다시피, 정은 씨는 첫 질문이 항상 '최종 답변'을 이끌어내지는 않는다는 사실을 염두에 두고 세 가지 논박적 질문을 사용했습니다. 대처하는 정은 씨의 마지막 말에서 그녀는 부정적 사고를 긍정적으로 바꿨습니다. 이것은 물이 반쯤 찬 컵을 보고 '반쯤 찬 컵' 또는 '반쯤 빈 컵'이라고 생각한다는 이야기와 유사합니다. 두 가지 생각이 모두 옳지만, 사람들은 대부분 '반쯤 찬 컵'을 더 좋게 느낍니다. 이 전략은 논박적 질문에 대한 답변을 이끌어내는 데 매우 효과적입니다.

정은 씨의 또 다른 생각인 "그들은 내가 충분한 경력이 없다고 생각할 거야."를 살펴봅시다. 이 생각에서 우리가 확인할 수 있는 세 가지 인지적 오류는 독심술, 장점 무시하기, 점쟁이 예언입니다.

불안한 정은 : 　면접관들은 내가 충분한 경력이 없다고 생각할 거야.

대처하는 정은 : 　내 경력이 충분하지 않다고 생각할 것이 확실해?

불안한 정은 : 　아니, 확실하지 않아. 면접관들이 그렇게 생각할까 봐 걱정하는 것일 뿐이야.

대처하는 정은 : 　그럼 너의 걱정을 검토해 보자. 네가 충분한 경력을 갖췄다는 증거는 무엇이야?

불안한 정은 : 　앞서 두 군데 직장에서도 비슷한 일을 했어. 채용공고에 2년 이상 경력자라야 한다고 나와있어. 나는 3년 경력이 있지만, 첫해는 상근이 아니었어.

대처하는 정은 : 　그럼 넌 2년 이상 경력이 있구나. 채용공고에도 2년 이상 경력이 필요하다고 나와있어. 너의 경력이 충분하지 않다는 증거가 있어?

불안한 정은 : 　아니.

이 생각에서 정은 씨는 경력이 충분하지 않다는 자신의 자동적 사고를 공략하기 위해 두 가지 논박적 질문을 사용했습니다. 대처하는 정은 씨가 불안한 정은 씨의 답변을 좀 더 긍정적인 용어로 고쳐 말하는 사실에 주목하십시오. "나는 3년 경력이 있지만, 첫해는 상근이 아니었어."가 "그럼 넌 2년 이상 경력이 있구나."로 바뀌었습니다. 불안한 정은 씨의 첫말은 그녀가 경력이 충분하지 않은 것처럼 느껴지는 반면, 대처하는 정은 씨의 말은 그녀가 요구사항보다 더 많은 경력을 갖추었음을 알려줍니다.

자동적 사고에 논박적 질문을 적용하기 전과 후로 그녀의 기분이 어떻게 달라졌을 것 같습니까? 자동적 사고로 미루어 볼 때, 정은 씨는 구직면접에 대해 매우 불안했을 것 같습니다. 당신이 만약 구직면접 전에 그런 생각을 한다면 어떤 불안 신체 증상을 느낄 것 같습니까? 그녀는 아마도 상당히 긴장했을 것입니다. 자동적 사고를 공략하고 나서 정은 씨의 불안감이 줄었겠습니까? 아마 그럴 것입니다. 불안한 정은 씨와 대처하는 정은 씨의 대화를 끝까지 읽어보면, 그녀가 자신에게 하는 말의 분위기가 상당히 긍정적이고 낙관적으로 변했습니다. 하지만 그녀가 완벽하게 평온한 상태로 구직면접을 보지는 않을 것입니다. 대부분의 사람은 구직면접을 볼 때 어느 정도 불안을 느끼기 마련입니다. 하지만 인지재구성은 정은 씨가 좀 더 침착해지는 데 도움이 되고, 그녀가 구직면접에 더 집중해서 (완벽하지는 않지만) 보다 긍정적인 첫인상을 줄 가능성을 높여줍니다.

이제 기록지 5.2(자동적 사고 관찰)에 나열했던 자동적 사고로 돌아가십시오. 기록지 6.1(불안한 마음/대처하는 마음 대화 연습)을 이용해서 두세 가지 자동적 사고에 대해 '불안한 마음/대처하는 마음' 대화를 연습해 보십시오. 첫째 줄의 '불안한 마음' 칸에 자동적 사고를 쓰십시오. 둘째 줄의 '대처하는 마음' 칸에는 논박적 질문 중 하나를 사용해서 질문을 시작하십시오. 그런 다음 셋째 줄에 논박적 질문에 대한 불안한 마음의 대답을 씁니다. 보다 긍정적 관점을 갖게 되거나 적어도 자동적 사고에 대해 조금 다른 관점을 갖는다고 느낄 때까지 불안한 마음과 대처하는 마음의 대화를 몇 차례 반복하십시오. 논박적 질문에 대한 대답 또한 논박이 필요한 자동적 사고(즉 자동적 사고의 이면에 숨어있는 또 다른 자동적 사고)를 포함하고 있을 수 있습니다. 그러므로 최종 답변에 만족할 때까지 이 과정을 계속하는 것이 중요합니다. 두세 가지 자동적 사고에 대해 당신이 편안하게 느낄 때까지 이 과정을 반복하십시

불안한 마음 :

대처하는 마음 :

불안한 마음 :

대처하는 마음 :

불안한 마음 :

대처하는 마음 :

불안한 마음 :

대처하는 마음 :

불안한 마음 :

대처하는 마음 :

불안한 마음 :

대처하는 마음 :

불안한 마음 :

대처하는 마음 :

오. 인내심을 가지고 끝까지 하십시오. 다른 새로운 기술을 배우는 것과 마찬가지로 인지재구성을 배우는 데도 시간과 연습이 필요합니다. 처음에는 서툴고 어색하게 느껴지기도 할 것입니다. 이 과정이 익숙해지면 인지재구성 마지막 단계인 '합리적 반응'으로 넘어갈 것입니다. 논박적 질문에 대한 당신의 대답이 맞는 것 같지 않고 이 과정이 인위적으로 느껴질 수도 있을 것입니다. 이것은 당신이 아직 이 새로운 기술에 익숙하지 않다는 신호입니다. 또한 당신이 잘못하는 것이 아니라 제대로 하고 있다는 신호이기도 합니다!

합리적 반응으로 자동적 사고에 대항하기

인지재구성의 다음 단계는 합리적 반응을 만드는 것입니다. 합리적 반응은 당신이 불안한 마음/대처하는 마음 대화를 통해서 발견한 요점들을 요약하거나 강조하는 말입니다. 합리적 반응은 일반적으로 집중을 유지하고 합리적으로 생각하게 하는 간단한 조언이나 주의 형태입니다. 사람들은 불안한 상황에서 자동적 사고가 떠오를 때 합리적 반응을 반복할 수 있습니다. 합리적 반응이 어떤 것인지 알아보기 위해 구직면접에 대한 정은 씨의 자동적 사고를 다시 살펴봅시다.

우리가 공략했던 정은 씨의 첫 번째 자동적 사고는 "첫인상이 좋아야 해. 그렇지 않으면 나를 뽑지 않을 거야."였습니다. 불안한 정은 씨와 대처하는 정은 씨의 대화에서 대처하는 정은 씨는 요점들 중 하나인 "그렇다면 첫인상이 좋으면 더 좋겠지만, 그렇지 않더라도 취직할 수 있다고 말하는 것이 맞겠구나."를 보다 낙관적으로 다시 말하면서 끝냈습니다. 이 마지막 말이 실제로 합리적 반응입니다. 그러나 이 말은 너무 깁니다. 정은 씨가 구직면접 때 효과적으로 사용하려면 조금 더 짧은 말이 좋습니다. 이 말은 "첫인상이 좋지 못하더라도 취직할 수 있어." 또는 "이 취직은 첫인상으로 결정되는 것이 아냐."같이 줄여볼 수 있습니다. 정은 씨가 구직면접에서 첫인상이 좋아야 한다는 자동적 사고를 떠올릴 때마다 합리적으로 생각하게 하는 신호로서 합리적 반응을 되뇔 수 있을 것입니다. 이 합리적 반응은 정은 씨가 취직하지 못할 것이라는 점쟁이 예언과 재앙화를 줄이고, 면접에 더 집중하게 해서 불안을 덜 느끼게 하는 데 도움이 될 것입니다.

인지재구성의 단계를 요약하면 다음과 같습니다.

1. 자동적 사고와 감정 찾기
2. 자동적 사고에서 인지적 오류 찾기
3. 논박적 질문과 대답을 통해 자동적 사고 공략하기
4. 자동적 사고에 대항하는 합리적 반응 만들기

첫인상이 좋지 못할 것이라는 정은 씨의 자동적 사고에 관한 대화에서 나온 한 가지 생각은 "나는 말을 더듬을 거야."였습니다. 이 자동적 사고는 대화에서 발표에 이르기까지 대부분의 상황에서 흔한 자동적 사고입니다. 그러므로 이 생각으로 논박적 질문과 합리적 반응을 추가로 연습해 봅시다.

불안한 정은 :	나는 말을 더듬을 거야. (점쟁이 예언)
대처하는 정은 :	말을 더듬는 것이 정말로 그렇게 중요할까?
불안한 정은 :	내가 말을 더듬는다면, 이런 훌륭한 직장에 맞는 유능한 사람으로 보이지 않을 거야.
대처하는 정은 :	말을 더듬는다는 것이 무능하다는 것일까?
불안한 정은 :	말을 많이 더듬는다면 유능해 보이지 않을 거야.
대처하는 정은 :	무능해 보일 정도로 말을 더듬을 현실적 가능성은 얼마나 될까?
불안한 정은 :	그런 일이 일어날 수 있어. 특히 면접 초반에는 틀림없이 말을 더듬을 거야. 때때로 처음 한두 번 질문에 답한 뒤에는 좋아지곤 해. 아마 무능해 보일 정도로 말을 더듬지는 않을 거야.
합리적 반응 :	*말을 조금 더듬어도 괜찮아.*

이 불안한 정은 씨와 대처하는 정은 씨 대화는 자동적 사고의 이면에 숨어있는 또 다른 자동적 사고를 어떻게 분석하는지를 보여주는 좋은 사례입니다. 처음에 정은 씨는 말을 더듬는 것만 걱정하는 것 같아 보였습니다. 그러나 그 생각이 중요한 이유는 그녀가 무능하게 보일까 봐 두려웠기 때문이었습니다. 논박적 질문으로 그 생각을 자세히 분석한 후, 그녀는 무능해 보일 정도로 말

을 많이 더듬지는 않을 것이라는 요점에 도달할 수 있었습니다. 그러고 나서 정은 씨는 유능해 보이기 위해서 완벽하게 말을 하지 않아도 된다는 의미의 합리적 반응을 만들 수 있었습니다. 그녀는 이제 구직면접을 하는 동안에 말을 더듬으면, "말을 조금 더듬어도 괜찮아!"라고 되뇔 수 있습니다. 이 신호는 그녀가 불안의 하향 나선에 빠지지 않고, 면접관의 질문에 답하는 주어진 과제에만 집중하도록 도와줄 것입니다.

지난 몇 년간 대부분의 사람이 인지재구성에서 가장 어려워했던 부분은 '합리적 반응'을 만드는 것이었습니다. 사람들은 아주 오랫동안 그들의 자동적 사고에 대해 의문을 갖지 않고 살았기 때문에 합리적인 관점을 갖기가 정말 어려워 보입니다. 그러나 연습을 하면 합리적 반응을 만들기가 더 쉬워질 수 있습니다. 다음은 합리적 반응을 만드는 데 도움이 되는 몇 가지 조언들입니다.

1. 좋은 합리적 반응은 상황이나 증상에 대해 긍정적(적어도 중립적) 관점을 가집니다. "아마도 실패는 하지 않을 거야."는 좋은 합리적 반응이 아닙니다. "잘될 거야!" 또는 "분명히 잘돼!" 같은 말이 훨씬 더 효과적입니다.

2. 좋은 합리적 반응은 짧습니다. 사실 합리적 반응이 짧을수록 더 사용하기 쉽습니다. 때로는 긴 합리적 반응을 짧은 구호 형태로 줄이는 것이 도움이 됩니다. 합리적 반응이 자세할 필요는 없지만, 자동적 사고를 논박하는 과정에서 다루었던 핵심 내용을 떠올리게 해야 합니다. '초조함≠탈락'은 구호 형태로 합리적 반응을 만든 좋은 예입니다.

3. 특히 처음에는 합리적 반응을 전적으로 믿지 않아도 됩니다. 사실 합리적 반응을 당장 옳다고 믿고 자동적 사고를 쉽게 버릴 수 있다면, 그것은 이상할 것입니다. 인지재구성은 대리석 덩어리를 깎아서 조각을 만드는 과정과 같습니다. 한동안은 별 변화가 없는 것 같고 아름다운 조각상이 탄생한다고 믿기 힘듭니다. 그러나 불안한 생각으로 점철된 세월의 굴레에서 벗어나 자신과 다른 사람 그리고 사회적 상황에 대해 보다 건강하고 유용한 생각을 하기 위해서는 자동적 사고에 대한 이런 첫 공략이 필수적입니다. 처음부터 합리적 반응을 믿을 필요는 없습니다. 그러나 합리적 반응에 대해 열린 마음을 갖고 진지하게 고려하려는 태도는 아주 중요합니다.

4. 합리적 반응은 현실적이어야 합니다. 즉 합리적 반응은 희망적인 예상이 아니라 합리적인 생각을 반영해야 합니다. 지영 씨에게 데이트 신청을 하고 싶은 영철 씨의 경우로 돌아가 보면, "지영 씨는 나와 데이트를 할 것이라고 확신해."를 합리적 반응으로 사용하는 것은 현실적이지 않을 것입니다. 지영 씨가 그와 데이트를 하지 않을 것이라고 예상하는 것보다 반드시 데이트를 할 것이라고 예상하는 것이 더 합리적이지는 않습니다. 그보다는 지영 씨가 어떻게 할지 모르지만, 그녀에게 데이트 신청을 하지 않는다면 아마도 영원히 모를 것이라는 사실을 알려주는 것이 더 나은 합리적 반응일 것입니다. 제5장에서 다룬 바와 같이, 인지재구성은 단순히 나쁜 생각을 좋은 생각으로 바꾸는 것이 아니라 자신과 다른 사람들 그리고 상황에 대해 현실적으로 생각하게 하는 것입니다.

5. 만약 합리적 반응을 만들기가 어렵다면 많은 사람이 도움을 받았던 다음 방법들을 사용해 보십시오. 또한 제9~11장도 합리적 반응에 관한 좋은 아이디어를 제공해 줄 수 있습니다. 그러나 합리적 반응은 매우 개인적이므로, 다른 사람에게 도움이 되었다는 것이 당신에게도 도움이 될 것이라는 의미는 아닙니다.

치료 초기에 일부 내담자에게는 합리적 반응이 자동적 사고가 떠오르더라도 자동적으로 최악의 결과를 예상하지 말아야 한다는 사실을 상기하는 데 도움이 됩니다. "어떻게 될지 나는 몰라." 또는 "최악의 결과를 예상할 이유는 없어."로 시작하는 합리적 반응이 좋습니다. 예를 들면, "내가 가지 않으면 파티가 어떻게 될지 나는 몰라."는 파티가 엉망이 될 것이라고 예상하는 자동적 사고에 대한 개선입니다. 합리적 반응인 "내 의견을 전달한다고 해서 최악의 결과를 예상할 이유는 없어."는 누군가에게 반대하는 의견이 거절로 이어질 것으로 예상하는 자동적 사고에 대한 개선입니다.

치료 과정 동안, 일반적으로 합리적 반응은 구체적인 생각과 믿음을 다음 예와 같이 보다 직접적으로 다룹니다.

_____ ≠ _____

첫 번째 빈칸에는 당신이 걱정하는 것, 즉 긴장되어 보이는 것, 거절당하는 것, 불안 증상을 경험하는 것 등을 씁니다. 두 번째 빈칸에는 당신이 걱정하는 결과, 즉 원하지 않는 결과를 적습니다. 몇 가지 예를 보겠습니다.

- 긴장되어 보임 ≠ 바보 같아 보임
- 거절당함 ≠ 영원히 홀로 있음
- 이번에 취직하지 못함 ≠ 영원히 취직하지 못함
- 얼굴이 붉어짐 ≠ 멍청해 보임
- 불안을 느낌 ≠ 불안해 보임

때로는 일어날 수 있는 최악의 일이 무엇인지 알아내기 위해 인지재구성을 활용하는 것이 도움이 됩니다. 이것으로 좋은 합리적 반응을 이끌어낼 수 있습니다. '일어날 수 있는 최악의 결과는 _____ 이지만, 나는 그래도 살아갈 수 있어.'는 비록 기분은 나쁘지만 그렇게 끔찍하지는 않은 결과를 걱정하는 자동적 사고에 대한 좋은 합리적 반응입니다. 예를 들어, 당신이 가장 두려워하는 것이 다른 사람들로부터 거부당하거나, 얼굴이 붉어지거나, 멍청하거나 바보 같아 보이거나, 망신을 당하는 것 등이라면 이 구절이 좋은 합리적 반응이 될 수 있습니다. 한편 당신이 가장 두려워하는 것이 당신이 매우 심각하게 여기는 결과(예 : 해고, 결혼 실패, 승진 탈락 등)라면 그런 일이 일어날 가능성이 얼마나 되는지 따져보는 것이 좋습니다. 이것으로 '일어날 수 있는 최악의 결과는 _____ 이지만, 그럴 가능성은 없어.' 같은 합리적 반응을 이끌어낼 수 있습니다.

　제7장에서 인지재구성의 마지막 단계인 타당한 목표 설정에 대해 다시 다룰 것입니다만, 달성할 수 있는 목표가 좋은 합리적 반응을 만들 수도 있습니다. 다음은 지난 몇 년간 이 치료를 받은 사람들이 만든 흔한 합리적 반응입니다.

- 나는 단지 인사만 하면 돼.
- 처음 2분만 견디면 돼. 그러고 나면 괜찮아질 거야.
- 세 가지 사항만 전달하면 돼.

특정 사회적 상황에 대한 목표가 좋은 합리적 반응을 만드는 것과 마찬가지로, 때로는 우리가 추구하는 가치와 삶의 종류 측면에서 하는 일의 중요성을 일깨우는 합리적 반응이 유용할 수 있습니다. 다음은 이런 유형의 합리적 반응의 예입니다.

- 나는 이 주제에 관심이 있기 때문에 이 연설을 하는 거야.
- 대화를 시작하는 것이 다른 사람과 친해지는 첫 단계야.
- 만약 친밀한 관계를 원한다면 내 감정을 공유해야 해.

자신의 수행이나 다른 사람의 행동에 대해 완벽주의적 기준을 설정하는 경향이 있는 사람들에게 매우 중요할 수 있는 합리적 반응 중 하나는 "완벽할 필요 없어."라는 간단한 말입니다. 이 합리적 반응의 변형은 이상적이지는 않지만 인간 또는 인간 상호작용의 정상 부분일 수 있는 특정 사항과 싸우지 않고 허용하는 것입니다. '＿＿＿＿＿＿＿＿＿해도 괜찮아.'는 얼굴 붉어짐, 떨림, 실수하기, 불안해짐, 말문이 막힘, 말더듬 같은 현상에 대한 좋은 합리적 반응입니다.

　우리가 말하고자 하는 요점은 합리적 반응이 단지 부정적인 자동적 사고를 대체하는 긍정적인 말이 아니라는 것입니다. 자동적 사고에 대한 이런 긍정적인 말은 공허하게 들리고 유용하지 않습니다. 오히려 가장 좋은 합리적 반응은 자동적 사고에 대한 논박에서 나옵니다. 따라서 좋은 합리적 반응을 만드는 훈련을 할 때 가장 좋은 방법은 가능할 때마다 불안한 마음/대처하는 마음 대화를 쓰고 합리적 반응을 그 대화에서 찾아보는 것입니다. 논박적 질문에 대한 당신의 대답을 검토하면 여러 가지 경험을 할 것입니다.

1. 논박적 질문에 대한 어떤 대답은 잘 받아들여지지 않는데, 이것은 그 대답의 이면에 합리적인 척 숨어있는 자동적 사고가 있을 수 있다는 것을 의미합니다. 이런 대답은 추가적인 논박을 필요로 하므로 좋은 합리적 반응을 만들 수 없습니다.

2. 논박적 질문에 대한 어떤 대답은 당신에게 정서적으로 강한 충격과 함께 새로운 관점으로 상황을 볼 수 있게 해줍니다. 당신은 그 상황에 대해 그런 식으로 생각해 본 적이 없었을 수 있습니다. 논박적 질문에 대한 이런

독특한 대답은 탁월한 합리적 반응이 될 수 있습니다. 승철 씨는 사회적 상황에서 불안할 때마다 얼굴이 붉어지는 증상 때문에 몇 년 전에 우리에게 치료받았습니다. 그는 얼굴이 붉어지면 다른 사람들에게 약하게 보여서 그들의 존경과 우정을 잃게 될까 봐 걱정했습니다. 그는 다른 사람들에게 액션 영화 속 영웅 같은 모습으로 보이고 싶었다고 말했습니다. 인지행동치료 논박 과정에서 다른 집단 구성원이 그에게 "당신이 '배트맨'과 얼마나 닮았다고 생각합니까?"라고 물었습니다. 승철 씨는 그 질문을 받고 매우 당황했습니다. 한동안 곰곰이 생각을 해본 후 그는 '말도 안 된다'는 사실을 깨달았습니다. 그 후 여러 사회적 상황에서 그가 사용한 합리적 반응은 "사람들은 배트맨이 아니라 나를 알고 싶어 한다."였습니다.

3. 논박적 질문에 대한 어떤 대답은 정서적으로 강력하지 않지만, 여러 개가 합쳐져서 하나의 주제를 만들 수 있습니다. 그 대답들이 전하는 메시지를 요약하면 거의 항상 좋은 합리적 반응이 됩니다. 우리 내담자 중 다수는 아는 사람이나 낯선 사람과 대화하기를 두려워합니다. 이는 대화를 할 때 침묵이 이어지거나 대화를 계속해야 할 책임이 전적으로 자신에게 있다는 생각 때문입니다. 그러나 대개 논박적 질문을 사용할 때 대화가 중단되는 것은 대화의 자연스러운 부분이고, 길게 침묵하는 것은 두 사람 모두 아무 말을 하지 않을 때만 발생하며, 대화의 상대 역시 대화를 할 의무가 있음을 이해하게 됩니다. 많은 경우, 이런 생각은 "대화는 양방향이야." 또는 "나는 대화에 50%만 책임질 뿐이야." 같은 합리적 반응으로 요약될 수 있습니다.

좋은 합리적 반응을 만들기 위해서는 시간과 연습이 필요합니다. 인지재구성 기법들은 반복해서 사용하면 익숙해지게 되며, 인지재구성 단계를 단축하거나 생략할 수도 있게 될 것입니다. 그러나 최대의 이익을 얻기 위해서 지금은 반드시 모든 단계를 사용하십시오.

우리는 불안한 마음/대처하는 마음 대화가 인지재구성을 익히는 데 좋은 방법임을 알았습니다. 연습을 더 많이 하면 좀 더 자유롭게 논박적 질문과 대답을 사용할 수 있게 될 것입니다. 이어지는 장들에서 이에 대해 더 구체적으로 다룰 것이므로, 당신의 불안을 다스리는 데 이 강력한 전략의 이점을 충분히 활용하게 될 것입니다.

과제

이번 회기와 다음 회기는 인지재구성 기술을 연습하는 데 아주 중요합니다. 한 주 동안 불안을 유발하는 한두 상황을 찾아서 기록지 6.2(인지재구성 연습)를 이용해 인지재구성 4단계를 연습하십시오. 그림 6.2에 완성된 예가 나와있습니다. 기록지 양식의 제일 위 칸(#1)은 상황을 간단히 적는 곳입니다. 그리고 나서 자동적 사고를 나열하고, 이전 과제에서 했던 것같이 자동적 사고에 대한 믿음을 점수로 매깁니다. 이전 과제(기록지 5.2)에서 했던 것처럼, 적어도 4~5개 자동적 사고를 열거하고(#2), 이런 생각을 떠올릴 때 경험한 감정에 표시하십시오(#4). 우측에 있는 인지적 오류의 종류를 참조해서(#3) 각각의 자동적 사고 속에 들어있는 인지적 오류를 찾아봅니다. 대부분의 자동적 사고는 어떤 관점에서 보느냐에 따라 한 가지 이상의 오류를 가지고 있습니다. 그런 다음 공략할 두세 가지 자동적 사고를 선택하십시오. 논박적 질문을 이용해서(#5) 불안한 마음/대처하는 마음 대화 형식으로 자동적 사고를 차례로 공략합니다. 불안한 마음/대처하는 마음 대화가 길어져서 다음 페이지로 넘어가더라도 괜찮습니다.

다음으로 논박적 질문을 통해 발견한 요점을 나열하여 요약합니다(#6). 그러고 나서, 그 목록에서 가장 주목할 만한 요점이나 주제를 선택하여 합리적 반응을 만듭니다(#7). 마지막으로, 합리적 반응에 대한 당신의 믿음을 점수로 매깁니다. 합리적 반응을 반드시 믿어야 할 필요는 없습니다. 그러나 합리적 반응에 대해 열린 마음을 가져야 합니다. 결과적으로, 합리적 반응에 대한 당신의 믿음은 때때로 변할 것이며 아주 낮을 때도 있을 것입니다. 그러나 그것은 아무런 문제가 되지 않습니다.

늘 그렇듯, 이번 주에 불안한 상황이 없다면 과거에 경험한 상황을 사용하거나 미래에 일어날 상황을 상상하십시오. 자동적 사고를 찾을 수 있을 정도로 가능한 한 생생하게 상상하십시오.

1. 상황

2. 자동적 사고 (이 상황에 관한 자동적 사고들을 나열하고 각각의 생각이 진실이라고 믿는 정도를 0~100 척도로 평가하십시오.)

3. 인지적 오류 (0~100 척도 점수 뒤에 인지적 오류의 코드를 쓰십시오.)

흑백 : 흑백논리

점재 : 점쟁이 예언/재앙화

무시 : 장점 무시하기

추론 : 감정적 추론

명명 : 명명하기

독심 : 독심술

여과 : 정신적 여과

강박 : 강박적 부담

무용 : 쓸모없는 생각

4. 감정 (해당하는 사항에 체크하십시오.)

☐ 불안/초조　　☐ 좌절감　　☐ 짜증스러움　　☐ 부끄러움

☐ 분노　　　　☐ 슬픔　　　☐ 당황스러움　　☐ 미움

☐ 기타 _____

5. 논박적 질문을 사용하여 불안한 마음/대처하는 마음 대화로 자동적 사고를 공략하십시오.

불안한 마음(자동적 사고) : _____

대처하는 마음 : _____

불안한 마음 : _____

대처하는 마음 : _____

불안한 마음 : _____

대처하는 마음 :

_____

불안한 마음 :

_____

대처하는 마음 :

_____

불안한 마음 :

_____

6. 불안한 마음/대처하는 마음 대화를 통해 발견한 요점들을 나열하십시오.

_____

**7. 그 요점들을 합리적 반응으로 요약하십시오. 합리적 반응에 대한 당신의 믿음을 0~100 척도로
평가한 후 합리적 반응 옆에 쓰십시오.**

_____

그림 6.2 | 인지재구성 연습의 예

1. 상황

새로 산 재킷에 흠집이 있어 반품하려고 할 때

2. 자동적 사고 (이 상황에 관한 자동적 사고들을 나열하고 각각의 생각이 진실이라고 믿는 정도를 0~100 척도로 평가하십시오.)	**3. 인지적 오류** (0~100 척도 점수 뒤에 인지적 오류의 코드를 쓰십시오.)

3. 인지적 오류 (0~100 척도 점수 뒤에 인지적 오류의 코드를 쓰십시오.)

흑백 : 흑백논리

점재 : 점쟁이 예언/재앙화

무시 : 장점 무시하기

추론 : 감정적 추론

명명 : 명명하기

독심 : 독심술

여과 : 정신적 여과

강박 : 강박적 부담

무용 : 쓸모없는 생각

2. 자동적 사고 항목 내용:

점원이 화를 낼 거야. **독심, 점재 90**

나는 긴장할 거야. **점재 100**

그 매장에서 반품을 받아주지 않을 거고, 나는 웃음거리가 될 거야. **점재, 명명 85**

큰 소동이 벌어질 거야. **점재 80**

재킷을 사서 가져오기 전에 더 꼼꼼히 살펴봤어야 해. **강박 100**

4. 감정 (해당하는 사항에 체크하십시오.)

☑ 불안/초조   ☐ 좌절감   ☐ 짜증스러움   ☐ 부끄러움

☐ 분노   ☐ 슬픔   ☑ 당황스러움   ☐ 미움

☐ 기타 _____

5. 논박적 질문을 사용하여 불안한 마음/대처하는 마음 대화로 자동적 사고를 공략하십시오.

불안한 마음(자동적 사고) : 점원이 화를 낼 거야.

대처하는 마음 : 점원이 화를 낼 것이라는 증거가 있니?

불안한 마음 : 증거는 없어. 점원이 반품할 수 없다며 화를 낼 것이라고 짐작할 뿐이야.

대처하는 마음 : 흠집이 있는 재킷을 반품할 수 없다는 법이라도 있니?

그림 6.2 | 인지재구성 연습의 예 (계속)

불안한 마음 : 그런 건 없어. 그래도 사는 사람이 조심했어야지. 사기 전에 좀 더 꼼꼼히 살펴봤어야 한다고 생각해.

대처하는 마음 : 네가 그 재킷을 사기 전에 그 옷에 흠집이 있다는 걸 알 수 있었어?

불안한 마음 : 없어, 매장에서는 좋아 보였어. 그런데 집에 가지고 와서 처음 입었을 때 실밥이 터져 버렸어. 난 그 재킷이 필요한데.

대처하는 마음 : 그럼 넌 입어봤을 뿐이고, 그 재킷에 원래 하자가 있었다는 말이지. 넌 그 재킷이 필요하니까 바꿔야 해. 점원에게 설명할 수 있겠니?

불안한 마음 : 그래, 점원에게 그냥 사실대로 설명할 거야. 그건 내 잘못이 아니기 때문에 점원이 화를 낼 이유가 없어.

6. 불안한 마음/대처하는 마음 대화를 통해 발견한 요점들을 나열하십시오.

매장에서는 그 재킷이 괜찮았고, 충분히 확인도 했음.

재킷을 반품하는 것은 타당함.

점원이 화를 낼 이유는 없음.

7. 그 요점들을 합리적 반응으로 요약하십시오. 합리적 반응에 대한 당신의 믿음을 0~100 척도로 평가한 후 합리적 반응 옆에 쓰십시오.

내가 할 수 있는 것은 점원에게 설명하고 교환해 달라고 하는 것이다. 80

다음 회기를 준비하기 위해 제7장을 읽어보십시오.

자가평가

각 질문에 '예' 또는 '아니오'로 표시하고 이 책의 마지막에 수록된 부록에서
정답을 맞추어 보십시오.

1. 자동적 사고를 변화시키면 다른 행동을 유도하고, 그래서
   결과도 달라진다. **예 아니오**

2. 자동적 사고를 검증하고 적절한 논박적 질문을 선택할 때는
   실제로 질문에 답을 해보는 것이 중요하다. **예 아니오**

3. 자동적 사고를 논박하면 여러 상황에서 불안이 완전히 제거
   되고, 당신이 두려워하는 모든 상황에 편하게 접근하게 될
   것이다. **예 아니오**

4. 자동적 사고에 대한 합리적 반응은 핵심 대처 요소를 강조
   하는 짧고 현실적인 말이다. **예 아니오**

5. 합리적 반응을 처음 만들 때는 그것을 100% 믿는 것이 매우
   중요하다. **예 아니오**

제7장

첫 노출 회기 : 수영장에 들어가다

지난 두 장에서는 인지재구성 기술을 발전시키는 데 초점을 맞췄습니다. 앞에서 보았듯이, 인지재구성은 불안한 상황에서 당신이 어떻게 생각하는지를 검토하고 더 유용한 관점이 있는지 고려하도록 도와주는 기법입니다. 또한 인지재구성은 당신이 경험하는 불안을 감소시킴으로써 힘든 상황에 대처할 가능성을 높여줍니다. 다른 새로운 기술과 마찬가지로, 인지재구성 역시 더 많이 연습할수록 자동적 사고를 더 잘 분석하고 반응하게 될 것입니다. 그러나 아직 인지재구성 기법에 대해 확신이 없다면, 치료자와 조금 더 연습을 하십시오.

이제 치료의 두 번째 요소, 즉 두려워하는 상황에 대한 치료적 노출을 시작할 시간입니다. 이전 장에서 배운 인지재구성 기법을 노출 동안에 적용할 기회를 갖게 될 것입니다. 첫 노출을 시작하기 전에, 노출이 어떻게 진행되는지, 그리고 왜 그것이 사회적 불안을 극복하는 데 그렇게 중요한 단계인지 잠깐 살펴봅시다.

노출을 어떻게 하는가

제2장에서 기술했듯이, 치료적 노출은 당신을 불안하게 하는 상황에 직면하는 것을 의미합니다. 궁극적인 치료의 목적은, 힘들지만 중요한 사회적 상황에 당신이 참여하도록 돕는 것입니다. 그러므로 당신은 결국 이런 공포에 직

면해야 합니다. 이 과정은 쉬운 상황부터 힘든 상황으로 진행됩니다. 당신은 아마도 치료자와 함께 첫 회기 내 노출을 완료하고 점차 회기 밖에서 유사한 상황을 연습할 것입니다. 공포 회피 순위(제3장)를 작성할 때 당신과 치료자는 어떤 상황을 쉽게 또는 어렵게 만드는 여러 요인을 찾았습니다. 이 요인들은 노출훈련에서 어떤 상황을 먼저 공략하고 어떤 상황을 뒤에 할 것인지 결정할 때 도움이 될 것입니다.

치료적 노출이 어떻게 도움이 될까?

노출은 적어도 다음 세 가지 방법으로 도움이 됩니다.

1. **연습** : 노출은 불안의 행동요소를 극복하는 데 도움이 됩니다. 노출은 불안한 상황에서 무엇을 말하고 어떻게 행동할지 연습하는 기회를 주기 때문입니다. 만약 누군가에게 데이트 신청하는 것을 항상 피하던 사람이라면 무엇을 말하고 어떻게 말할지 반드시 연습해야 합니다. 당신이 지금까지 그런 상황을 피하지 않았다고 하더라도, 너무 불안해서 할 말이 생각나지 않을 수 있을 것입니다. 회기 내 노출의 한 가지 장점은 치료자가 당신이 적극적인 자세로 말하고 행동하는지 조언할 수 있다는 것입니다.

2. **자동적 사고 확인** : 어떤 중요한 자동적 사고는 당신이 불안한 상황에 있을 때만 떠오를 수 있습니다. 이런 자동적 사고는 당신이 불안할 때 나타나며, 대개 불안이 지속되는 데 중요한 역할을 합니다. 이런 강력한 자동적 사고는 정서적 경험과 아주 밀접하게 연결되어 있기 때문에 '뜨거운 인지(hot cognition)'라고 부릅니다. 노출을 하는 동안 당신의 생각을 주의 깊게 살펴본다면 불안을 가장 많이 증폭시키는 특정한 자동적 사고를 확인할 수 있습니다. 이런 자동적 사고를 공략하고 합리적 반응을 만들어 봄으로써, 다음 노출 상황이나 실제 일상생활에서 다루기 힘든 생각이 떠오르더라도 잘 대비하게 될 것입니다.

3. **자동적 사고 검증** : 노출의 또 다른 중요한 활용은 자동적 사고가 정확한지 아닌지를 검증할 수 있는 상황을 설정하는 것입니다. 현정 씨에게 데

이트할 가능성이 있는 이성과 대화를 할 때 "만약 침묵이 길어진다면, 나는 감당할 수 없을 거야."라는 자동적 사고가 있다고 합시다. 만약 이 생각을 검증하고 싶다면, 회기 중에 치료자와 대화를 하면서 길게 침묵해볼 수 있습니다. 이런 노출을 통해 현정 씨는 누군가와 잠시 동안 침묵속에 앉아있는 것이 어떤 느낌인지 알 수 있을 것입니다. 대부분의 사람들은 이 노출에서 세 가지를 배우게 될 것입니다. 첫째, 실제 대화에서 그런 긴 침묵이 발생할 가능성은 극히 희박합니다. 사실 현정 씨는 아마도 말할 수 있는 몇 가지 주제는 떠올릴 것입니다. 둘째, 그녀의 자동적 사고와 달리, 그녀는 비록 불편하더라도 긴 침묵을 '감당'할 수 있습니다. 셋째, 대부분의 내담자와 같이 침묵이 길어지면 불안 신체 증상은 안정되거나 감소합니다. 만약 그렇지 않다고 하더라도, 대화를 잠시 멈추는 연습을 반복할수록 시간이 지나면서 덜 불안해진다는 사실을 배울 것입니다. 즉 대화 중 침묵을 걱정할 필요가 없다는 사실을 깨닫게 될 것입니다.

보다시피 치료적 노출은 사회불안의 세 가지 요소인 생리적, 인지적, 행동적 요소를 모두 돕는 매우 강력한 기법입니다. 그러나 한 번의 노출로 그 상황에 대한 불안이 모두 사라지는 경우는 거의 없습니다. 일반적으로 불안이 의미 있게 감소하려면 동일한 상황에 대해 몇 차례 노출을 합니다. 다시 말하자면, 더 많이 연습할수록 덜 불안할 것입니다.

첫 회기 내 노출

이 단락에서는 첫 회기 내 노출을 완료하는 데 포함되는 모든 단계, 즉 상황 선택, 인지재구성, 목표 설정, 상황에 들어가기, 노출을 통해 배운 사항 정리에 대해 알아볼 것입니다. 처음에는 이 모든 단계를 수행하기가 힘들고 부담스러울 수 있지만, 곧 익숙해질 것입니다. 치료자는 회기 중에 당신과 함께 이 단계들을 완료할 것입니다. 그러나 내담자들의 말에 의하면 사전에 노출 단계에 대해 더 많이 알수록 첫 노출 회기 때 덜 불안했다고 합니다. 또한 노출 기법에 대해 더 많이 알면 치료자와 한 팀으로 긴밀하게 작업하는 데 도움이 됩니다.

상황의 선택

첫 노출을 위해 어떤 상황을 선택해야 할까요? 이 질문에는 한 가지 답만 있는 것이 아닙니다. 사회불안을 경험하는 어떤 상황이라도 첫 노출 대상이 될 수 있습니다. 그러나 성공적인 첫 노출이 되기 위해서는 지켜야 할 몇 가지 지침이 있습니다. 제4장에서 만들었던 공포 회피 순위표의 상황들을 살펴보고 가능한 노출 상황에 대해 생각해 보면서, 다음 지침을 충족하는 한 상황을 찾아보십시오.

1. **회기 밖에서 직면할 때 SUDS가 0~100 척도로 40~50인 상황을 선택한다.** 이것은 점진적 노출입니다. 쉬운 상황에서부터 노출을 시작할 것입니다. SUDS가 높은 상황은 나중을 위해 남겨두십시오. 그러나 노출의 효과를 기대할 수 없는 아주 쉬운 상황에서 시작할 필요는 없습니다. 그런 상황은 당신의 불안을 빨리 극복하는 데 도움이 되지 않을 것이기 때문입니다. 만약 확신이 서지 않는다면, 약간 쉬운 상황을 첫 노출로 선택하십시오. 그렇긴 하지만, 당신과 치료자가 좀 더 힘든 상황에서 노출을 시작하는 것이 중요하다고 판단할 이유가 있다면, 그런 노출도 쉬운 상황에 못지않은 효과가 있을 것입니다. 채영 씨는 심한 연설불안이 있는 내담자였습니다. 그녀는 치료를 시작하고 나서 불과 몇 주 뒤 수업시간에 발표를 해야 했습니다. 채영 씨의 첫 노출은 (SUDS가 80이었음에도 불구하고) 진료실에서 치료자에게 발표를 연습해 보는 것이었습니다. 다음 노출은 빈 강의실에서 그녀의 치료자와 클리닉의 다른 치료자들에게 발표를 하는 것이었습니다. 발표 때문에 수업을 포기할 생각을 했던 채영 씨는 수업시간에 발표를 할 수 있었습니다.

2. **상황이 치료의 궁극적 목표에 부합해야 한다.** 많은 사람이 연설을 할 때 불안해합니다. 그러나 평소에 연설할 일이 거의 없는 사람에게는 그 불안이 문제가 되지 않습니다. 이런 사람에게는 연설하는 것이 불안하거나 불안하지 않거나 아무런 차이가 없습니다. 그러므로 단지 어떤 상황이 불안하다는 이유만으로 노출을 위한 상황으로 선택하지 마십시오. 당신이 진정으로 변화하고 싶은 상황을 선택하십시오. 당신의 최종 목표를 달성하기

위해서는 보통 몇 차례 노출이 필요합니다. 그러므로 그 과정 중 한 단계인 노출을 선택하십시오. 영호 씨는 결혼을 해서 가정을 이루고 싶어 합니다. 만약 그의 최종 목표가 데이트하고 싶은 파트너를 대할 때 좀 더 편안해지는 것이라면, 그가 불안해하는 상황은 여성에게 청혼을 하는 상황일 겁니다. 그러나 청혼하는 것은 노출훈련을 시작하기에 좋은 상황이 아닙니다. 영호 씨에게는 관심이 가는 매력적인 상대와 일상적인 대화부터 시작하고, 그런 다음 데이트 상황과 감정 표현을 연습하는 것이 더 나을 것입니다.

3. **상황은 단순해야 한다.** 노출을 하는 동안 당신은 불안할 것이고, 인지재구성 기술을 활용하면서 말을 하고 듣는 데 집중해야 할 것입니다. 복잡하거나 어려운 상황을 직면하면서 이 모든 것을 수행하기는 힘듭니다. 그러므로 첫 노출은 많은 준비와 예행연습이 필요 없는 간단한 대화나 발표 정도가 적당합니다. 예를 들어, 미영 씨는 헬스클럽에서 사람들과 대화를 하면 새로운 친구를 사귈 수 있다고 생각합니다. 그곳에서는 많은 사람이 헬스 사이클을 타면서 서로 대화를 합니다. 그러나 미영 씨는 대화를 하는 것이 너무 불안하기 때문에 대개 읽을 책을 가지고 갑니다. 미영 씨는 첫 노출로 헬스 사이클을 타면서 옆 사람과 대화하는 상황을 선택할 수 있습니다. 그러나 회기 내 노출에서는 두 사람이 사이클을 타는 척해야 하기 때문에 현실감 있게 연기하기 힘듭니다. 한편, 미영 씨는 헬스기구를 이용하기 위해 줄을 서서 기다리면서도 사람들과 대화할 수 있습니다. 이 두 상황 모두 미영 씨에게 비슷하게 불안을 유발하며, 사람들을 사귀는 그녀의 목표에도 부합합니다. 그녀의 첫 노출은 헬스 사이클을 타면서 대화하는 것보다는 차례를 기다리며 줄을 서있는 동안 대화를 하는 상황이 더 적합할 것입니다.

첫 노출에 적합한 상황은 다음과 같습니다.

1. 잘 모르는 사람과 대화를 하는 상황
   - 버스나 기차 또는 비행기에서 옆자리에 앉은 사람
   - 어딘가에 줄을 설 때 당신 옆에 서있는 사람

- 새로 들어온 동료
- 파티에서 스낵 테이블 옆에 서있는 사람
- 직원 식당이나 카페 또는 라운지에서 옆자리에 앉은 사람

2. 사람들 앞에서 발표하는 상황
   - 편한 모임에서 최근에 겪었던 일이나 휴가에 관해 말할 때
   - 책이나 잡지를 크게 읽을 때

만약 당신이 주로 걱정하는 상황이 일반적인 상호작용이나 대중 연설 이외의 상황이라면(예 : 다른 사람들 앞에서 먹거나 필기하기), 앞에 제시된 상황들을 응용해서 당신이 두려워하는 사항을 포함시킬 수도 있습니다. 이 시점에서는 첫 노출을 시도할 상황에 대한 기본적인 개념만 있으면 됩니다. 구체적인 내용은 뒤에서 설명할 것입니다. 자동적 사고를 찾기에 충분한 정보가 확보되었다면, 노출을 준비하는 다음 단계인 인지재구성으로 이동하겠습니다.

인지재구성

노출을 할 때마다 사전에 지난 두 장에서 다루었던 인지재구성 단계들을 거치게 될 것입니다. 이 인지적 준비를 통해 당신은 노출 상황에서 예상되는 자동적 사고에 대한 합리적 반응을 가지고 노출을 시작할 수 있습니다. 인지적 준비는 또한 노출이 당신의 불안을 다스리는 데 도움이 되게 할 가능성을 더 높여줍니다.

- 1단계. 치료자와 함께 첫 회기 내 노출로 선택한 상황에서 무슨 일이 일어날지 상상하십시오. 때로는 마치 머릿속에서 영화가 상영되는 것처럼 그 상황을 상상하면 도움이 됩니다.

  상상 속에서 '영화가 상영'되는 동안, 어떤 자동적 사고가 떠오르는지 주의를 기울이십시오. 자동적 사고를 적어도 네다섯 개 적어보십시오. 이 생각들이 진실이라고 얼마나 믿습니까? 이 생각들에 대한 당신의 믿음을 0~100 척도로 평가하십시오. 이 자동적 사고들로 인해 어떤 감정이 드는지도 생각해 보십시오.

- 2단계. 자동적 사고에서 인지적 오류를 확인하십시오.

- 3단계. 가장 고질적이거나 중요한 것 같은 한두 개 생각을 선택한 후 논박적 질문을 이용해서 그 생각들을 공략합니다. 제기된 논박적 질문에는 반드시 답을 하십시오. 노출 상황에 대하여 보다 현실적이면서 덜 불안한 관점을 갖는 데 가장 도움이 되는 질문에 대한 답변들을 따로 메모해 놓으면 도움이 될 수 있습니다.

- 4단계. 3단계에서 질문하고 답변한 내용을 노출 때 활용할 수 있도록 한두 가지 합리적 반응으로 요약하십시오. 자동적 사고에 대한 믿음과 마찬가지로 각 합리적 반응에 대한 당신의 믿음도 0~100 척도로 평가하면 유용합니다. 합리적 반응을 완전히 진실로 믿을 필요는 없습니다. 그러나 합리적 반응이 맞을 수도 있다는 가능성은 열어두십시오. 합리적 반응을 노출 중에 읽을 수 있는 곳에 적어두십시오. 당신은 이제 노출에 성공할 준비가 되었습니다!

노출 상황의 세부 내용 계획

이제 회기 내 노출의 세부 내용을 설명할 차례입니다. 회기 내 노출에서는 영화 대본처럼 무슨 말을 할 것인지 정확하게 알 필요는 없습니다. 대화를 하거나 발언을 하는 배경(예 : 집 또는 사무실, 버스 안, 점심 식사 자리), 상황(예 : 어떤 승객이 통근열차에서 옆자리에 앉아있음, 주례 임원회의에서, 오전 커피 타임을 갖는 도중에), 역할(예 : 낯선 사람, 동료, 상사)의 윤곽만 잡습니다. 구체적인 대화는 노출이 진행되면서 자연적으로 전개될 것입니다. 첫 노출은 대개 당신(내담자)과 상대(치료자) 두 역할만 있습니다. 이후에 몇몇 다른 사람을 노출에 포함시킬 수 있습니다.

달성할 수 있는 행동목표 설정

노출 전 인지재구성의 다섯 번째이자 마지막 단계는 노출이 성공적이었는지 알 수 있도록 '달성할 수 있는 행동목표'를 정하는 것입니다. 목표란 당신이 성취하고 싶은 무언가입니다. 달성할 수 있는 목표는 당신이 달성할 수 있을 것 같은 목표입니다. 달성할 수 있는 '행동'목표는 객관적으로 확인할 수 있

표 7.1 │ 행동목표와 비행동목표

행동목표	비행동목표
세 가지 말하기	불안해하지 말자
불안하더라도 그 상황에 머물러 있기	잘했다고 느끼자
다른 사람에게 두 가지 배우기	좋은 인상을 주자
네 가지 생각을 설명하기	친절하게 도와주자
그녀에게 영화 보러 가자고 초대하기	유능하게 보이자
그에게 나에 대해 무언가 말하기	그를 편안하게 해주자
후속 질문하기	효과적으로 의사소통을 하자

는 목표를 말합니다. 바꿔 말하면, 달성할 수 있는 행동목표는 당신이 그것을 달성했는지 안 했는지를 누구나 확인할 수 있고 동의할 수 있는 것이어야 합니다. 표 7.1은 두 종류의 목표를 보여줍니다. 왼쪽은 행동목표이며, 오른쪽은 비행동목표입니다.

보다시피, 행동목표는 모두 관찰될 수 있거나 객관적으로 평가될 수 있는 행동 유형입니다. 예를 들면, 발표를 할 때 효과적으로 의사소통을 하고 싶을 수 있습니다(비행동목표). 그러나 이것은 목표 달성 여부를 판단하기가 힘듭니다. 어떤 사람이 효과적이었다고 생각한 것을 다른 사람은 지루하거나 혼란스러웠다고 생각할 수 있습니다. 당신은 효과적으로 의사소통하는 것도 청중에게 당신의 생각을 전달하는 것을 포함한다고 주장할지 모릅니다. 그러나 '효과적으로 의사소통하는 것'은 다른 사람의 반응에 달려있는 반면 '네 가지 생각을 설명하는 것'은 당신이 스스로 통제하기 때문에 좋은 행동목표입니다. 발표 후에 당신이 설명한 네 가지 생각을 청중이 얼마나 이해했는지 확인해 볼 수도 있지만, 당신의 목표는 어디까지나 당신의 네 가지 생각을 설명하는 데 최선을 다하는 것입니다.

느낌에 근거한 비행동목표('잘했다고 느끼자' 또는 '그를 편안하게 해주자')는 평가하기 힘듭니다. 그 정서를 가지고 있는 사람만이 어떤 느낌인지 정확히 알 수 있기 때문입니다. 느낌은 객관적으로 평가하기 힘듭니다. 다른 사람은 당신이 어떻게 느끼는지 알 수 없기 때문입니다. 또한 우리는 다른 사람이 어떻게 느끼는지를 통제하지 못합니다. 따라서 노출에서 아무리 잘하더라도 어떤 사람을 편안하게 해주자 같은 목표를 설정하면 달성하기 힘들 것입니다.

불안해하지 않는다는 목표를 세우고 싶을 때가 종종 있습니다. 물론 사회적 상황 또는 수행 상황에서 불안해하지 않는 것(또는 적어도 심하게 불안해하지 않는 것)은 치료에 대한 당신의 궁극적 목표일 것입니다. 그러나 이 목표는 두 가지 문제점을 가지고 있습니다. 첫째, 한 번의 노출에 비해 너무 큰 목표입니다. 적어도 몇 개월 이상 사회불안을 겪었다면 이 문제가 금방 사라지지는 않을 것입니다. 둘째, 제1장에서 논한 대로, 사회불안은 삶의 정상적인 부분입니다. 이 치료 프로그램을 아무리 성공적으로 마치더라도 때때로 불안을 느낄 것입니다. 더 적절한 장기 목표는 불안을 경험하더라도 여러 상황에서 원하는 것을 달성하는 것입니다. 이 목표를 계속 달성한다면, 사회불안은 저절로 해결될 것입니다.

목표 설정의 중요성

노출에 목표를 설정하는 것이 왜 중요할까요? 사회불안증을 가진 많은 사람을 치료하면서, 우리는 이들이 종종 자신에게 가장 혹독한 비판을 한다는 사실을 알았습니다. 어떤 사람은 노출에서 아무리 잘하더라도, 잘못한 점에만 너무 쉽게 집중합니다. 이것은 장점 무시하기의 좋은 예이며, '정신적 여과'도 역할을 합니다. 다음 예를 살펴봅시다.

새로 온 동료와 대화를 하는 노출을 하기에 앞서 승기 씨는 매우 불안했습니다. 그의 자동적 사고는 인사를 건넬 수 있을지조차 걱정하는 내용이었습니다. 실제 노출 때 그는 거의 10분 동안 매우 적절한 대화를 나눴습니다. 그러나 그는 말하려고 했던 농담의 요점을 더듬거렸기 때문에 실패했다고 믿었습니다. 승기 씨가 자신이 대화를 이어나간 점을 인정하지 않는 것은 장점 무시하기의 좋은 예입니다. 그는 자신의 성공을 평가절하했습니다. 그가 대화에 실패했다고 판단한 유일한 근거는 대화 중에 한 번 더듬거렸다는 것입니다.

이것은 명백한 정신적 여과입니다. 만약 승기 씨가 노출을 시작하기 전에 달성할 수 있는 행동목표를 '인사하고 세 가지 이상 말하기'로 정했다면, 노출이 끝난 후에 인지적 오류를 공략할 수 있는 증거를 얻고 자신의 성공을 인정할 수 있었을 것입니다. 그가 달성할 수 있는 목표에 도달하면, 장점 무시하기 경향이나 부정적 세부사항에 집중하는 경향에 대항할 수 있는 증거를 제공받을 것입니다. 그리고 나서 다음에 비슷한 상황에 직면할 때, 자신의 이전 성공을 자동적 사고에 대항하는 강력한 증거로 활용할 수 있을 것입니다.

달성할 수 있는 행동목표를 설정하면 노출 후에 당신의 성공을 인정하는 데 도움이 되고 미래 상황에 대비하기가 더 쉬워집니다.

노출 수행

노출훈련 중에 당신은 (적어도 처음 한두 번은) 치료자를 상대로 역할 연기를 할 것입니다. 이 회기 내 노출은 모의 연기이지 실제 상황을 완벽하게 재현하는 것이 아닙니다. 제2장에서 논의한 바와 같이 이것은 장점이자 단점입니다. 회기 내 노출에서는 원하는 대로 연습이 진행되지 않더라도 결과를 신경 쓰지 않는, 상대적으로 안전한 환경에서 불안에 대한 연습을 할 수 있습니다. 반면에, 처음에는 때때로 연기하기가 힘들고 어색하거나 다른 사람의 시선을 의식할 수도 있습니다. 이런 느낌은 정상이며 오히려 도움이 될 수 있습니다. 당신은 이런 느낌이 들더라도 다스릴 수 있고 목표를 향해 나아갈 수 있음을 배우게 될 것입니다. 우리 내담자 중 대다수는 회기 내 노출 횟수가 증가함에 따라 이런 느낌이 줄어든다는 사실을 알게 됩니다.

만약 최대한 현실감 있게 상황에 몰입한다면 회기 내 노출이 가장 효과적일 것입니다. 마음속으로 "이건 진짜가 아니야." 또는 "이건 중요하지 않아."라고 생각한다면, 노출은 불안을 다스리는 데 효과가 없을 것입니다. '역할'에 몰입하도록 노력하십시오. 이는 노출 중에 참견을 하거나 질문을 해서 몰입을 방해하지 말고 연기를 계속해야 한다는 의미입니다. 노출을 할 때 현실적인 측면에 더 주의를 기울이고 마치 실제 상황인 것처럼 중단 없이 행동한다면, 실제 사건에 더 잘 대비하게 될 것입니다.

만약 노출을 중단하거나 덜 실감 나게 한다면, 일종의 회피가 아닌지 스스로에게 솔직하게 물어봐야 합니다. 노출이 불안한 사람은 질문이나 참견을 해서 노출을 중단함으로써 두려움을 진실로 직면하기를 회피할 수 있습니다. 이러한 회피는 "이건 진짜가 아니야, 내가 어떻게 하든 중요하지 않아." 같은 생각이나 농담 또는 우스꽝스러운 행동을 동반할 수 있습니다. 노출에 완전히 참여하는 것을 피하기 위한 이런 식의 시도들은 마치 수영을 하려고 수영장에 뛰어들었지만 수영장 가장자리 손잡이를 계속 잡고 있는 것과 같습니다. 기술적으로 볼 때, 당신은 지금 물속에 있고 발을 차고 팔을 움직이고 있습니다. 그러나 기꺼이 물에 뛰어들고 전념해서 수영하지 않는다면, 절대로 수영을 익혀서 자신감을 가질 수 없습니다. 마찬가지로, 당신을 불안하게 하는 상황에 대한 공포를 극복하려면 당신이 경험하는 불안을 회피하지 말고 충분히 직면하면서 견뎌야 합니다.

노출 전과 노출 중 그리고 노출 후에 치료자는 당신이 얼마나 불안한지 평가하게 할 것입니다. 이런 평가는 공포 회피 순위를 만들 때 사용했던 척도를 사용할 것입니다. 이것을 SUDS라고 합니다. 가장 낮은 점수는 0(전혀 불안하지 않음)이고 가장 높은 점수는 100(사회적 상황이나 수행 상황에서 당신이 경험했거나 상상할 수 있는 최악의 사회불안)입니다. 만약 집중하는 데 문제가 있다면, SUDS는 적어도 50입니다. 만약 그 상황에서 벗어나고 싶다고 생각한다면, SUDS는 적어도 75입니다. 치료자는 노출을 시작하기 직전에 당신에게 SUDS를 물어볼 것입니다. 그리고 나서, 주기적으로 잠깐씩 노출을 중단시키며 "SUDS?"라고 할 것입니다. 그 순간에 당신이 얼마나 불안한지 반영하는 숫자를 재빨리 말하고 노출로 돌아오십시오. 처음에는 조금 어색하겠지만, 대부분 빨리 적응합니다. 자세한 점수를 말할 필요는 없습니다. 5, 10 같은 대략적인 수치면 괜찮습니다.

SUDS는 몇 가지 측면에서 유용합니다. 첫째, 노출이 진행되는 동안에 당신이 어느 정도 불안한지 치료자와 소통합니다. 치료자는 당신의 경험을 잘 이해하기 위해 노출을 하는 동안 관찰한 당신의 불안 정도와 당신이 말하는 것과 행동하는 것을 SUDS 점수와 결합해서 고려할 수 있습니다. 이것은 치료자로 하여금 노출이 당신에게 최대한 유익하게 하는 데 도움이 될 것입니다. 둘째, SUDS 점수는 몇 주간의 경과를 추적하는 데 유용합니다. 노출을 계속하면 비슷하게 어려운 노출 상황에 대한 평균 SUDS 점수는 낮아집니다. 마지막으로, SUDS는 노출 후에 인지재구성을 할 때 매우 유용할 수 있습니다.

치료자는 당신에게 SUDS 점수를 물어보면서 합리적 반응도 크게 말하도록 요구할 것입니다. 합리적 반응을 크게 말하는 목적은 노출 중에 평상시 자동적 사고에 사로잡히지 말고 합리적 반응을 사용하도록 격려하기 위해서입니다. 자동적 사고를 공략하기 위한 기법의 장점을 취하지 않는다면 불안을 유발하는 오래되고 익숙한 사고 패턴에 빠지기 쉽습니다. 노출 중에 합리적 반응을 더 잘 사용할수록 당신의 자동적 사고를 더 잘 무너뜨리고, 결국 당신을 덜 불안하게 할 것입니다. 그러므로 합리적 반응을 읽을 때, 단순히 단어를 말하는 것이 아니라 사려 깊게 읽고, 그것이 당신의 삶에 미칠 중요한 영향을 신중히 고려하십시오!

치료적 노출의 규칙

앞서 본 바와 같이, 노출 중에는 많은 일이 일어납니다. '해야 할 일과 하지 말아야 할 일'을 요약해 봅시다.

1. 가능한 한 완전히 노출에 몰입한다.
2. 노출을 방해하거나 덜 실감 나게 하려는 시도를 함으로써 불안을 회피하려고 하지 않는다.
3. 자동적 사고가 떠오르면 합리적 반응을 말한다.
4. SUDS 점수를 말하고 나서 합리적 반응을 크게 반복한다.
5. SUDS 점수는 너무 자세히 말하려고 고민하지 말고 빨리 말한다. SUDS 점수를 자세히 말하려고 머뭇거리는 것은 노출에 완전히 참여하기를 미묘하게 회피하기 위한 방법일 수 있다.
6. 치료자가 멈추라고 말할 때까지 역할을 계속하라.
7. 노출이 원하는 대로 되지 않더라도 실망하지 않는다. 공포를 완전히 극복하기 위해서는 반복적인 노출이 필요한 법이다.

노출 후 : 경험 검토

노출 후에는 먼저 깊은 호흡과 이완을 하고, 두려움을 극복하는 용기를 가진 자신을 축하하십시오.

노출 후에는 검토할 많은 다른 유용한 사항이 있습니다. 우리는 다음으로 기본적인 사항에 대해 알아보겠습니다.

목표 검토

노출 후에 가장 먼저 해야 할 일 중 하나는 행동목표를 검토하는 것입니다. 목표가 무엇이었는지 잊어버리거나 원래 목표와 다르게 기억하는 경우가 많기 때문에 항상 기록해 두는 것이 중요합니다. 목표를 확인하고 나서 그 목표를 달성했는지 자문해 보십시오.

목표를 달성했는지 여부를 판단할 때는 조심하십시오. 사회불안을 가진 많은 사람이 그들의 목표 달성 여부를 객관적으로 분석하는 데 어려움을 느낍니다. 이것은 인지적 오류의 하나인 장점 무시하기의 영향일 수 있습니다. 어떤 사람은 노출 전에는 목표를 매우 어렵게 봤지만, 노출 후에는 쉬운 것이었다고 평가절하할 수 있습니다. 구체적인 예를 한번 살펴봅시다.

경호 씨는 몇 주 뒤에 있을 지역 상공회의소 모임에서 해야 하는 연설 때문에 매우 불안했습니다. 그와 치료자는 첫 노출로 이 연설을 연습하기로 하였는데, 앉아서 미리 준비한 생각을 설명하는 것이었습니다. 그는 그 지역의 사업 전망에 대해 두 가지 사항을 말하는 것을 행동목표로 정했습니다. 경호 씨는 억지로 발표할 내용을 생각해 본 것이 이번이 처음이었기 때문에, 두 가지 이상 말하는 것을 목표로 세우기를 주저했습니다. 노출을 하는 동안, 그는 매우 불안해서 SUDS 점수가 최고 95까지 올랐습니다. 그러나 높은 불안에도 불구하고, 그는 두 가지 생각 외에도 몇 가지 생각을 더 말할 수 있었습니다. 노출 후에 경호 씨는 치료자에게 그가 매우 불안해졌기 때문에 목표를 달성하지 못했다고 말했습니다. 치료자는 '불안해하지 않는 것'이 그가 설정한 행동목표가 아니었음을 지적했습니다.

경호 씨는 그가 잘한 것, 즉 자신이 처음에 생각한 것보다 더 많은 생각을 말한 것을 무시했기 때문에 장점 무시하기 오류를 범했습니다. 그는 자신의 불안에 초점을 맞춤으로써, 자신이 성취한 것을 인정하지 못했습니다. 그는 이번 노출을 성공으로 보지 않고 또 다른 실패의 하나로 간주했습니다. 경호 씨가 언젠가는 사람들 앞에서 말할 때 덜 불안해지기를 원한다는 사실은 무시하지 말아야 합니다. 그러나 노출 과정에서 자신이 성취할 수 있는 것에 대해 인정하지 않는다면, 장기적으로도 그의 불안을 줄일 수 있을 가능성은 낮습니다.

자동적 사고 검토

당신의 초기 자동적 사고를 검토합니다. 종종 노출 전 자동적 사고는 부정적 예측을 하며 가장 위협적인 결과에 초점을 맞춥니다. 그런 다음, 노출을 하는 동안 실제로 어떤 일이 일어났는지 생각해 보십시오. 불안한 마음이 당신 자신에게 일어날 것이라고 말했던 일들이 실제로 일어났습니까? 몇 년 전, 우리는 지연 씨와 인지행동치료를 진행했습니다. 그녀의 첫 노출은 여름 동안 다닌 여행에 대해 말하는 것이었습니다. 그녀의 자동적 사고 중 하나는 "나는 너무 불안해서 말을 빨리 끝내게 될 거야."였습니다. 그녀가 노출을 하는 동안 말했던 것을 감안할 때, 이 자동적 사고는 부정확한 것이 틀림없었습니다. 또 다른 자동적 사고는 "내가 너무 불안해 보여서 청중들이 나에게 문제가 있다고 생각할 거야."였습니다.

지연 씨는 노출을 하는 동안 매우 불안했는데, 처음에는 SUDS 점수가 80이었다가 할 말이 없다는 생각이 들면서 100으로 올라갔으며, 노출이 끝날 때 60으로 떨어졌습니다. 지연 씨는 그녀의 불안이 너무나 명백해서 이 자동적 사고가 사실일 수 있다고 생각했습니다. 그래서 치료자에게 물었습니다. 치료자는 그녀가 말할 때 처음에 조금 불편해 보였지만, 그 정도가 자신이 대학에서 강의할 때 여러 차례 봤던 것과 매우 유사했다고 말했습니다. 지연 씨는 치료자가 그녀에게 문제가 있다고 생각할 만큼 불안해 보이지 않음이 확실했습니다. 지연 씨는 회기 내 노출 후에 치료자에게 피드백을 통해 그녀의 불안이 다른 사람들에게 반드시 보이는 것은 아니며, 다른 사람들이 그녀가 두려워하는 결론(예 : 그녀에게 문제가 있다)을 내리지 않을 수 있다는 사실을 배였습니다.

때때로 자동적 사고를 검토하면서 당신이 실제로 두려워했던 것이 드러날 수 있습니다. 지연 씨의 또 다른 자동적 사고는 "나는 말을 더듬고 바보 같아 보일 거야."였습니다. 자신이 방문한 외국 도시 이름을 말할 때 지연 씨는 조금 더듬었고, 그러고 나서도 몇 번 더 더듬었습니다. 지연 씨는 말을 하는 동안 몇 차례 더듬는 것이 얼마나 나쁜지 평가해 보는 논박적 질문을 사용했습니다. 그녀는 자신에게 물었습니다. "말을 더듬으면 바보 같아 보이는가?" 그녀는 말을 더듬는 시간은 그녀가 말을 하는 전체 시간에 비해 아주 작은 부분에 지나지 않는다는 사실을 깨달았습니다. 그녀는 또한 청중들이 단지 그녀가 몇 번 말을 더듬었다고 해서 그녀의 말을 무시하고 바보라고 낙인찍지 않을 수도 있을 것이라고 생각했습니다. 지연 씨는 또한 말을 더듬은 것이 그녀에 대한 인식에 어떤 영향을 미쳤는지 치료자에게 피드백을 구했습니다. 치료자는 지연 씨에게 말을 더듬는 것이 그녀의 문제라는 것을 미리 알지 못했다면 아마도 몇 차례 더듬는 것을 눈치채지 못했을 것이라고 말했습니다.

새로운 자동적 사고 주목 및 노출 후 부정적 사고 차단

대부분의 노출에서 당신은 예상하지 못했던 자동적 사고가 떠오른다는 사실을 알게 될 것입니다. 기억하다시피, 노출 중에 순간적으로 떠오르는 이런 자동적 사고, 즉 '뜨거운 인지'를 확인하는 것도 노출의 목표 중 하나입니다. 이들 자동적 사고를 파악하고 나면, 인지재구성 단계를 거친 후 합리적 반응을 만들 수 있습니다. 그러고 나면 다음 노출 중에 그런 자동적 사고가 떠오를 때 대비가 될 것입니다.

노출이 끝난 지금 기분이 어떻습니까? 안도감을 느끼는 경우는 매우 많습니다. 또 어떤 다른 기분이 듭니까? 만약 어려운 일을 해냈거나 행동목표를 달성했다는 자부심이나 만족감을 느낀다면, 훌륭합니다! 당신은 자신과 다른 사람들, 그리고 세상에 대해 새로운 것을 배우고 있습니다. 이런 학습이 반복되면 차츰 사회적 상황을 보는 관점이 바뀔 것입니다.

만약 좌절하거나, 자신에게 화가 나거나, 부끄럽거나, 당황스럽다면 그런 감정을 유발하는 자동적 사고가 무엇인지 찾아봐야 합니다. 최근 몇 년 동안,

심리학자들은 사회불안을 가진 사람들은 사회적 상호작용의 일부 부정적 측면에 집중하고 차후에도 그것을 자세히 반추한다는 사실을 알게 되었습니다. 이 과정은 매우 파괴적인데, 만남의 부정적 측면을 과장하고, 미래의 사회적 상황에 대한 불안을 부채질하고, 유사한 상황을 회피하려는 욕구를 증가시키기 때문입니다. 심리학자들은 이를 '사후반추' 또는 '사후처리 과정'이라고도 합니다.

영애 씨는 교수위원회를 앞두고 논문 구두심사를 불안하게 기다리는 석사 과정 학생이었습니다. 그녀의 회기 내 노출 중 하나는 집단치료에 참여해서 자신의 연구 프로젝트를 간단히 설명하고 집단 참가자들과 치료자에게 질문을 받는 것이었습니다. 치료자의 관점에서 볼 때, 노출은 매우 잘 진행되었습니다. 영애 씨는 프로젝트를 설명하는 목표와 두 가지 질문에 답하는 목표를 달성했습니다. 그녀는 자신의 프로젝트를 일반 청중에게 적합한 방식으로 꽤 잘 설명했습니다. 그러나 영애 씨는 노출 후에 다소 낙담한 듯 보였습니다. 여러 차례 물어본 후에, 그녀는 한 참가자의 질문에 제대로 답을 하지 못한 자신에게 매우 화가 난다고 했습니다. 영애 씨는 그 질문을 받고 나서 잠시 침묵한 후, 답을 확신하지 못한다고 말했습니다. 그리고 그 문제에 대해 좀 더 생각해 보겠다고 말하고 나서 다음 질문으로 넘어갔습니다. 그 장면에서 그녀의 자동적 사고는 "나는 사기꾼이야.", "나는 모든 질문에 답변을 해야 해.", "나는 논문 심사를 통과하지 못할 거야." 등이었습니다.

그녀가 엉뚱한 질문을 잘 처리했다고 생각했던 치료자와 집단 참가자들은 그녀의 반응에 매우 놀랐습니다. 노란 색안경을 기억합니까? 다른 사람들은 그녀가 어려운 질문을 재치 있게 잘 처리했다고 생각했지만, 영애 씨는 사회불안 렌즈를 통해 그 상황을 인식했고, 그녀 자신이 무능하다는 사실을 입증하는 끔찍한 실수로 생각했습니다.

영애 씨는 "대답을 하지 못한 것이 무능한 것은 아니야."와 "문제가 생겼더라도 끈질기게 버틴다면, 결국 학위를 받게 될 거야."라는 합리적 반응에 도달했습니다. 인지재구성 기법을 사용한 후에 영애 씨는 덜 화가 났고, 불쾌한 경험에만 초점을 맞추지 않고 노출 경험을 전체적으로 균형 있게 인식하게 되었습니다.

합리적 반응 검토

치료자는 자동적 사고와 마찬가지로, 당신의 합리적 반응에 대해서도 타당성을 입증하는 증거와 반대되는 증거를 고려하도록 요구할 것입니다. 그러고 나서, 합리적 반응에 대한 믿음을 다시 평가해 보게 할 것입니다. 대부분의 경우, 증거를 신중하게 살핀다면 약간의 변화가 있을 수 있습니다. 그러나 첫 회기 내 노출에서는 변화가 크지 않을 수 있습니다. 가장 중요한 것은, 합리적 반응에 대한 믿음이 변화할 수 있음을 인정하는 열린 마음을 유지하는 것입니다.

때때로 합리적 반응은 기대한 만큼 도움이 되지 않을 수 있으므로 약간의 조정이 필요합니다. 예를 들어, 어떤 합리적 반응이 자동적 사고의 일부 측면을 충분히 다루지 못한다면, 치료자와 함께 수정을 논의할 수 있습니다. 그러나 때로는 부분 수정이 기대만큼 유용하지 않아서 합리적 반응을 새로 만들어야 할 수도 있습니다. 그러나 이런 일이 발생해도 그렇게 나쁘지는 않습니다. 당신과 치료자가 무엇이 당신에게 가장 중요한지 더 잘 알게 되고, 차후에 당신의 자동적 사고에 대응하는 더 나은 합리적 반응을 만드는 데 도움이 될 것입니다.

SUDS 점수 검토

당신과 치료자가 활용할 수 있는 또 다른 유용한 전략은 노출이 진행되는 동안 SUDS 점수 변화를 체계적으로 검토해 보는 것입니다. SUDS 점수 변화를 관찰하면 몇 가지 주목할 만한 사항을 발견할 수 있습니다. 당신의 SUDS는 예상했던 것보다 더 빨리 떨어집니다. SUDS는 처음에는 실제로 조금 증가하지만, 이후로는 한동안 변화가 없다가 떨어지기 시작합니다. SUDS가 당신이 원하는 수준보다 더 높게 유지되더라도 행동목표를 달성할 수 있습니다. 이것은 자신감을 높여주는 깨달음이 될 수 있습니다. 마지막으로, SUDS는 큰 폭으로 변화하는데, 당신이 자동적 사고에 집중하면 상승하고, 합리적 반응과 노출 상황 자체에 집중하면 떨어지게 됩니다.

무엇을 배웠는가?

일반적으로 노출 검토를 마치면서 우리는 내담자에게 "이번 경험에서 앞으로 유용하게 활용할 수 있는 것은 무엇입니까?"라고 물어봅니다. 보다시피 노출은 여러 단계로 구성된 복잡한 절차입니다. 노출 경험을 검토하면, 당신은 자신과 세상을 새로운 시각으로 보게 될 것입니다. 이전에는 생각해 본 적이 없는 자신에 관한 여러 가지를 발견하게 될 것입니다. 당신은 아마 불안을 경험하겠지만, 그 외에도 슬픔이나 분노 혹은 성취감 같은 다양한 감정을 경험할 수 있을 것입니다. 노출을 위해 데이트 신청을 하거나 감정을 표현하는 등 예전에 하지 않았던 일들을 시도했을 수 있습니다. 노출에서 일어나는 모든 사항을 한두 가지 주요 사항으로 요약해 보는 것이 좋습니다.

다음은 내담자들이 "이번 경험에서 앞으로 유용하게 활용할 수 있는 것은 무엇입니까?"라고 물었을 때 대답한 내용입니다.

- 조금만 참으면 점점 편해진다.
- 아주 불안하더라도, 대화를 계속할 수 있다.
- 아무리 불안하더라도, 쓰러지지 않는다.
- 생각했던 것보다 힘들었지만 그래도 나는 해냈다.
- 생각했던 것보다 손이 덜 떨렸다.
- 내가 느끼는 만큼 긴장되어 보이지 않는다.
- 처음 2분만 지나면 나는 잘할 수 있다.
- 실수를 해도 괜찮다.

첫 회기 내 노출 후 과제

지금까지 당신과 치료자가 회기 내 치료적 노출에서 사용할 기법을 간략하게 설명했습니다. 치료의 세 번째 요소는 과제라는 사실을 잊지 마십시오. 첫번째 회기 내 노출을 마치고 나면, 당신과 치료자는 노출을 하는 과제에 관해 협의할 것입니다. 일반적으로 이 과제는 그 회기에서 완료했던 노출과 관련될 것입니다. 현실에서 노출은 종종 회기 내 노출보다 더 불안을 유발하기 때문에 좀 더 쉬운 상황을 선택하는 것이 좋습니다. 또한 당신은 과제를 하는 동안 여러 인지적 기술을 연습할 것입니다. 인지재구성에 사용할 기록지와 과제에 대해서는 이 장의 마지막 부분에서 좀 더 자세히 설명할 것입니다.

재범 씨의 첫 노출 : 주말 오후 대화

이제까지 첫 노출의 다양한 측면에 관해 설명했습니다. 여기서는 이러한 아이디어를 실제 생활에 적용하는 데 도움이 되는 예를 들겠습니다.

> 재범 씨는 32세 남성입니다. 그는 다른 사람들과 일상적인 대화를 나눌 때 잘 아는 가까운 사람들 앞에서도 매우 긴장했습니다. 그는 프로젝트에 관해 동료들과 상의할 때와 같이 어떤 구체적인 주제를 놓고 대화할 때는 덜 불안했습니다. 재범 씨는 '가벼운 대화'를 어떻게 할지 모르겠다고 했습니다. 재범 씨의 공포 회피 순위 상황 중 하나는 직장 근처 술집에서 동료들과 갖는 금요일 저녁 모임이었습니다. 재범 씨도 그 모임에 계속 나가고 싶었지만, 최근 몇 년 동안 두 번밖에 나가지 않았습니다. 처음 한 번은 괜찮았는데, 누군가와 계속해서 일에 관해 대화를 나누었기 때문이었습니다. 두 번째 갔을 때는 모두들 다가올 휴가 계획 같은 개인적인 주제에 관해 대화를 하고 있었습니다. 그날 재범 씨는 심하게 불안해져서 일찍 자리에서 일어났습니다. 재범 씨와 치료자는 그 상황에 대해 첫 노출을 시도하기로 결정했습니다.

재범 씨는 금요일 저녁 모임에서 다음 자동적 사고들이 떠오를 것으로 예상했습니다(괄호 안의 점수는 각 자동적 사고에 대한 믿음 점수).

- 나는 가벼운 대화를 할 줄 몰라. (90)
- 나는 매우 긴장할 거야. (100)
- 나는 할 말이 없을 거야. (75)

재범 씨와 치료자는 세 번째 생각인 "나는 할 말이 없을 거야."에 대해 인지 재구성을 해보기로 했습니다. 이 자동적 사고는 재범 씨를 불안하게 했습니다. 그는 실제로 아무 말도 못한다면 부끄러울 것이라고 생각했습니다. 인지적 오류 목록을 검토한 결과, 이 생각은 할 말이 전혀 없다는 것을 의미하기 때문에 흑백논리의 한 예일 수 있습니다. 그리고 술집에 가기 전부터 어떤 결과가 발생할 것인지 예상했기 때문에 점쟁이 예언 오류도 일부 있었습니다. 재범 씨는 또한 그가 중요하지 않은 어떤 말이라도 할 가능성을 무시하고 있을 수 있다는 치료자의 말에 동의했습니다.

재범 씨는 치료자의 도움을 받아 몇 가지 논박적 질문을 사용해서 이 생각을 공략했습니다.

치료자 : 할 말이 전혀 없을 가능성은 얼마입니까?

재범 씨 : 그럴 가능성은 많지 않아요. 적어도 "안녕" 하고 인사는 할 것입니다. 사람들은 대부분 무슨 안주를 주문할 것인지 말합니다. 저도 그 정도는 말할 수 있습니다. 하지만 거기까지입니다. 그 이상은 할 말이 없습니다.

치료자 : 안주를 주문하고 난 후에 다른 사람들은 대개 무슨 대화를 합니까?

재범 씨 : 대개 한심한 것들뿐이죠. 그래서 제가 무슨 말을 해야 할지 모르겠어요.

치료자 : '한심한 것들'이 무슨 뜻입니까?

재범 씨 : 동료들은 때로는 그저 농담만 합니다. 날씨에 관해서 말할 때도 있습니다. 제가 참석했을 때는 여름 휴가에 관해서 대화를 하더군요. 그들이 봤던 영화에 관해서 대화를 할 수도 있을 겁니다.

치료자 : 당신이 날씨나 여름 휴가 또는 영화에 관해서 말할 수 없다는 증거는 무엇입니까?

재범 씨 : 저도 아마 그런 주제에 관해 말할 수 있을 겁니다. 저는 단지 한심하게 들리거나 중요하게 할 말이 없는 것처럼 보이고 싶지 않을 뿐입니다.

치료자 : 날씨나 여름 휴가나 영화에 관해서 대화하는 것은 한심하게 들린다는 의미입니까?

재범 씨 : 아마도요.

치료자 : 직장 동료들이 날씨나 여름 휴가, 영화에 관해 대화할 때 한심하게 들렸습니까?

재범 씨 : 그렇지는 않습니다. 동료들은 대부분 그냥 긴장을 풀고 즐거운 시간을 보내는 것 같아요. 일주일 동안 일을 하고 나서 긴장을 푸

　　　　　　　　는 것은 좋습니다.

치료자 : 　그렇다면 날씨나 여름 휴가 또는 영화에 관해 말하는 것이 한심
　　　　　　하게 들릴 수도 있지만, 오히려 긴장을 풀고 즐거운 시간을 갖는
　　　　　　것처럼 들릴 수도 있네요?

재범 씨 : 　예.

재범 씨와 치료자는 함께 합리적 반응을 만들었습니다. 재범 씨에게는 '모든
사람이 그렇게 하기 때문에 조금 한심한 것 같은 주제에 관해 말해도 괜찮다
는 의미의 합리적 반응'이 필요했습니다. 금요일 저녁 모임의 목적은 즐거운
시간을 갖는 것이지 심각한 대화를 하는 것이 아니었습니다. 그런 의미를 모
두 상기시키기 위해, 재범 씨가 선택한 합리적 반응은 "날씨에 관해 말해도
괜찮아."였습니다. 이 합리적 반응에 대한 그의 믿음은 40이었습니다.

　치료자는 안주를 주문한 직후부터 회기 내 노출을 시작할 것을 제안했습니
다. 그렇게 하면 음식을 주문하는 척 연기할 필요 없이 재범 씨가 더 어려워
하는 부분을 연습할 수 있습니다. 치료자는 그의 동료 중 한 명 역할을 하기
로 했습니다. 그들은 이 동료가 재범 씨와 얼마나 잘 아는지에 대해 논의했는
데, 서로 일에 관해서는 대화하지 않기로 했습니다. 그들은 테이블을 사이에
두고 마주 앉기 위해 치료자의 책상 모서리를 테이블 삼아 의자를 배치했습
니다. 상황이 완전히 정리되고 나서, 재범 씨와 치료자는 달성할 수 있는 행
동목표를 만들었습니다. 재범 씨는 '세 가지 말하기'를 목표로 정했는데, 직
접적인 질문에 대한 대답은 제외하기로 했습니다. 재범 씨는 동료들의 질문
에 대답만 한다면 너무 쉬울 것이라고 걱정했습니다.

　치료자가 재범 씨의 초기 SUDS 점수를 물어보고 나서, 노출을 시작했습니
다. 재범 씨는 1분마다 SUDS 점수를 말하고 합리적 반응을 반복했습니다.
6분이 지나고 나서, 치료자는 노출을 중단시키고 검토를 시작했습니다. 재범
씨의 노출 전 SUDS 점수는 35였고, 노출이 진행되는 동안에는 50, 70, 70,
60, 60, 50이었습니다. 치료자는 첫 노출을 마친 것을 자축하라고 한 후, 목
표를 달성했는지 물었습니다. 그는 노출이 진행되는 동안 자신이 얼마나 심
하게 불안했는지 말하고 나서 자신의 목표가 직접적인 질문에 대한 답변이
아닌 세 가지를 말하는 것이었다는 사실을 떠올렸습니다. 치료자는 세 가지

이상 말한 것 같다는 재범 씨의 의견을 확인했고, 그들은 그중 8개 정도를 함께 나열했습니다.

치료자와 재범 씨가 노출 중에 떠오른 자동적 사고를 검토할 때, 재범 씨는 대화가 한 번 중단되었고, 그때 노출 전에 예상했던 자동적 사고인 "나는 할 말이 없을 거야."라는 생각이 떠올랐다고 했습니다. 그의 SUDS 점수가 증가하기 시작했지만, 이번 겨울은 아주 추울 것 같다고 말을 했습니다. 그때 그는 날씨에 관해 말하는 것은 괜찮다는 합리적 반응을 사용했습니다. 그는 이 자동적 사고에 대한 믿음을 55 그리고 합리적 반응에 대한 믿음을 50으로 재평가했는데, 두 점수 모두 올바른 방향으로 움직였습니다.

재범 씨는 또한 노출 중에 "내 동료는 내가 평소보다 말을 더 많이 하면 이상하다고 생각할 거야."라는 예상치 못한 자동적 사고도 떠올랐다고 보고했습니다. 재범 씨는 동료가 무슨 생각을 할지 추측했기 때문에 이 생각을 독심술로 분류했습니다. 그는 논박적 질문을 사용해서 "평소보다 말을 너무 많이 하면 반드시 내가 이상하다는 의미인가?"라고 물었습니다. 재범 씨는 "친근하게 대하는 건 이상하지 않아."라는 합리적 반응에 도달했습니다. 그가 말을 많이 한다면 사람들이 놀랄 수도 있겠지만, 오히려 좀 더 긍정적으로 보일 수도 있을 것입니다. 재범 씨는 합리적 반응이 이 점을 일깨우는 데 도움이 될 것으로 판단했습니다.

치료자가 이번 경험에서 무엇을 얻었는지 물었을 때, 재범 씨는 모든 사람이 그렇게 하기 때문에 날씨 같은 사소하고 일상적인 일에 대해 말하는 것은 괜찮다는 것을 배웠다고 말했습니다.

재범 씨는 당장은 금요일 저녁 모임에 갈 준비가 되었다고 생각하지 않았지만, 주중에 일과 관련 없는 세 가지 주제에 관해 대화를 시작하기로 했습니다. 이 과제는 동료들과 가벼운 대화를 연습할 수 있는 기회가 될 것입니다. 그리고 나서 1~2주 후에 그는 금요일 저녁 모임에 참석할 수 있을 것입니다. 치료자와 재범 씨는 인지재구성 기술을 사용하는 것이 불안을 조절하고 노출 경험을 더 유익하게 만드는 데 얼마나 중요한지 논의했습니다.

과제

치료자와 첫 회기 내 노출을 완료한 후에는 주중에 스스로 노출을 시도해 보십시오. 이것은 당신이 치료 회기에서 배우고 있는 것을 실제 생활에 적용시키는 첫 단계입니다. 당신과 치료자는 조금 어렵지만 완료할 수 있는 상황을 선택해야 합니다. 일반적으로 과제는 회기 내 노출과 관련이 있습니다. 이전 예에서 재범 씨는 그가 완료했던 회기 내 노출과 관련되지만 그리 어렵지 않은 상황을 선택했습니다. 이것은 탁월한 전략입니다.

지금은 아마도 노출 전후에 하는 인지재구성 기법이 매우 복잡해 보일 것입니다. 믿을 수 없겠지만, 연습을 더 많이 하면 인지재구성은 간단하고 자연스러운 일이 될 것입니다. 연습을 돕기 위해 우리는 기록지 7.1 '자가치료자 되기(Be Your Own Cognitive Therapist, BYOCT)'를 만들었습니다. 이 기록지는 노출 전후 모든 인지재구성 단계를 스스로 익히게 합니다(이 장의 나머지 내용 참조). 기록지 전면은 노출 전에 작성하고, 뒷면은 노출 경험을 검토할 때 사용합니다. BYOCT 기록지를 복사해서 나머지 치료 기간 동안 사용하십시오.

그림 7.1은 재범 씨가 세 명의 동료와 대화를 시작하는 과제를 위해 작성한 BYOCT 기록지입니다. 보다시피, 그는 기록지의 맨 위 칸에 과제로 사용할 상황에 대해 간략히 기술했습니다. 그러고 나서, 과제를 하기 전날 저녁에 책상에 앉아서 대화를 할 때 예상되는 자동적 사고들을 찾아 해당 칸에 썼습니다(이 기록지의 빈칸에 있는 번호는 인지재구성 기법의 단계 목록과 일치합니다). 자동적 사고 칸의 아랫부분은 자동적 사고와 연관되는 감정을 표시하는 공간입니다. 자동적 사고 뒤의 숫자는 그가 그 자동적 사고를 얼마나 진실로 생각하는지를 나타내는 믿음 점수입니다. 두 번째 자동적 사고("내가 말이 너무 많으면 동료들이 이상하게 생각할 거야.")는 이미 치료자와 인지재구성을 했기 때문에, 재범 씨는 "나는 가벼운 대화를 할 줄 몰라."에 초점을 맞추기로 했습니다. 재범 씨는 그가 무언가 새로운 것을 시도하고 있어서 당연히 긴장될 것 같다고 생각했기 때문에 세 번째 자동적 사고는 공략하지 않았습니다. 첫 번째 자동적 사고 뒤에 표시된 약자는 재범 씨가 확인한 인지적 오류를 나타냅니다. BYOCT 기록지에 간단한 인지적 오류 목록이 있지만, 아직

까지는 인지적 오류를 더 자세히 설명한 제5장의 인지적 오류 목록(표 5.1)이 필요할 수도 있을 것입니다. 그러나 나중에는 이 간단한 목록 정도로도 충분할 것입니다.

재범 씨는 자동적 사고 "나는 가벼운 대화를 할 줄 몰라."의 인지적 오류와 그가 느끼는 감정을 확인하고 나서, 이 기법의 4단계인 논박적 질문을 이용한 자동적 사고 공략으로 옮겨갑니다. BYOCT 기록지에서 논박적 질문과 그의 대답을 살펴보십시오. 편의를 위해 기록지에 논박적 질문이 간단히 수록되어 있습니다. 아마도 처음에는 제6장(그림 6.1)에 수록된 더 확장된 논박적 질문 목록을 참고해야 할 것입니다.

합리적 반응을 만들 때는 논박적 질문에 대한 대답에서 요점이 무엇인지 생각해 보는 것이 좋습니다. 재범 씨는 가장 중요한 것은 '날씨에 관해 말하는 것은 괜찮다, 항상 질문을 할 수 있다, 치료 회기 내 노출에서 이미 해냈다.' 라고 생각했습니다. 재범 씨의 세 가지 합리적 반응과 각각에 대한 믿음 점수는 기록지 앞면 해당 칸의 아랫부분에 있습니다. 그중에서 두 합리적 반응 "친근하게 대하는 건 이상하지 않아."와 "날씨에 관해 말해도 괜찮아."는 치료 회기 중에 치료자와 함께 만들었습니다. 기록지를 작성하면서 만든 세 번째 합리적 반응은 "나는 언제든지 질문을 할 수 있어."였습니다. 재범 씨의 달성할 수 있는 행동목표 '대화 세 번 시작하기'는 치료자가 부여한 과제를 직접 따랐습니다. 과제를 성공하기 위해 긴 대화를 할 필요가 없으며, 단지 대화를 시작하기만 하면 됐습니다.

다음 날 퇴근 후에 재범 씨는 과제를 위해 수행한 치료적 노출 경험을 검토했습니다. 그는 BYOCT 기록지 뒷면을 사용하여 자신의 노출이 어떻게 진행되었는지 평가하는 체크리스트를 검토했습니다. 대화를 세 번 시작하는 목표를 달성했으므로 행동목표 달성 칸에 체크했습니다. 그는 또한 합리적 반응 사용하기, 회피하지 않기, 불안을 느껴도 노출 계속하기, 간간이 불안이 가라앉는지 인지하기, 다른 사람과 관계 맺기, 더 가까운 관계를 맺는 목표를 향해 나아가기 등 많은 중요한 일을 수행했다는 사실을 깨달았습니다. 노출 전에 중점을 두었던 자동적 사고인 "나는 가벼운 대화를 할 줄 몰라."를 검토하고, 8번 칸의 두려운 결과에 그 생각을 썼습니다. 그는 자신이 생각했던 것보

날짜   **이름**

노출 전 준비

1. 상황 (불안 유발 상황을 간단히 설명하십시오.)

2. 자동적 사고 (이 상황에 관한 자동적 사고를 나열하고 그 생각을 얼마나 믿는지 0~100 척도로 평가하십시오.)	**3. 인지적 오류** (자동적 사고 뒤에 인지적 오류 약자를 쓰십시오.)
이들 생각으로 인한 감정 (해당 감정에 표시하십시오.) 불안/초조, 분노, 좌절, 슬픔, 짜증, 당황, 부끄러움, 미움, 기타 : _____	**흑백** : 흑백논리 **점재** : 점쟁이 예언/재앙화 **무시** : 장점 무시하기 **추론** : 감정적 추론 **명명** : 명명하기 **독심** : 독심술 **여과** : 정신적 여과 **강박** : 강박적 부담 **무용** : 쓸모없는 생각

4. 자동적 사고 공략 (하단의 논박적 질문을 사용하여 가장 중요한 자동적 사고를 공략하십시오. 논박적 질문에 반드시 대답하십시오.)

논박적 질문 : _____가 확실한가? 그것을 100% 확신할 수 있는가? _____가 일어날 수 있는 현실적 가능성은 얼마나 되나? _____가 맞다는 증거는 무엇인가? _____가 틀리다는 증거는 무엇인가? 일어날 수 있는 최악의 상황은 무엇인가? 그것이 얼마나 나쁜가? 나는 그것에 대처할 수 있는가? 이렇게 생각하는 친구에게 뭐라고 말하겠는가? _____ 외에 _____에 대한 다른 설명이 있는가? _____하면 _____인가? _____의 의미는 무엇인가? _____가 정말 내가 _____라는 의미인가? 내가 이 생각을 믿는 것의 영향은 무엇인가? 내 생각을 바꾸면 어떤 영향을 받을 수 있는가? 이 상황을 직면하는 것이 왜 중요한가? 내 가치나 목표와 일치하는 이 상황을 어떻게 직면하는가?

5. 합리적 반응 (자동적 사고 공략에서 요점들을 찾고 합리적 진술로 요약하십시오. 합리적 반응에 대한 믿음을 0~100 척도로 평가하십시오.)

요점 :

합리적 반응 :

6. 달성할 수 있는 행동목표 (성취할 수 있으며 다른 사람들이 확인할 수 있는 목표)

노출 후 검토

7. 노출 중 달성한 것은 무엇입니까? 달성한 것에 체크하십시오. (장점 무시하기를 조심하고, 자신을 믿으십시오!)

☐ 회피하지 않았다.	☐ 행동목표를 달성했다(장점 무시하기를 조심하십시오).	☐ 때때로 불안이 가라앉는 것을 알아차렸다.
☐ 합리적 반응을 사용했다.		
☐ 도망치고 싶을 때도 계속 시도했다.	☐ 평소보다 더 오래 머물렀다.	☐ 매우 불안했지만 계속했다.
	☐ 새로운 것을 시도했다.	☐ 기타 : _____
☐ 나에게 중요한 무언가를 위해 한 걸음을 내디뎠다.	☐ 다른 사람과 관계를 맺었다.	

8. 예측한 결과/실제 결과 노출 중에 무슨 일이 일어날까 봐 두려웠는지 생각해 보십시오(필요하면 2번 칸의 자동적 사고를 검토하십시오). 이것은 당신의 불안한 마음이 하는 말이었습니다. 이제 대처하는 마음 입장에서 실제로 무슨 일이 일어났는지 생각해 보십시오.

두려운 결과(불안한 마음)	실제로 일어난 결과(대처하는 마음)

한 가지 이상 두려운 결과가 발생한 경우, 논박적 질문을 사용하여 그것이 얼마나 나쁜지 평가하십시오. "_____하면 _____인가?", "_____의 의미는 무엇인가?", "_____가 정말 내가 _____라는 의미인가?"를 질문하고, 어떻게 대처할 수 있을지도 생각해 보십시오. "_____가 정말로 그렇게 중요하거나 중대한가?", "나는 그것에 어떻게 대처할 수 있는가?"

노출 전에 당신의 자동적 사고와 합리적 반응에 대한 믿음을 평가했다면, 2번 칸(자동적 사고)과 5번 칸(합리적 반응)으로 돌아가 노출 경험에 근거해서 당신의 믿음을 재평가하고, 새 점수는 동그라미 표시를 하십시오.

9. 지금 기분이 어떤가요?

만약 긍정적인 기분이거나 성취감이 든다면, 훌륭합니다. 10번 칸으로 가십시오.

만약 기분이 나쁘고 부정적인 생각이 든다면, 재앙화나 명명하기 또는 기타 방법으로 자신에 대해 매우 비판적이지 않은지 생각해 보십시오. 지금은 자기 연민의 시간이며 성취에 초점을 맞출 때입니다. 잘못된 것에 대한 생각을 멈추기 힘들다면, 특정한 생각을 직면하는 노출을 고려하고, 여기에 메모하십시오. 아래 공간을 이용해서 가장 불쾌한 생각을 공략하고 합리적 반응을 찾아보십시오.

10. 무엇을 배웠습니까? (이 노출에서 배운 한두 가지 요점을 미래에 사용할 수 있도록 요약하십시오.)

그림 7.1 │ 재범 씨가 작성한 자가치료자 되기(BYOCT) 기록지

날짜 4월 8일   **이름** 재범

노출 전 준비

1. 상황 (불안 유발 상황을 간단히 설명하십시오.)

세 동료와 대화를 시작한다.

2. 자동적 사고 (이 상황에 관한 자동적 사고를 나열하고 그 생각을 얼마나 믿는지 0~100 척도로 평가하십시오.)

나는 가벼운 대화를 할 줄 몰라. **흑백, 무시, 추론** 85 ⑦⑤

그들은 내가 말이 많으면 이상하게 생각할 거야. **독심** 80 ④⓪

나는 긴장할 거야. **점재, 여과** 100 ⑤⓪

이들 생각으로 인한 감정 (해당 감정에 표시하십시오.)

⟨불안/초조⟩, 분노, ⟨좌절⟩, 슬픔, 짜증, 당황, 부끄러움, 미움,

기타 : _____

3. 인지적 오류 (자동적 사고 뒤에 인지적 오류 약자를 쓰십시오.)

흑백 : 흑백논리
점재 : 점쟁이 예언/재앙화
무시 : 장점 무시하기
추론 : 감정적 추론
명명 : 명명하기
독심 : 독심술
여과 : 정신적 여과
강박 : 강박적 부담
무용 : 쓸모없는 생각

4. 자동적 사고 공략 (하단의 논박적 질문을 사용하여 가장 중요한 자동적 사고를 공략하십시오. 논박적 질문에 반드시 대답하십시오.)

내가 가벼운 대화를 할 줄 모른다는 증거는 무엇인가? 증거는 없어. 나는 대개 가벼운 대화를 회피했어. 단지 불편하게 느낄 뿐이야.

내가 가벼운 대화를 할 줄 안다는 증거는 무엇인가? 회기 내 노출에서 해봤어. 나는 날씨같이 사소한 주제에 관해 말할 수 있어. 이런 짧은 대화에서 많은 말을 할 필요가 없어. 나는 언제든지 상대에게 질문을 하거나 주제를 바꿀 수 있어.

논박적 질문 : ___가 확실한가? 그것을 100% 확신할 수 있는가? ___가 일어날 수 있는 현실적 가능성은 얼마나 되나? ___가 맞다는 증거는 무엇인가? ___가 틀리다는 증거는 무엇인가? 일어날 수 있는 최악의 상황은 무엇인가? 그것이 얼마나 나쁜가? 나는 그것에 대처할 수 있는가? 이렇게 생각하는 친구에게 뭐라고 말하겠는가? ___ 외에 ___에 대한 다른 설명이 있는가? ___하면 ___인가? ___의 의미는 무엇인가? ___가 정말 내가 ___라는 의미인가? 내가 이 생각을 믿는 것의 영향은 무엇인가? 내 생각을 바꾸면 어떤

그림 7.1 | 재범 씨가 작성한 자가치료자 되기(BYOCT) 기록지 (계속)

영향을 받을 수 있는가? 이 상황을 직면하는 것이 왜 중요한가? 내 가치나 목표와 일치하는 이 상황을 어떻게 직면하는가?

5. 합리적 반응 (자동적 사고 공략에서 요점들을 찾고 합리적 진술로 요약하십시오. 합리적 반응에 대한 믿음을 0~100 척도로 평가하십시오.)

요점 :

날씨에 관해 말할 수 있다.

질문을 할 수 있다.

회기 내 노출에서 했다.

합리적 반응 :

친근하게 대하는 건 이상하지 않아. 60 ⑧⓪

날씨에 관해 말해도 괜찮아. 40 ⑧⓪

나는 언제든지 질문할 수 있어. 75 ⑧⓪

6. 달성할 수 있는 행동목표 (성취할 수 있으며 다른 사람들이 확인할 수 있는 목표)

대화 세 번 시작하기.

그림 7.1 | 재범 씨가 작성한 자가치료자 되기(BYOCT) 기록지 (계속)

노출 후 검토

7. 노출 중 달성한 것은 무엇입니까? 달성한 것에 체크하십시오. (장점 무시하기를 조심하고, 자신을 믿으십시오!)

☑ 회피하지 않았다.	☑ 행동목표를 달성했다(장점 무시하기를 조심하십시오).	☑ 때때로 불안이 가라앉는 것을 알아차렸다.
☑ 합리적 반응을 사용했다.		
☐ 도망치고 싶을 때도 계속 시도했다.	☐ 평소보다 더 오래 머물렀다.	☑ 매우 불안했지만 계속했다.
	☐ 새로운 것을 시도했다.	☐ 기타 : _____
☑ 나에게 중요한 무언가를 위해 한 걸음을 내디뎠다.	☑ 다른 사람과 관계를 맺었다.	

8. 예측한 결과/실제 결과 노출 중에 무슨 일이 일어날까 봐 두려웠는지 생각해 보십시오(필요하면 2번 칸의 자동적 사고를 검토하십시오). 이것은 당신의 불안한 마음이 하는 말이었습니다. 이제 대처하는 마음 입장에서 실제로 무슨 일이 일어났는지 생각해 보십시오.

두려운 결과(불안한 마음)	실제로 일어난 결과(대처하는 마음)
나는 가벼운 대화를 할 줄 몰라.	나는 범석 씨에게 주말에 어땠는지 물었고, 우리가 같은 스포츠 팀을 응원한다는 사실을 알게 되었다.
	나는 은수 씨에게 일 년 중 이맘때가 유난히 따뜻해서 좋다고 말했다.
	내가 진우 씨에게 넥타이가 좋아 보인다고 말했더니 그가 휴가 때 그 넥타이를 어떻게 샀는지 설명했다.

한 가지 이상 두려운 결과가 발생한 경우, 논박적 질문을 사용하여 그것이 얼마나 나쁜지 평가하십시오. "_____하면 _____인가?", "_____의 의미는 무엇인가?", "_____가 정말 내가 _____라는 의미인가?"를 질문하고, 어떻게 대처할 수 있을지도 생각해 보십시오. "_____가 정말로 그렇게 중요하거나 중대한가?", "나는 그것에 어떻게 대처할 수 있는가?"

그림 7.1 | 재범 씨가 작성한 자가치료자 되기(BYOCT) 기록지 (계속)

노출 전에 당신의 자동적 사고와 합리적 반응에 대한 믿음을 평가했다면, 2번 칸(자동적 사고)과 5번 칸(합리적 반응)으로 돌아가 노출 경험에 근거해서 당신의 믿음을 재평가하고, 새 점수는 동그라미 표시를 하십시오.

9. 지금 기분이 어떤가요?

만약 긍정적인 기분이거나 성취감이 든다면, 훌륭합니다. 10번 칸으로 가십시오.

만약 기분이 나쁘고 부정적인 생각이 든다면, 재앙화나 명명하기 또는 기타 방법으로 자신에 대해 매우 비판적이지 않은지 생각해 보십시오. 지금은 자기 연민의 시간이며 성취에 초점을 맞출 때입니다. 잘못된 것에 대한 생각을 멈추기 힘들다면, 특정한 생각을 직면하는 노출을 고려하고, 여기에 메모하십시오. 아래 공간을 이용해서 가장 불쾌한 생각을 공략하고 합리적 반응을 찾아보십시오.

전반적으로는 노출에 대해 꽤 만족하지만, 가벼운 대화를 할 때 불안해지는 것을 자책하는 경향은 치료자와 상의할 필요가 있다.

10. 무엇을 배웠습니까? (이 노출에서 배운 한두 가지 요점을 미래에 사용할 수 있도록 요약하십시오.)

사람들은 내 예상보다 더 나와 대화를 하고 싶어 하는 것 같다.

다 가벼운 대화를 더 잘한다는 증거가 커지고 있다고 판단했으며, 8번 칸의 오른쪽 공간에 그가 나눈 대화를 기록했습니다. 두려운 결과는 일어나지 않았으므로, 다음 부분은 공백으로 두었습니다. 9번 칸에서 재범 씨는 무언가 성취했다고 체크했으며, 자신이 자랑스러웠고 또한 지나치게 불안해할 필요가 없었다고 생각했습니다. 그는 그 생각에 대해 치료자와 상담하기 위해 메모를 작성했지만, 그것에 너무 집착하지는 않았습니다. 재범 씨는 10번 "무엇을 배웠습니까?" 칸에 사람들은 매우 친절했으며 자신을 만나고 싶어 하는 것 같았다고 썼습니다. 이것은 놀라운 일이었고, 그는 그가 시작한 대화에 대해 만족스러워했습니다.

치료자와 협의한 대로 스스로 노출을 완료하십시오. 노출 전과 후에 인지 재구성을 안내하기 위해 기록지 7.1[자가치료자 되기(BYOCT)]을 사용하십시오.

이 치료 프로그램을 해나가면서 당신의 반응에 관해 배우고 인지재구성과 노출을 연습하는 데 도움이 되는 여러 양식을 작성하게 됩니다. 이 양식들을 모두 보관하십시오. 당신이 특히 유용하다고 생각하는 논박적 질문이나 합리적 반응을 다시 참조하면 도움이 될 수 있습니다. 또한 제12장과 제13장에서 진전된 인지재구성 연습을 완료하고 당신의 진전을 평가하기 위해 수행했던 작업을 검토해야 합니다.

치료의 다음 부분에 대한 노출 과정을 설명하는 제8장도 읽어보십시오.

자가평가

각 질문에 '예' 또는 '아니오'로 표시하고 이 책의 마지막에 수록된 부록에서 정답을 맞추어 보십시오.

1. 노출은 불안 유발 상황에서 당신의 기술을 연습하고, 자동적 사고를 파악하고 검증하며, 새로운 것을 배우게 해서 사회불안을 줄이는 데 도움이 된다. **예 아니오**

2. 인지재구성으로 노출을 준비하면 노출 중에 사회불안을 다 스리거나 줄이는 데 도움이 될 것이다.   **예   아니오**

3. 첫 노출에는 한 번에 달성할 수 없을 것 같은 큰 행동목표를 정해야 한다.   **예   아니오**

4. 노출 상황에서 불안하지 않으려는 목표는 중요하고 적절한 목표이다.   **예   아니오**

5. 노출을 중단하거나 덜 실감 나게 하려는 시도는 회피의 한 형태일 수 있다.   **예   아니오**

6. 첫 노출이기 때문에 상황이 치료 목표에 부합할 필요는 없다.   **예   아니오**

제8장

회기 내 노출과 과제 노출의 순서와 방법

제7장에서 우리는 첫 치료적 노출을 어떻게 수행하는지 설명했습니다. 첫 노출을 완료하는 것은 사회불안 극복이라는 궁극적 목표에 다가가기 위한 중요한 단계입니다. 앞으로 몇 주 동안 당신에게 가장 중요한 상황들을 연습하면서 동일한 조합의 인지재구성과 치료적 노출을 사용할 것입니다. 이 기본적절차는 두려움을 극복하는 열쇠입니다. 이 장에서는 일련의 노출을 수행하는 방법에 대해 설명합니다. 당신은 강조점이 치료자와 함께하는 회기 내 노출로부터 실제 상황에 대한 도전으로 옮겨간다는 사실을 알게 될 것입니다. 당신은 치료자의 도움을 받아 매주 회기 내 노출과 노출 과제를 연습할 것입니다. 이 장의 목적은 치료자와 함께 이 과정에 전적으로 참여할 준비를 하는 것입니다. 또한 이 치료가 어떻게 작용해야 하는지 이해한다면, 사회불안에 직면할 기회가 있는 주중에 유사한 접근법을 사용해 볼 수 있습니다.

치료적 노출 단계는 표 8.1에 요약되어 있습니다. 이 표에는 전체 치료 프로그램의 핵심이 들어있습니다. 당신은 이 표를 자주 참조하게 될 것입니다. 회기 중에는 치료자와 함께 단계를 연습할 것입니다. 회기 밖에서는 각 단계를 진행하기 위해 제7장의 자가치료자 되기(BYOCT) 기록지를 사용할 수 있습니다. 치료가 끝날 무렵에는 이러한 단계가 자동화되며, 기록지나 치료자의 많은 도움이 필요치 않을 것입니다. 그러나 특별히 어려운 상황이 닥친다면, 언제든지 BYOCT 기록지로 돌아가서 배운 기법들을 완전히 적용해 볼 수 있습니다. 이것은 공식적인 치료가 끝나고 나서도 불안을 극복하고 성과를

표 8.1 | 노출 및 인지재구성을 통해 사회불안을 다스리는 단계 요약

치료자가 회기에서 인지재구성과 노출 단계를 안내할 것입니다. 회기 밖에서 추구하는 과제 노출 또는 기타 상황에 절차를 안내하는 BYOCT 기록지(기록지 7.1)를 사용하십시오.

노출 전…

1. 연습하고 싶은 불안 유발 상황을 선택하십시오.
2. 그 상황에 처해있다고 상상하고 자동적 사고와 감정을 확인하십시오. 그 자동적 사고에 대한 믿음을 점수로 평가하십시오(선택).
3. 자동적 사고에서 인지적 오류를 찾으십시오.
4. 자동적 사고 중 한두 가지를 논박적 질문으로 공략하십시오. 질문에 반드시 답하십시오.
5. 논박적 질문에 대한 답변을 몇 가지 요점과 합리적 반응으로 요약하고, 합리적 반응에 대한 믿음을 점수로 평가하십시오(선택).
6. 노출 상황에 대해 더 자세히 고려하고 나서 달성할 수 있는 행동목표를 선택하십시오.

노출 중…

7. 불안을 다스리기 위해 합리적 반응을 사용하십시오. 목표를 달성하거나 상황이 자연스럽게 종료될 때까지 노출을 지속하십시오.

노출 후…

8. 노출 상황의 경험을 검토하십시오. 노출 단계에 대해 일부를 검토하거나 전부를 검토할 수 있지만, 달성할 수 있는 행동목표를 달성했는지 반드시 검토하십시오.

   어려운 일을 해낸 자신을 칭찬하십시오.

   행동목표를 달성했는지 평가하십시오.

   두려워하던 일이 실제로 일어났는지 확인하십시오. 만약 일어나지 않았다면, 그 사실에 주목하십시오! 만약 일어났다면, 예상보다 더 잘 대처했는지 그리고 무엇을 배웠는지 생각해 보십시오.

   예상치 못했던 자동적 사고를 공략하십시오. 자동적 사고와 합리적 반응에 대한 믿음을 다시 평가하십시오(선택).

   필요할 경우, 합리적 반응을 수정하십시오.

   만약 당신이 자기비판적이라면, 자기연민을 연습하십시오. 자신을 친절하게 대하고, 필요하다면 노출 후 부정적 사고를 다루기 위해 인지재구성을 사용하십시오.

9. 이번 경험에서 앞으로 유사한 상황에 처할 때 활용할 수 있는 것은 무엇인지 요약하십시오.

유지하기 위한 노력을 계속하는 데 중요한 열쇠입니다.

노출 상황을 선택하는 방법

제7장에서 처음 도전할 상황을 어떻게 선택하는지 설명했습니다. 어떤 사람들은 한 가지 주제에 관해서만 노출을 진행합니다. 예컨대 다른 사람들과 대화하기를 중심으로 모든 노출을 진행할 수 있습니다. 반면, 한 주제에 관해 두세 가지 노출(예 : 사람들과 대화하기 또는 전화 통화하기)을 하고 나서 또 다른 주제에 관해서 두세 가지 노출(예 : 모임에서 말하기 혹은 자기주장하기)을 할 수 있습니다. 어떤 경우든, 당신과 치료자는 도전할 상황을 선택하고 훈련 순서를 결정할 때 몇 가지 지침을 참조할 수 있습니다.

쉬운 상황부터 도전하라

공포 회피 순위를 만들면서 상황을 쉽게 또는 어렵게 하는 요인을 파악했습니다. 공포 회피 순위는 확정된 노출 순서 목록이 아니므로 순서를 엄격하게 따라야 할 필요는 없습니다. 실제로, 사람들은 두 번째 노출을 공포 회피 순위에서 직접 선택하기보다는 첫 노출에서 배운 점을 바탕으로 선택할 가능성이 더 높았습니다. 이 주제는 다음 단락에서 더 자세히 다룹니다. 그러나 동료와 대화하기 같은 특정 상황을 잘 해결했을 경우에는 다음 노출 상황을 선택하는 데 공포 회피 순위가 유용할 수 있습니다. 노출의 목표는 개인적인 목표와 중요성을 바탕으로 매번 조금 더 어려운 시도를 하면서 가장 중요한 상황으로 옮겨가는 것입니다. 만약 확신이 서지 않는다면, 극심하게 불안한 도전을 하기보다는 서서히 다음 상황으로 옮겨가는 것이 낫습니다. 만약 상황이 지나치게 어려우면, 자동적 사고에 주의를 기울이거나 합리적 반응을 사용하기 힘들 수 있습니다. 반면, 노출 상황에서 조금만 불안하다면, 더 어려운 상황으로 옮겨갈 수 있다는 신호입니다. 우리의 경험상, 일반적인 내담자가 특정 유형의 가장 어려운 상황에 도달하기 위해서는 세 번 내지 여섯 번의 노출이 필요했습니다. 그러나 당신과 치료자는 공포 회피 순위에서 더 신속하게 상황을 옮겨가는 것이 목표에 더 빨리 도달하는 데 도움이 된다고 판단할 수도 있습니다.

각 노출은 마지막 노출에 기반한다

당신은 아마 사회불안증을 가진 대부분의 사람들과 마찬가지로 몇 가지 다른 유형의 상황에 대해 두려움을 느낄 것입니다. 그러나 일반적으로 한 번에 한 가지 유형의 상황만 연습하는 것이 가장 효과적입니다. 예를 들어, 일상적인 대화, 여러 사람 앞에서 말하기, 다른 사람들과 식사하기가 불안한 사람이라면, 여러 사람 앞에서 말하기나 식사에 대한 노출을 시도하기 전에 일상적인 대화부터 몇 차례 연습하는 것이 더 좋습니다. 이런 식으로 한 가지 주제 안에서도 단순한 상황부터 더 복잡한 상황 순서로 훈련할 수 있습니다.

회기 내 노출 또는 과제 노출은 종종 다음 노출에 대한 아이디어를 제공하기도 합니다. 예를 들어, 혜경 씨의 순위 항목 중 하나는 '동료들과 대화하기'입니다. 그녀의 첫 노출은 아침에 커피를 마시면서 동료와 대화하는 것이었습니다. 이 노출을 통해 그녀가 주말에 했던 일 같은 사적인 주제보다는 업무와 관련된 주제에 관해 대화하는 것이 훨씬 더 편하다는 사실이 드러났습니다. 그래서 그녀의 다음 노출에는 업무 이외의 주제로 동료와 대화하는 연습을 포함시켰습니다. 그 노출에서 그녀가 대화를 할 때 가장 두려워하는 부분이 침묵이라는 사실이 드러났습니다. 짐작하듯이, 그녀의 다음 노출은 동료와 대화를 하면서 (침묵을 두려워하지 않도록) 몇 차례 침묵하는 연습을 하고, 그리고 나서 침묵을 끝내기 위해 무언가 말을 하는 연습이었습니다. 많은 경우, 한 노출에서 드러나는 자동적 사고나 미묘한 회피행동은 다음 노출에서 무엇을 직면해야 하는가를 알려주는 단서들입니다. 그러므로 각 노출 경험은 노출에서 일어나는 학습의 장점을 가장 잘 활용하기 위해 마지막 노출을 기반으로 합니다. 이것은 치료에서 공포 회피 순위가 당신의 목표를 향한 일반적 로드맵 역할만 하는 또 다른 이유입니다.

노출을 자동적 사고 공략에 이용하라

노출의 목적 중 하나는 자동적 사고가 정확한지 여부를 검증할 수 있도록 상황을 설정하는 것입니다. 당신과 치료자는 당신이 특정한 부정적 결과가 일어날까 봐 걱정하는 어떤 상황을 노출로 선택해서 실제로 그런 결과가 일어나는지 검증해 볼 수 있습니다. 이 전략의 흔한 예는 대화 중에 길게 침묵할 때, 발표 중에 청중이 무례하거나 어려운 질문을 할 때, 누군가에게 데이트 신청을 거절당할 때, 모임에서 음식이나 음료수를 흘릴 때 어떤 일이 일어나는지 검토하는 것입니다. 치료 회기에서 노출을 할 때 이런 사건을 직면하면, 실제 생활에서 어려운 상황에 어떻게 대처하는지 연습할 수 있습니다. 또한 노출을 통해서 재앙적 결과를 초래할 것이라는 당신의 자동적 사고가 비현실적이며, 당신이 두려워하는 사회적 재앙을 예상보다 훨씬 더 잘 다룰 수 있다는 사실도 확인할 수 있을 것입니다.

다양한 상황에 대처할 때 인지재구성이 어떻게 변하는가

이 워크북 전체에서 인지재구성을 위한 기본 절차는 동일합니다. 그러나 당신이 공략하는 자동적 사고는 조금씩 다를 것입니다. 처음에 치료자는 당신을 불안하게 하는 특정 상황과 당신의 반응 및 다른 사람의 반응과 관련된 자동적 사고를 공략하도록 도울 것입니다. "나는 무슨 말을 해야 할지 모를 거야." 또는 "나는 불안해 보일 거야."는 우리가 대부분의 사례에서 사용했던 자동적 사고 유형입니다. 나중에 당신은 '핵심믿음'이라고 하는 생각을 다루게 될 것입니다. 이것은 자신과 세상에 대한 중심적이고 기본적인 믿음입니다. 이 핵심믿음은 특정 상황에서 자동적 사고를 작동시키는 엔진이라고 생각할 수 있습니다. "나는 결함이 있어."와 "나는 사기꾼이야."가 내담자들이 발견한 자신에 대한 핵심믿음의 예입니다. 지금은 아마도 당신의 핵심믿음에 대해 잘 알지 못할 것입니다. 그래도 좋습니다. 치료를 계속하면서, 치료자는 당신이 핵심믿음을 더 잘 알도록 도울 수 있습니다. 이 책의 제12장에서 핵심믿음을 찾고 이해하는 방법과 문제를 유발하는 핵심믿음을 변화시키는 방법에 대해 설명할 것입니다.

인지재구성 기법에 더 능숙해지면, 이 기법을 좀 더 세련되게 사용할 것입니다. 사실, 그 과정은 이미 시작되었습니다. 제5장과 제6장에서 자동적 사고를 공략하는 첫 번째 예시와 기록지는 '불안한 마음/대처하는 마음'의 주고받는 양식을 사용했습니다. 이것은 자동적 사고를 받아들이지 않고 반론하는 데 익숙해지도록 돕기 위해서였습니다. 제7장의 BYOCT 기록지는 그 양식을 사용하지 않습니다. 인지재구성은 논박적 질문에 대한 대답이 다음 단계를 안내할 때 가장 유용합니다. 논박적 질문에 대답을 하면서 그 대답이 어떻게 느껴지는지 살펴보십시오. 때때로 "바로 그거야."라고 느껴지는 대답을 찾을 수 있을 것입니다. 이것은 당신의 자동적 사고를 검토하는 매우 유용하고 새로운 방법을 제공합니다. 이 대답은 아마도 중요한 합리적 반응이 될 것입니다. 어떤 경우에는 논박적 질문에 대한 대답이 여전히 어색할 수 있는데, 아마도 그 대답이 여전히 자동적 사고를 벗어나지 못했기 때문이며, 논박적 질문과 대답을 더 반복할 필요가 있습니다. 조금 더 깊이 파고들고 싶다면, 그 대답 자체에 대해 논박적 질문을 하십시오. 제12장에서 진전된 인지재구성인 '양파 껍질 까기'에 대해 설명할 것입니다. 이 장에서 당신은 자동적 사고에 질문을 사용해서 한 꺼풀씩 '양파 껍질'을 벗겨낼 것입니다. 회기 중에 또는 과제를 위해 인지재구성을 할 때 그 이미지를 생각하면 도움이 될 것입니다. 여기 인지재구성을 어떻게 최대한 활용하는지 보여주는 사례가 있습니다.

> 수진 씨는 일주일 동안 모임이나 수업에서 큰 소리로 말하는 노출 과제를 하기로 했습니다. 수진 씨는 BYOCT 기록지를 사용하여 지역 전문대학의 오후 수업 때 노출을 시도할 준비를 하였습니다. 그림 8.1은 그녀가 작성한 BYOCT 기록지 1면, 즉 노출 전 준비입니다.

수진 씨의 인지재구성에서 중요한 몇 가지 사항을 알 수 있습니다. 첫째, 그녀는 이전에 공략하지 않았던 자동적 사고를 선택했는데, 그것은 그녀에게 중요해 보이는 자동적 사고 중 하나였습니다(때로는 몇 차례 노출을 하면서 같은 자동적 사고에 초점을 맞추는 것이 유용할 수 있습니다. 그러나 지난번 노출에서 아주 좋은 합리적 반응을 찾았다면, 그것을 계속 사용하면서 다른 자동적 사고에 초점을 맞출 수 있습니다). 둘째, 수진 씨는 논박적 질문으로 시작했지만, 자신의 대답이 의미하는 바를 생각해 보는 데 도움이 되는 질문들을 했습니다. 논박적 질문 목록은 인지재구성을 시작하기에 좋지만, 자동적 사고를 공략하는 데 도움이 된다면 어떤 질문이든 사용할 수 있습니다. 셋째, 수진 씨는 다른 사람들도 긴장을 할 수 있다고 결론을 내렸습니다. 이것

그림 8.1 | 수진 씨가 작성한 자가치료자 되기(BYOCT) 기록지 1면

날짜 *10/12*   **이름** *수진*

노출 전 준비

1. 상황 (불안 유발 상황을 간단히 설명하십시오.)

지역 전문대학 수업시간에 크게 말하는 상황

2. 자동적 사고 (이 상황에 관한 자동적 사고를 나열하고 그 생각을 얼마나 믿는지 0~100 척도로 평가하십시오.)	**3. 인지적 오류** (자동적 사고 뒤에 인지적 오류 약자를 쓰십시오.)
내 생각을 말하려고 하면 너무 불안할 거야. **점재, 흑백 90**	**흑백** : 흑백논리
목소리가 떨릴 거야. **점재 80**	**점재** : 점쟁이 예언/재앙화
내가 질문할 내용은 교재에 있을 거야. 나는 그 내용을 알았어야 해. **강박 95**	**무시** : 장점 무시하기
나는 바보 같아 보일 거야. 사람들이 내가 이 수업을 못 따라온다고 생각할 거야. **독심, 추론 100**	**추론** : 감정적 추론
	명명 : 명명하기
이들 생각으로 인한 감정 (해당 감정에 표시하십시오.)	**독심** : 독심술
⟨불안/초조⟩, 분노, 좌절, ⟨슬픔⟩, 짜증, 당황, 부끄러움, 미움, 기타 : _____	**여과** : 정신적 여과
	강박 : 강박적 부담
	무용 : 쓸모없는 생각

4. 자동적 사고 공략 (하단의 논박적 질문을 사용하여 가장 중요한 자동적 사고를 공략하십시오. 논박적 질문에 반드시 대답하십시오.)

나는 바보 같아 보일 거야. 사람들이 내가 이 수업을 못 따라온다고 생각할 거야.

내가 바보 같아 보일 거라고 100% 확신하는가? 아니, 100%는 아니고 75% 정도… 내가 바보 같아 보이지 않을 확률이 25% 정도 돼.

내가 바보 같아 보이지 않을 확률이 25%라는 증거는 무엇인가? 나는 수업시간에 잘하고 있어. 그리고 나는 대체로 아주 좋은 평가를 받았어. 회기에서 "불안하다는 것이 불안해 보인다는 것은 아냐. 그러니 내 불안은 드러나지 않을 거야."라는 합리적 반응을 만들었어.

불안감이 드러나지도 않고 수업시간에도 잘할 거라면, 왜 내가 바보 같아 보이거나 수업을 못 따라갈까 봐 걱정을 하지? 나는 수업시간에 긴장해서 말하는 것은 바보 같다고 생각해. 다른 사람들은 아무도 긴장하지 않는 것 같아.

그림 8.1 | 수진 씨가 작성한 자가치료자 되기(BYOCT) 기록지 1면 (계속)

아무도 긴장하지 않는다는 걸 어떻게 아는가? 만약 내가 긴장되지만 겉으로 드러나지 않는다면, 다른 사람들 역시 그렇지 않겠는가? 그러므로 다른 사람들도 긴장할 거야.

긴장된다는 것이 내가 바보라는 의미인가? 아니다. 긴장되는 것은 단지 사회불안이 있다는 의미이다. 워크북에서는 사회불안이 유전이나 가족 환경, 인생 경험으로 유발된다고 한다. 많은 사람이 사회불안이 있지만 지능과는 상관이 없다.

논박적 질문 : _____가 확실한가? 그것을 100% 확신할 수 있는가? _____가 일어날 수 있는 현실적 가능성은 얼마나 되나? _____가 맞다는 증거는 무엇인가? _____가 틀리다는 증거는 무엇인가? 일어날 수 있는 최악의 상황은 무엇인가? 그것이 얼마나 나쁜가? 나는 그것에 대처할 수 있는가? 이렇게 생각하는 친구에게 뭐라고 말하겠는가? _____ 외에 _____에 대한 다른 설명이 있는가? _____하면 _____인가? _____의 의미는 무엇인가? _____가 정말 내가 _____라는 의미인가? 내가 이 생각을 믿는 것의 영향은 무엇인가? 내 생각을 바꾸면 어떤 영향을 받을 수 있는가? 이 상황을 직면하는 것이 왜 중요한가? 내 가치나 목표와 일치하는 이 상황을 어떻게 직면하는가?

5. 합리적 반응 (자동적 사고 공략에서 요점들을 찾고 합리적 진술로 요약하십시오. 합리적 반응에 대한 믿음을 0~100 척도로 평가하십시오.)

요점 :

내 불안은 드러나지 않을 것이다.

다른 사람들도 긴장을 한다.

나는 사회불안이 있다. 이것이 바보 같다는 의미는 아니다.

합리적 반응 :

내 불안이 반드시 드러나는 것은 아니다. 만약 불안이 드러난다고 하더라도, 나는 이 수업을 따라갈 만큼 똑똑하다. *70*

6. 달성할 수 있는 행동목표 (성취할 수 있으며 다른 사람들이 확인할 수 있는 목표)

다음 수업시간에 한 가지 의견을 말하고 한 가지 질문을 한다.

이 어느 정도 도움이 되었지만, 그녀는 그 상황에 대해 더 확신을 갖지는 못했습니다. 그래서 그녀는 인지재구성으로 돌아가 또 다른 대답인 '수업시간에 발언을 할 때 긴장하는 건 바보 같아.'를 자세히 검토했습니다. 그녀는 이답변에 자신이 자주 범하는 감정적 추론 오류가 포함되어 있다는 사실을 알았습니다. 그 부분에 대해 논박한 결과, 그녀는 새로운 사실을 깨달았습니다. 즉 바보 같아 보인다는 그녀의 걱정은 수업에 참여한 다른 사람들에 대한 것이 아니라 자신의 생각이었습니다. 그러고 나서 그녀는 치료 회기 때 만든 합리적 반응과 새로운 유용한 관점을 함께 사용할 수 있었습니다(그림 8의 2번칸, 네 번째 자동적 사고 참조).

노출, 인지재구성, 과제의 관계

매주마다 당신은 치료자와 주간 노출 과제에 관해 협의할 것입니다. 앞서 기술한 바와 같이, 과제는 치료 회기의 경험이 일상생활에서 두려움을 극복하는 데 사용되도록 연결하는 역할을 하기 때문에 과제를 완성하는 것은 매우 중요합니다. 과제를 수행할 때는 노출 전후에 스스로 인지재구성을 하기 위해 제7장의 BYOCT 기록지를 사용해야 합니다. 이 연습을 반복하면 인지재구성 기술이 완전히 자리를 잡게 되어 치료가 종결되고 나서 어떤 불안한 상황을 맞더라도 대처하게 될 것입니다. 이 치료 프로그램의 목표는 사회불안을 제거하는 것이 아닙니다. 사회불안은 정상적인 삶의 일부입니다. 이 치료의 목적은 당신이 자주 직면하는 상황을 극복하고 불안에 대처하도록 준비하는 것입니다.

치료 회기가 진행되는 동안, 치료자는 과제를 통해 점점 더 어려운 상황을 직면하도록 도울 것입니다. 사실, 많은 내담자는 회기 내 역할 연기 노출을 더 이상 하지 않아도 되는 시점에 도달합니다. 이들은 치료자와 불안한 상황에 대해 논의하고 인지재구성을 하면서 충분한 진전을 이루었습니다. 이들은 준비된 합리적 반응으로 상황을 공략하고 나서 그 결과를 다음 회기 때 치료자에게 보고합니다. 이때부터 내담자는 치료자와 정기적인 만남을 중단하고 스스로 불안한 상황을 공략할 준비를 합니다. 홀로 사회불안에 도전할 때 이 내담자 워크북을 참고서와 요점정리로 사용할 수 있을 것입니다.

치료 프로그램 과정 요약

이 치료 프로그램을 진행하면서, 다음과 같이 당신의 진전을 요약할 수 있습니다.

- 더 쉬운(덜 불안한) 상황에서 더 어려운(더 불안한) 상황으로
- 덜 복잡한 상황에서 더 복잡한 상황으로
- 보다 표면적인 자동적 사고에서 자신과 세상에 관한 핵심믿음과 연관된 자동적 사고로
- 치료자와 함께 회기 내 불안 공략에서 스스로 일상생활에서의 불안 공략으로

흔히 하는 질문

이 장에서 우리는 첫 노출 이후 몇 주 동안 예상되는 상황에 대한 개요를 간략히 살펴보았습니다. 이제 우리는 지난 몇 년간 내담자들이 가장 많이 물었던 질문 중 몇 가지에 답할 것입니다. 궁금한 점이나 걱정이 있다면 언제든지 치료자에게 말하십시오.

너무 많은 시간이 걸릴 것 같은데, 불안을 느끼는 상황이나 유사한 상황까지 전부 노출해야 합니까?

이 질문에 대한 답은 "그럴 필요까지는 없다."입니다. '일반화'라는 과정을 통해 한 노출에서 학습한 것을 유사한 상황에 적용시킬 수 있습니다. 예를 들어, 데이트 불안을 극복하는 연습을 할 때, 노출을 통해 한 사람에게 데이트 신청을 연습하면 다른 상대에게 데이트 신청을 할 때 덜 불안하게 될 것입니다. 그렇다면 데이트 불안에 대한 노출이 직장 상사에게 말하는 것에 대한 두려움을 극복하는 데도 도움이 될까요? 그것은 사람마다 다를 수 있습니다. 만약 두 상황의 자동적 사고가 유사하다면, 데이트 불안에 대한 노출 효과가

'일반화'되어 직장 상사에게 말하는 것이 덜 불안해질 수 있을 것입니다. 그러나 만약 두 상황의 자동적 사고와 두려움이 다르다면, 데이트와 직장 상사에게 말하는 것을 각각 훈련해야 합니다. 자동적 사고 공략과 두려운 상황 직면이 점점 더 익숙해지면서 새로운 상황에 대한 두려움도 더 빨리 극복할 수 있을 것입니다.

매번 이 복잡한 절차를 모두 반복해야 합니까? 일부를 생략할 수는 없나요? 인지재구성은 꼭 해야 합니까?

당분간은 어떤 과정도 생략해서는 안 됩니다. 노출 전에 인지재구성 각 단계를 끝까지 마치고 노출 후에는 노출 때 경험을 자세하게 검토하는 것이 지루하게 느껴질 수도 있습니다. 그러나 이 힘들고 지루한 작업은 결국 결실을 맺을 것입니다. 연습을 반복할수록 인지재구성 절차는 더 쉬워집니다. 실제로 대부분의 내담자들은 불안을 느끼자마자 자연스럽게 자동적 사고를 찾고 공략합니다. 사실 불안은 자동적 사고를 검증할 때를 알리는 신호가 되어야 합니다. 이런 수준에 도달하면 인지재구성의 모든 단계를 일일이 거쳐야 할 필요가 없습니다. 한 내담자는 우리에게 "제가 불안을 느낄 때면, 또 독심술 오류를 범하고 있다는 것을 압니다. 저는 잠깐 동안 상대의 마음을 읽으려고 하지만 그들이 무슨 생각을 하는지 확신할 수 없다는 사실을 떠올립니다." 이 내담자는 자신을 잘 알았기 때문에 합리적 반응을 빨리 떠올려서 상황에 대처할 수 있었습니다. 그러나 이런 기술과 자기 인식 능력은 여러 주 동안 BYOCT 기록지에 요약한 절차를 체계적으로 연습한 결과였습니다.

너무 오랫동안 불안한 상황을 회피했기 때문에 주변에 대화를 할 만한 사람이 없습니다. 과제를 어떻게 해야 하나요?

간혹 오랫동안 사회불안 때문에 매우 고립된 생활을 한 사람들이 있습니다. 당신은 실직상태에 있거나 다른 사람들과 접촉이 거의 없는 일을 할 수도 있습니다. 어떤 단체나 조직에도 참여하지 않고, 사람들과 접촉을 피하기 위해 장보기조차 밤에 할 수도 있습니다. 이런 경우, 반드시 치료자에게 당신의 고립된 상황을 솔직하게 말해야 합니다. 치료자는 점진적으로 다른 사람들과 접촉을 시작할 여러 방안을 강구하도록 도와줄 수 있습니다. 치료자는 계산대 점원이나 이웃, 우편배달원, 간호사 등 잠깐씩 보는 사람들에게 인사를 시작해 보게 할 것입니다. 그리고 나서 지역사회 행사에 참가하거나 성인 교육 강좌를 수강하면서 관심사가 비슷한 사람들을 사귈 기회를 찾아볼 수 있습니다.

제가 정말로 극복하고자 하는 상황은 1년에 한 번 정도밖에 없습니다. 그런데 어떻게 이 상황을 훈련해야 할까요?

1년에 한 번 일어나는 상황을 어떻게 연습할 것인가는 아주 좋은 질문입니다. 치료 중에 이런 현실적인 문제를 직면할 수 있습니다. 알다시피 이 치료 프로그램은 불안을 경험하는 상황에 대한 반복 노출이 매우 중요합니다. 만약 불안을 유발하는 상황이 아주 드물게 일어난다면 반복적으로 훈련하기가 힘듭니다. 아주 불안하지만 드물게 일어나는 상황에는 결혼식 피로연이나 기념일 행사 또는 야유회에서 건배 제의하기, 연례회의나 콘퍼런스에서 발표하기(제11장 재인 씨 사례 참조) 등이 있습니다. 일반적으로 치료자는 치료 회기 중에 두려운 상황에 대한 역할 연기를 연습해 보게 할 수 있습니다. 또 다른 해결책은 노출 과제에 사용할 수 있는 유사한 상황을 찾아보는 것입니다. 어떤 단체의 임원이 되어 자주 회의를 진행하고 정기적으로 사람들 앞에서 발표를 하거나 가장 두려워하는 상황과 유사한 측면이 있는 임무에 자원하거나 참여해 볼 수도 있습니다.

만약 사회불안이 매우 드물게 일어나는 몇 가지 상황에만 국한되고, 우리가 지금까지 논의했던 모든 방법을 시도했지만 아무런 소득이 없다면, 치료자에게 그 상황에 사용할 약을 처방받을 수 있습니다. 필요한 날에만 복용할 수 있는 몇 가지 약이 있습니다. 어떤 사람들은 인지재구성과 약물치료를 병행하는 것이 더 나을 수도 있습니다. 여러 차례 성공적인 경험을 통해 자신감을 갖게 되면 약물치료를 중단할 수 있습니다.

저는 너무 바빠서 과제를 할 시간이 없습니다. 어떻게 하면 좋을까요?

당신도 알았겠지만, 이 워크북에서 다루는 치료 프로그램은 일주일에 한 번

치료자를 방문하는 것보다 훨씬 더 많은 노력을 필요로 합니다. 실제로 당신은 불안을 극복하기 위해 매일 무언가를 해야 할 것입니다. 치료 성공을 위해서는 반드시 과제를 해야 합니다. 만약 이 프로그램에서 요구하는 사항을 해내지 못할 정도로 바쁘다면, 여유가 생길 때까지 프로그램 참가를 미루는 것이 좋겠습니다. 참가를 연기하는 결정을 내리기 전에 먼저 스스로 질문을 해보십시오. '너무 바쁘다'는 것이 두려움에 직면하기를 회피하기 위한 핑계가 아닙니까? 사람들은 때로는 외로움이나 자신의 삶이 바라는 대로 되지 않는 것을 의식하지 않기 위해서 바쁘게 지낼 수 있습니다. 치료자와 솔직하게 대화하면서 이 치료 프로그램 참가에 대한 당신의 생각과 감정을 자세히 살펴보십시오. 시간이 부족하다는 이유로 치료를 연기하기 전에 '나는 너무 바빠.'라는 생각에 인지적 오류가 있는지 인지재구성 단계를 수행하십시오.

한편, 누구나 때로는 과제를 못 할 수 있습니다. 당신은 아플 수도 있고 예기치 못한 일을 겪을 수도 있습니다. 하지만 과제를 너무 자주 안 한다면, 보다 편안하고 자신감 있는 자아로 성장하기 위한 여정에 심각한 차질이 생길 것입니다. 만약 과제를 할 시간을 내기 어렵다면, 치료자와 이 문제를 상의하십시오. 치료자와 함께 과제를 하기 위한 시간 계획을 짤 수 있을 것입니다.

앞으로 어떻게 진행할 것인가

다음 몇 주 동안 당신은 치료자와 함께 이 장에서 다룬 지침에 따라서 몇 번의 노출을 수행해야 합니다. 제9장은 당신이 개발한 기술을 보완하는 데 사용할 수 있는 추가적인 인지재구성 기법을 다룹니다. 제10장과 제11장은 각각 대화와 연설에 대한 공포를 더 깊이 탐구합니다. 이런 유형의 공포는 내담자 대부분이 경험하지만, 그중 특정한 주제는 당신에게 해당하지 않을 수도 있습니다. 그럼에도 불구하고, 우리는 당신에게 특별히 도움이 되는 기법이나 합리적 반응을 우연히 발견할 경우에 대비하여 이 세 장을 모두 읽기를 권합니다. 회기 내 노출이나 과제 노출을 적어도 세 차례 완료한 후, 진전된 인지재구성과 핵심믿음을 다루는 제12장을 읽으십시오. 마지막으로, 이 프로그램이 끝나갈 때 당신의 성과를 통합하고 유지하는 내용을 다루는 제13장을 읽으십시오. 이 장은 치료자와 함께 훈련하는 데서 벗어나 당신 스스로 사회불안에 대한 진전을 계속하도록 도울 것입니다.

이 프로그램의 나머지 과제

주간 노출 과제

앞서 여러 차례 언급했듯이, 매주 당신과 치료자는 당신이 직접 수행하는 노출을 위해 새로운 과제를 협의할 것입니다. 이 절차를 안내하는 BYOCT 기록지를 사용하십시오. 과제는 회기에서 수행하는 연습이 일상생활에서 당신이 원하는 변화로 연결되도록 도와주기 때문에 치료에 반드시 필요합니다.

불안 극복을 새로운 습관으로 만들기

앞서 우리는 사회불안도 나쁜 습관과 마찬가지로 학습된 것으로 설명하였습니다. 이 '불안 습관'은 당신의 인생에서 많은 기회를 놓치게 하고 어려움을 유발합니다. 이제는 당신 자신을 위해 새로운 습관을 만들어야 합니다. 우리는 당신이 사회불안을 극복하기 위해 매일 작은 것이라도 해보는 습관을 갖기를 바랍니다. 많은 사람에게 이것은 또한 다른 사람들과 관계를 맺는 첫 단계가 될 것입니다. 이 새로운 습관은 치료가 빨리 진전되게 하고 삶을 풍요롭게 하는 데 도움이 될 것입니다.

거의 매일 할 수 있는 작은 행동을 생각해 보십시오. 이 행동은 규칙적인 일과를 벗어나는 방식으로 다른 사람과 접촉하는 것을 포함해야 합니다. 다음은 몇 가지 예입니다.

1. 평소에 대화하지 않던 사람에게 인사하고 한 가지 주제 말하기
2. 불안 때문에 대개 다른 날로 미루는 이메일이나 문자 보내기
3. 평소에는 아무 말도 하지 않을 상황에서 누군가에게 칭찬하기
4. 모임이나 회의에서 한 번 더 크게 말하기(다른 사람들 앞에서 말하는 것이 가장 두려운 사람들에게 적당함)
5. 누군가를 좀 더 아는 데 도움이 되는 적절하고 거슬리지 않는 사적인 질문하기

6. 다른 사람이 보고 있을 때 간단한 일하기. 예 : 누군가에게 커피 따르기, 자판기에서 잔돈 꺼내기, 열쇠로 문 열기, 다른 사람을 옆에 태우고 운전하기 등(다른 사람이 보고 있을 때 무언가를 하면 불안해지는 사람들에게 적당)

7. 커피숍이나 식당에서 메뉴에 관해 질문하거나 주문 변경을 요구하기

8. 다시 확인하지 않고 소셜미디어에 글을 게시하거나 이메일 보내기

이 예들이 당신에게 해당하지 않는다면, 치료자와 함께 다른 행동을 구상해 보십시오.

당신도 알듯이, 이런 행동은 잠깐이면 할 수 있는 아주 간단한 것들입니다. 당신은 이런 행동이 크게 불안하지 않을 수도 있을 것입니다. 그러나 우리는 이런 형태의 간단하고 일상적인 노출이 사회불안을 가진 사람들이 다른 사람에게 접근하는 새로운 습관을 만들고 두려움을 일상적으로 직면하는 데 도움이 된다는 사실을 발견했습니다. 당신은 다른 사람들의 뜻밖의 반응에 기분 좋게 놀랄지도 모릅니다.

자가평가

각 질문에 '예' 또는 '아니오'로 표시하고 이 책의 마지막에 수록된 부록에서 정답을 맞추어 보십시오.

1. 노출 순서를 정할 때, 가장 어려운 것부터 시작해서 나머지가 더 쉽게 하는 것이 가장 좋다.　　　　　　　　　**예　아니오**

2. 이 프로그램 과제는 전적으로 선택사항이며, 치료를 현실과 연결시키는 데 도움이 되지 않는다. 그리고 이 프로그램을 성공적으로 마치는 것과도 관련이 없다.　　　　　　　**예　아니오**

3. 불안해질 수 있는 모든 상황에 노출을 하는 것이 매우 중요하다.　　　　　　　　　　　　　　　　　　**예　아니오**

4. 일반화의 예는 동료와 대화하는 것에 대한 두려움을 극복하면 그룹 프로젝트에서 함께 일하는 다른 학생과 대화하는 것에 대한 두려움이 줄어드는 것이다. **예 아니오**

5. 어떤 상황에서 불안을 느낀다는 것은 당신의 자동적 사고를 검증해야 할 때라는 신호다. **예 아니오**

제9장

자동적 사고 공략을 위한 추가 도구

당신은 이제 이 프로그램에서 사용되는 인지재구성과 노출을 위한 기본적인 방법에 익숙합니다. 많은 내담자가 이 방법만 사용해서 그들의 목표를 달성했습니다. 그러나 우리는 지난 수년간 이 방법의 몇 가지 변형이 일부 내담자에게 매우 유용하다는 사실을 발견했습니다. 이 장에서는 이 기법들 중 일부를 설명하겠습니다.

부정적인 사회적 사건의 확률 검토

연구에 의하면, 사회불안이 있는 사람들은 부정적인 사회적 사건을 경험할 가능성을 과대평가합니다. 이들은 타이어가 펑크 나는 것 같은 부정적인 비사회적 사건을 경험할 확률에 대해서는 사회불안이 없는 사람과 동일하게 평가합니다. 그러나 아는 사람이 인사를 하지 않는 것 같은 부정적인 **사회적** 사건을 경험할 확률에 대해서는 다른 사람들보다 훨씬 더 높게 평가합니다. 어떤 사건이 위협적이라고 느낄수록, 그 사건에 대해서 더 불안하고 더 회피하고 싶을 것입니다. 우리는 내담자가 **파이 차트** 기법을 사용해서 두려워하는 부정적인 사회적 결과가 일어날 확률을 현실적으로 따져보게 합니다.

종민 씨는 여행을 많이 하는 사업가입니다. 최근 몇 년간 그는 손이 떨릴까 봐 신용카드 전표에 서명할 때 매우 불안했습니다. 경리 부서에서는 지출증명 때문에 현금 결제를 원하지 않습니다. 그는 다른 사람, 특히 잠재적인 고객이 있을 때 더 불안합니다. 그가 손떨림에 대한 걱정을 더 많이 할수록 손을 떨 가능성은 높아집니다. 이런 공포감은 흔히 고객과 점심 식사를 하고 나서 신용카드 전표에 서명을 할 때 생깁니다.

이 특정한 상황에서 떠오르는 종민 씨의 자동적 사고를 살펴봅시다.

- 나는 손을 떨 거야.
- 고객이 내 손이 떨리는 것을 볼 거야.
- 고객은 내가 무능하다고 생각하고 우리와 어떤 거래도 하지 않을 거야.

종민 씨와 치료자는 파이 차트를 사용해서 그가 손을 떨면 고객이 그에 대해 부정적으로 생각할 것이라는 자동적 사고를 검증했습니다. 그림 9.1 파이 차트에서 각 질문에 대한 종민 씨의 답을 따라가십시오.

- **이번 점심 모임에서 손을 떨 가능성은 얼마인가?** 종민 씨는 90% 확률이 있다고 대답합니다. 그렇다면 손을 떨지 않을 가능성은 10%입니다. 파이 차트에 10% 조각을 그린 뒤 '떨지 않음'이라고 표시합니다.
- **만약 손을 떤다면, 고객이 알아차릴 정도로 심하게 떨 가능성은 얼마인가?** 고객이 그가 손을 떠는 것을 알지 못할 수도 있다는 사실은 종민 씨의 새로운 생각입니다. 그 생각을 하면서, 때때로 손떨림이 너무 경미해서 다

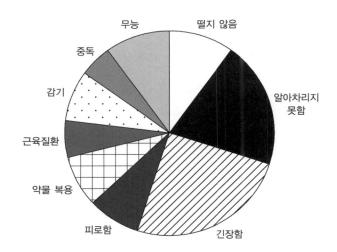

그림 9.1 | 손떨림에 대해 고객이 어떻게 생각할 것인가에 관한 종민 씨의 자동적 사고 파이 차트

른 사람들이 알아차리지 못할 수 있다는 것을 깨닫습니다. 종민 씨는 고객이 알아볼 정도로 심하게 손을 떨 가능성은 75% 정도라고 답합니다. 이는 고객이 알아차리지 못할 확률이 25%라는 것을 의미합니다. 그의 손이 떨릴 확률 90% 중 25%에 해당하는 조각에 '알아차리지 못함'이라고 표시합니다.

- **손을 떨면 고객이 나를 무능하다고 생각할까? 그렇지 않다면, 다른 가능성은 무엇인가?** 종민 씨는 여러 가지 이유로 그의 손이 떨릴 수 있다고 대답합니다.
  - 긴장하기 때문에
  - 피로하기 때문에
  - 손떨림을 유발하는 약을 복용하고 있기 때문에
  - 약물 중독 때문에
  - 손의 근육에 영향을 주는 질환 때문에
  - 감기 때문에
  - 무능하기 때문에

주어진 상황에서 그가 손을 떨 수 있는 원인을 설명하는 조각들을 파이 차트에 배치하십시오.

손을 떨 경우 고객이 어떻게 생각할지에 관한 종민 씨의 자동적 사고 파이 차트에서 알 수 있듯이, 그가 손을 떨지 않을 확률과 고객이 알아차리지 못할 확률을 합하면 33% 정도 됩니다. 종민 씨는 이들 중 하나라면 좋은 결과라고 믿습니다. 고객이 그가 손을 떠는 것을 알아차릴 경우, 피치 못할 사정(피로하거나 감기에 걸렸거나 근육에 질환이 있거나 약을 복용함)이 아니라 부정적인 이유 때문이라고 판단할 확률은 모두 30% 정도 됩니다. 긴장 때문이라고 단순히 생각할 가능성은 25%입니다. 종민 씨는 긴장하고 있다고 생각하는 것이 무능하거나 약물 중독이라고 생각하는 만큼 나쁘지는 않다고 믿습니다. 결국 고객이 가장 나쁜 결론을 내릴 가능성은 모두 15% 정도밖에 되지 않습니다. 요약하자면, 고객이 인식하지 못하거나 그에 대해 크게 부정적으로 생각하지 않을 확률은 85% 정도(약물 중독과 무능 조각을 제외한 나머지 파이 전체)이며, 세 번 중 한 번('떨지 않음'과 '알아차리지 못함' 조각)은 사실상 전혀 문제가 되지 않습니다.

다음 단계는 종민 씨가 파이 차트 연습에서 배운 내용을 요약하는 합리적 반응을 만드는 것입니다. 손이 떨릴 것이라는 종민 씨의 두려움은 고객이 부정적인 판단을 하고 그와 거래하지 않을 것이라는 걱정에서 기인합니다. 만약 종민 씨가 많은 거래를 놓친다면, 그는 직장을 잃을 수도 있습니다. 다음 합리적 반응은 종민 씨의 손이 떨리지 않을 수도 있고, 손을 떠는 것이 눈에 띄지 않을 수도 있으며, 눈에 띌 만큼 손을 떨더라도 고객을 잃지 않을 것이라는 점을 강조합니다.

합리적 반응 : 만약 내가 손을 떨고 그것을 고객이 알아차리더라도, 그는 아마 나와 거래를 할 거야.

자신의 손이 떨릴 것이라는 종민 씨의 확고한 믿음은 "만약 내가 손을 떨고"로 바뀌었습니다. 고객이 그가 손을 떠는 것을 알아차릴 것이라는 확실한 믿음도 "만약 ~을 고객이 알아차리더라도"로 바뀌었습니다.

파이 차트 연습으로 종민 씨가 고객 앞에서 글씨를 쓸 때 많은 다양한 일이 일어날 수 있음을 이해하게 되었습니다. 그중 일부는 약물 중독자 취급을 받는 것 같은 매우 부정적인 일이었습니다. 그 상황에서 일어날 수 있는 많은 결과가 중립적이었지만, 그는 그런 가능성에 대해서는 전혀 생각해 보지 않았습니다. 마지막으로 파이 차트를 통해서 종민 씨는 그의 손이 떨리지 않을 가능성이 있다는 것과 약간 떨더라도 고객이 인식하지 못할 가능성도 있다는 것을 이해하게 되었습니다. 이 인지재구성 연습은 그 상황에 임할 때 불안감이 줄어드는 데 도움이 되었습니다. 합리적 반응은 고객을 만나는 동안 불안을 다스리는 데 도움이 되었습니다. 불안감이 줄어들면 그의 손과 팔 근육이 눈에 띌 정도로 심하게 떨리지 않을 것입니다.

실제로는 많은 가능한 결과가 있지만, 무언가 끔찍하게 나쁜 일이 일어날 것이라고 예상하는 인지적 오류가 포함된 자동적 사고가 떠오를 때마다 파이 차트를 사용하면 유용할 것입니다. 만약 아는 사람이 인사를 하지 않고 지나간다면, 당신은 그 사람이 당신에게 화가 났거나 당신을 좋아하지 않는다는 자동적 사고를 떠올릴 수 있을 것입니다. 그러나 파이 차트를 통해 그 사람이 당신을 보지 못했거나 나쁜 소식 때문에 정신이 없었거나 수줍어서 당신이 먼저 인사하기를 기다리고 있었다 등 다른 가능성을 고려해 볼 수 있습니다.

부정적인 사회적 사건의 비용 검토

연구에 의하면, 사회불안이 있는 사람들은 부정적인 사회적 사건의 비용을 과대평가합니다. 그러므로 사회불안이 있는 사람들은 부정적인 사회적 사건이 일어날 가능성을 높게 생각할 뿐 아니라, 이런 사건을 경험하는 것을 끔찍하게 생각하는 경향이 있습니다. 이전 사례로 돌아가서, 사회불안이 있는 사람들과 사회불안이 없는 사람들 모두 타이어 펑크가 나는 것 같은 부정적인 비사회적 사건을 불쾌하기는 하지만 끔찍하지는 않다고 평가합니다. 그러나 아는 사람이 인사를 하지 않는 것 같은 부정적인 사회적 사건을 고려할 때, 사회불안이 있는 사람들은 이 경험을 사회불안이 없는 사람들보다 훨씬 더 부정적으로 평가합니다. 부정적인 사회적 사건을 더 끔찍하고 재앙적으로 예측할수록 당신은 더 불안하고, 더 강하게 그 사건을 회피하고 싶을 것입니다. '연속체 기법'은 적절한 관점으로 가능한 부정적 결과를 확인하는 데 사용될 수 있습니다.

수지 씨는 간호대학에 다닙니다. 그녀는 실습기간 중에 채혈하는 법을 배울 예정입니다. 그리고 실제 환자를 대상으로 채혈을 하기 전에 학생들이 서로를 대상으로 채혈을 연습할 것이라는 말을 들었습니다. 수지 씨는 채혈만 생각하면 극도로 불안해집니다. 그녀가 채혈을 정확하게 하든 못 하든 환자는 혈액 튜브에 자신의 피가 채워지는 것을 볼 것이 확실하기 때문입니다! 그녀는 어떤 환자에게 주삿바늘을 계속해서 찔러보지만 피가 나오지 않는 장면을 생생하게 떠올리곤 합니다. 그녀는 이 상상을 하면 속이 메슥거리고 머리가 깨질 것 같습니다. 수지 씨는 자주 다니는 개인의원의 간호사에게 간호사가 되는 것에 관해 몇 번 물어본 적이 있습니다. 그녀는 환자들이 대부분 기본검사 채혈을 싫어하기 때문에 가능한 한 빨리 채혈을 해야 한다고 했습니다. 그 간호사는 또한 "여러 번 주삿바늘을 찌르는 실수를 해서는 안 돼."라고 덧붙였습니다. 수지 씨는 불안할 때마다 그 말을 계속 떠올립니다.

동료에게 채혈하는 것에 대한 수지 씨의 자동적 사고를 살펴봅시다.

- 나는 실수를 할 거야.
- 채혈 절차 중 한 단계를 빠트릴 거야.
- 나는 피를 전혀 뽑지 못할 거야.
- 내가 채혈을 할 수 없기 때문에 동료들이 나를 무능하게 생각할 거야.
- 나는 낙제를 할 거야.

수지 씨는 실습 중에 채혈을 못 해서 동료들이 그녀를 무능하다고 비난하고 낙제를 할 가능성을 파이 차트로 따져봤습니다. 그녀는 이런 결과는 매우 드물다는 결론에 도달했습니다. 그럼에도 불구하고, 그녀는 이런 일어날 것 같지 않은 사건이 일어난다면 너무나 끔찍할 것이란 생각 때문에 정말 불안감을 느꼈습니다. 수지 씨와 치료자는 이런 생각을 다루기 위해 '연속체 기법'을 사용했습니다. 수지 씨는 이런 결과가 얼마나 심각한지 따져볼 필요가 있었습니다.

　수지 씨는 다음 표시된 선의 왼쪽 끝에 불쾌하지만 그리 심각하지 않은 사건을 할당했는데, 그녀는 돌부리에 '발가락을 찧는 것'이라고 썼습니다. 반대쪽 끝에는 상상할 수 있는 최악의 사건을 할당했는데, 가족이 모두 교통사고로 사망했다는 소식을 듣는 것이라고 썼습니다. 그러고 나서 그녀가 걱정하는 것들의 결과가 얼마나 심각한지 선 위에 표시했습니다.

발가락 찧음　　　동료들이 무능하게 생각　　　　학교에서 낙제　　　　　온 가족이 사망
__/_____/_____/_____/_

보다시피 간호대학에서 낙제하는 것은 발가락을 찧는 것보다 훨씬 더 심각하지만, 온 가족을 잃는 일에 비하면 심각하지 않았습니다. 그녀는 직업은 언제든지 바꿀 수 있지만 가족은 대체할 수 없다고 생각했습니다. 크게 보면, 동료들이 그녀가 채혈을 잘 못한다고 무능하게 생각하는 것은 그리 중요하지 않은 것 같습니다.

　수지 씨는 연속체 훈련에서 배운 것을 몇 가지 합리적 반응으로 요약했습니다.

- **합리적 반응** : 내가 할 수 있는 것은 최선을 다하는 것이야. 동료들이 내 수행에 대해 어떻게 생각하는지는 중요하지 않아.
- **합리적 반응** : 만약 낙제를 하더라도, 나에게는 여전히 가족이 있어.
- **합리적 반응** : 비록 낙제를 하더라도, 나는 결국 또 다른 의미 있는 직업을 찾을 거야.

자신에 대한 심각성 연속체를 만드십시오. 왼쪽 끝에 약간 불편한 사건을 할당하십시오. 수지 씨와 같이 발가락 찧기를 쓸 수도 있지만, 다른 일을 선택해도 좋습니다. 오른쪽 끝에는 당신의 인생에서 일어날 수 있는 최악의 사건을 할당합니다. 마찬가지로 수지 씨의 예를 선택하거나 고유한 사건을 선택할 수 있습니다. 이제 당신이 걱정하는 일의 결과를 연속체에서 어떤 위치에 표시할 것인지 고려해 보십시오. 당신에게 중요한 모든 것을 고려할 때, 그 결과는 얼마나 심각합니까? 그 두려운 결과의 심각성을 보다 현실적으로 판단하게 하는 합리적 반응을 만들어 보십시오. 여기 우리 내담자들이 사용한 몇 가지 예가 있습니다.

- 만약 _____가 일어난다면, 불편하겠지만 그래도 나는 견딜 수 있어.
- 비록 _____가 일어나더라도, 내게는 여전히 인생에서 가장 중요한 내 가족이 있어.

이 기법은 또한 실망스러운 사회적 상황 후에 무슨 일이 일어났으며 그것의 의미가 무엇인지 생각해 보는 데 도움이 될 수 있습니다. 만약 누군가가 인사도 없이 당신 옆을 지나간다면, 연속체상에 표시하여 그것이 얼마나 끔찍하거나 심각한지 생각해 보면 유용할 수 있습니다. 이 기법은 또한 "내가 그것에 대처할 수 있는가?" 같은 논박적 질문과 함께 사용될 수 있습니다.

노출에 두려운 결과 포함하기

앞서 논의한 바와 같이, 노출은 누군가에게 점심을 같이 먹자고 하거나 행동을 고치라고 요청하는 것같이 오랫동안(또는 한 번도) 하지 않던 일을 연습할 귀중한 기회를 제공할 수 있습니다. 또한 노출은 두려워하는 결과를 경험할 수 있는 기회를 제공하기 때문에 다소 인위적이면서도 매우 유용하도록 노출을 고안할 수 있습니다. 왜 어떤 사람은 자신이 두려워하는 일을 일부러 경험하고 싶어 할까요? 답은 이런 유형의 경험이 매우 강력한 학습 기회일 수 있다는 것입니다.

종민 씨 사례로 돌아가 봅시다. 종민 씨는 사람들 앞에서 글씨를 쓰는 연습을 하는 상황과 연관된 인지재구성과 노출을 통해 사회불안을 크게 개선하였습니다. 그럼에도 불구하고, 비록 그가 손떨림을 경험했던 수년 동안 한 번도 일어난 적이 없었지만, 자신의 고객 중 누군가가 손떨림에 대해 무슨 말을 할까 봐 두려워하면서 살았습니다. 이 상황에 대한 자동적 사고는 "나는 대처할 수 없을 거야."와 "손떨림에 대해 말한다면 수치스러울 거야."였습니다. 종민 씨와 치료자는 고객과 점심을 먹고 나서 영수증에 서명할 때 고객이 그의 손이 떨리는 것에 대해 언급하는 간단한 회기 내 노출을 한 회기에서 매번 다른 방식으로 여러 차례 반복해 보기로 했습니다. 예를 들면, 한 번은 고객이 "왜 손을 그렇게 떨어요?"라고 말하고, 종민 씨는 어깨를 으쓱하며 가끔 손이 그렇게 된다고 말한 뒤 다른 주제로 넘어갑니다. 또 한 번은 고객이 "당신 손을 보세요. 오늘 커피를 너무 많이 마신 것 같아요."라고 말하고, 종민 씨는 웃으며 "그럴지도 모르죠."라고 하며 다시 계속합니다. 이 연속 노출은 종민 씨에게 매우 효과적이었습니다. 그는 고객 앞에서 글씨를 썼을 뿐 아니라 질문에 대처할 수 있었기 때문에 놀랐습니다. 그는 또한 고객이 그의 손떨림에 대해 언급한 후 다른 주제로 빨리 옮겨간 것에 대해서도 놀랐습니다. 중요한 것은, 종민 씨가 누군가 자신의 손떨림에 대해 언급하는 것을 더 이상 두려워하며 살 필요가 없다는 사실을 배웠다는 것입니다. 이제 그런 일이 일어나더라도 그는 대처할 수 있을 것입니다.

종민 씨와 치료자는 또 다른 노출을 고안했습니다. 즉 "나는 손이 떨리는 것을 감춰야 해.", "손이 떨리는 것은 내가 약하고 무능하다는 증거야." 같은 중요한 자동적 사고를 다루는 데 도움이 되는 인위적인 노출을 고안했습니다. 치료자는 종민 씨에게 손떨림을 과장하도록 지시했습니다. 그는 영수증을 받을 때, 서명을 할 때, 영수증을 돌려줄 때 모든 사람이 볼 수 있을 만큼 크게 손을 떨었습니다. 종민 씨는 치료자(종민 씨의 고객 역할)와 대화를 하는 동안 보조 역할 연기자(클리닉의 또 다른 치료자)에게 결제를 하면서 지시받은 대로 손을 떨었습니다. 그들은 이 짧은 노출을 여러 차례 반복했습니다. 종민 씨는 대화를 하는 중에는 저절로 자신의 손이 과장되게 떨리지 않았으며, 의식적으로 계속 손을 떠는 것이 꽤 힘들다는 사실에 놀랐습니다. 그는 또한 심한 손떨림이 실제로는 대화나 노출 경험에 그리 큰 영향을 미치지 않는다는 사실에도 놀랐습니다. 이 노출로 종민 씨와 치료자는 (손을 떨지 않으려고) "애쓰지 않아도 괜찮아."와 "손을 떨어도 괜찮아."라는 두 개의 새로운 합리적 반응을 만들었습니다. 종민 씨는 과제를 위해 주말에 대형마트에서 결제를 하면서 단말기 펜을 집을 때, 스크린에 서명을 할 때, 펜을 제자리에 놓을 때 일부러 손을 크게 떨어보기로 했습니다.

의도적으로 두려운 결과를 직면하는 이 기법을 자신에게 적용할 방법을 고려해 보십시오. 때때로 "_____가 일어난다면, 나는 대처할 수 없을 거야." 또는 "그 상황에서 내가 _____을 한다면 정말 끔찍할 거야."라고 생각합니까? 만약 그렇다면, 당신의 두려움을 직면할 수 있는 노출을 고안할 방법에 관해 치료자와 상의하십시오. 예컨대, 틀린 답을 말하면 끔찍할 것이라고 생각하는 내담자는 다른 사람들과 퀴즈게임을 하면서 자연스럽게 틀린 답을 말해보거나 일부러 수업시간에 가끔씩 틀린 답을 말해볼 수 있습니다. 말을 더듬는 것은 끔찍할 것이라고 생각하는 내담자는 특정 단어에 대해서 틀리게 발음하거나 더듬을 가능성이 높은 과학기술 자료를 읽는 회기 내 노출을 통해 검증할 수 있습니다. 또한 회기 후에도 발음을 틀리거나 더듬는 노출을 시도할 수 있습니다. 믿거나 말거나, 우리는 내담자와 아무 데나 물잔의 물을 쏟거나 누군가에게 와인을 흘리는 것 같은 회기 내 노출이 매우 재미있다는 사실을 발견했습니다. 이런 노출은 인생에서 중요한 것이 무엇인가에 관한 새로운 관점을 모든 사람에게 제시하기 때문입니다. 큰 그림에서 보자면, 이런 유형의 노출은 우리의 인간성을 존중하고 수용하는 데 도움이 됩니다. 이들은 우리 내담자 중 한 명이 만든 유쾌하고 효과적인 합리적 반응을 떠올리게 합니다. "우리는 모두 이 버스에 탄 바보들이다(We're all bozos on this bus)."[1]

불안의 생리적 요소 대처법 배우기

어떤 내담자는 주로 사회적 상황에서 경험하는 불안의 생리적 증상을 두려워합니다. 이들은 심장 두근거림, 호흡 곤란, 땀 흘림, 안면 홍조 등 불안 증상만 없다면 사회적 상황이 그리 나쁘지 않을 것이라고 말하곤 합니다. 이들은 때때로 두려워하는 사회적 상황에서 공황을 경험한다고 보고합니다. 고은 씨 사례를 살펴보겠습니다.

> 고은 씨는 발표불안을 호소하는 30세 여성입니다. 그녀는 고등학교 때 발표를 하는 도중에 극심한 불안을 겪으면서 강의실에서 뛰쳐나가게 되었는데, 그때부터 발표불안 문제에 시달렸다고 했습니다. 고은 씨는 발표 상황을 맞을 때마다 거의 매번 복통, 빈맥, 손발 떨림, 목소리 떨림, 땀 흘림, 호흡 곤란을 겪는다고 했습니다. 그녀는 공황이 와서 발표를 마무리하지 못하고 강의실에서 나가게 되면 수치심과 당혹감을 느끼게 될까 봐 걱정합니다. 그녀는 자신의 경력을 발전시킬 수 있는 기회를 발표불안 때문에 놓쳤다고 했습니다. 그녀는 또한 자신이 관여하는 자선단체에서 대표 역할을 맡기를 주저한다고 했습니다. 그 단체의 대표는 연설도 해야 하기 때문입니다.

고은 씨는 이 책에 요약된 표준 기법을 사용하여 여러 차례 노출에 참가했습니다. 그녀는 처음에 일어서서 치료자에게 자신이 관여하고 있는 자선단체 중 한 곳에 관해 발표했습니다. 그러고 나서 클리닉의 다른 치료자와 스태프로 구성된 더 많은 청중에게 같은 발표를 했습니다. 그녀는 같은 집단에게 발표를 할 때 불안해도 괜찮은 이유에 대해 발표했습니다. 고은 씨는 많은 발전을 했고, 집단 앞에서 발표를 할 때마다 훨씬 덜 불안해졌습니다. 그럼에도 불구하고, 그녀는 여전히 다음 자동적 사고와 씨름하고 있었습니다.

- 만약 불안이 너무 심해진다면, 나는 계속할 수 없을 거야.
- 만약 청중이 최악의 상황에 처한 나를 본다면, 나를 거부할 거야.

그녀가 이 생각들을 공략하도록 돕기 위해, 치료자는 그녀가 많은 신체 증상

---

1 출처 : *Firesign Theatre*, Columbia Records, Rereleased in 2001.

을 겪더라도 수행을 계속할 수 있음을 배우도록 노출을 만들어야 한다고 말했습니다. 고은 씨와 치료자는 그녀가 발표를 할 장소의 옆방에서 땀이 나고 숨이 찰 때까지 제자리 뛰기를 하는 노출을 고안했습니다. 청중에게는 그녀가 제자리 뛰기를 하고 있다는 사실을 알리지 않을 것이며, 고은 씨에게도 청중에게 그 사실을 말하지 말도록 지시했습니다. 대신, 고은 씨는 제자리 뛰기로 증가된 생리적 각성을 경험하면서 발표 장소에 걸어가서 발표를 준비합니다. 고은 씨의 목표는 생리적 각성과 상관없이, 그만하라는 지시가 있을 때까지 발표를 계속하는 것이었습니다.

고은 씨는 땀이 나고, 심장이 두근거리고, 얼굴이 붉어지고, 호흡이 거칠어질 때까지 제자리 뛰기를 했습니다. 그녀는 운동을 통해서 의도적으로 공황 때 겪은 많은 증상을 경험할 수 있었습니다. 그녀는 즉시 옆방으로 가서 발표를 시작했습니다. 당연하게도, 그녀는 발표를 하는 동안 호흡을 더 자주해야 했기 때문에 처음 몇 분은 조금 힘들었습니다. 그러나 발표가 끝날 무렵에 그녀의 SUDS 점수는 25로 떨어졌습니다. 이것은 가장 최근에 노출이 끝났을 때 점수 정도입니다. 10분간 발표를 하고 나서, 고은 씨는 청중에게 그녀의 연설에 대한 그들의 반응을 물어볼 기회를 가졌습니다. 청중들은 매우 긍정적이었고, 일부러 물어보기 전까지는 초반에 호흡이 힘들었던 점에 대해 언급한 사람이 아무도 없었습니다. 한 청중은 그녀가 늦어서 뛰어오느라 숨이 찼을 것이라고 추측했다는 대답을 했습니다. 또 다른 청중은 그녀가 처음에 약간 불안했을 수 있다고 생각했지만, 별일 아니었다고 말했습니다. 즉 거부감을 느낀 사람은 아무도 없었습니다.

치료실에서 노출 후 검토 중에 고은 씨와 치료자는 초기 자동적 사고에 대한 증거를 검토했습니다. 고은 씨는 자동적 사고 "만약 불안이 너무 심해진다면, 나는 계속할 수 없을 거야."에 반대되는 증거가 있다고 말했습니다. 신체 증상이 매우 강했지만, 그럼에도 불구하고 그녀는 발표를 하면서 그 방에 머무를 수 있었습니다. 그녀는 증상이 얼마나 빨리 줄어드는지 알고 놀랐습니다. 그녀와 치료자는 새로운 합리적 반응을 만들었습니다. "나는 가슴이 두근거리더라도 할 말을 할 수 있어." 고은 씨는 또한 "만약 청중이 최악의 상황에 처한 나를 본다면, 나를 거부할 거야."도 검토했습니다. 그녀는 청중이 그녀의 연설에 긍정적인 반응을 보였으며, 연설을 시작할 때 숨이 차고, 얼굴이 붉어지고, 땀이 났지만 아무도 신경 쓰지 않았다는 사실을 떠올렸습니다. 그녀는 이 자동적 사고에 대한 증거가 없다고 판단했고, 새로운 합리적 반응을 만들었습니다. "다른 사람들이 내 불안을 볼 수 있지만, 그럼에도 나를 받아들인다."

우리는 모든 사람이 언제나 당신의 불안 증상을 받아들일 것이라고 주장하는 것은 아닙니다. 그렇게 주장하는 것은 물론 흑백논리입니다. 그러나 수년 동안 수백 명의 내담자와 훈련한 경험에 따르면, 사람들은 대부분 다른 사람의 불안을 볼 때 연민을 느끼거나 적어도 중립적인 반응을 보입니다. 드물게 다른 사람의 불안 증상을 알아차렸을 때 추하고 비판적인 반응을 보이는 사람들의 경우, 우리는 내담자들에게 낙인을 경험한 내담자들에게 권고하는 것과 비슷한 방식으로 이 반응에 대해 생각해 보게 합니다. 즉, 그 문제가 당신의 불안 반응인지 아니면 다른 사람의 부적절한 반응인지 따져보십시오. 우리는 발표를 하는 동안 얼굴이 붉어지고 피부가 검어지는 것은 인간의 정상적인 반응으로서, 청중의 생각에 신경을 쓴다는 점을 다른 사람들에게 전달하는 것이며 나쁜 현상이 아니라고 주장할 것입니다. 우리는 잔인한 방법으로 그 반응에 주의를 환기시키는 사람은 자신에게 해를 끼치는 일을 한 사람이라고 주장할 것입니다. 우리 내담자들은 그들의 불안에 대해 다른 사람들이 비판적인 반응을 거의 하지 않는다는 것을 빠르게 배웁니다. 그들은 연속체 기법과 인지재구성 기술을 사용해서 그 반응을 다른 것들과 비교할 수 있습니다. 고은 씨가 노출 전에 제자리 뛰기를 하는 것은 종민 씨가 노출하는 동안 눈에 띄도록 일부러 손을 떠는 것과 다르지 않습니다. 가장 큰 차이는 일부러 손을 떠는 것보다 의도적으로 심박수를 증가시키는 것이 훨씬 더 힘들다는 것입니다. 때때로 어떤 내담자는 땀을 흘리는 것 같은 특정 신체 감각을 두려워할 것입니다. 이런 내담자들에게는 대화를 하거나 연설을 하는 동안 땀이 나도록 두꺼운 재킷을 입게 할 수 있고, 노출 전에 스프레이로 물을 뿌릴 수도 있습니다.

노출 전에 생리적 각성을 의도적으로 증가시키는 이 기법을 적용하는 것이 타당한지 여부를 고려하십시오. 당신은 사회적 상황에서 차분해야 하며 그렇지 않으면 할 일을 할 수 없을 것이라고 암시하는 생각을 가졌습니까? 당신을 괴롭히거나 다른 사람들이 자동적으로 당신을 거부할 것이라고 추측하는 특정한 생리적 증상이 있습니까? 이 기법은 당신이 사회적 상황에서 많은 생리적 각성을 경험하지만, 불편하더라도 할 일을 할 수 있다는 사실을 이해하는 데 도움이 될 수 있습니다. 이 기법은 또한 당신이 받아들여질 수 없다고 생각했던 수준의 생리적 각성을 경험할 때 그것에 대한 다른 사람들의 반응을 측정하는 데도 도움이 될 수 있습니다. 일부 내담자는 다음과 같은 합리적 반응을 만들었습니다.

- 비록 _____(가슴이 두근거리더라도/다리가 떨리더라도/땀이 나더라도/숨이 차더라도/기타), 나는 여전히 _____(연설할 때 세 가지 요점을 말할 수 있다/한 가지 질문을 할 수 있다/내 의견을 말할 수 있다/기타).
- 나는 _____(얼굴이 붉어지면서/땀이 나면서/떨리면서/기타), _____(노출의 목표)를 할 수 있어.
- _____(얼굴이 붉어지는 것은/땀이 나는 것은/손을 떠는 것은/기타) 괜찮아.

과학자가 되다

우리의 표준 노출 기법은 당신의 자동적 사고를 객관적으로 검증하고 목표 달성과 불안 패턴에 관한 정보를 수집하도록 고안되었습니다. 표준화된 기법은 불안의 노란 색안경과 달리 보다 과학적인 렌즈를 통해 당신의 경험을 평가하도록 돕습니다. 그러나 특정한 자동적 사고를 더 잘 다루기 위해서는 부가적인 데이터를 수집하거나 추가로 객관적 피드백을 얻는 것이 도움이 될 수 있습니다.

종민 씨의 예로 다시 돌아가면, 그의 초기 노출에는 대화 등 사회적 상호작용을 하는 동안 그의 손떨림이 드러날 수 있는 행동을 하는 것이 포함되었습니다. 초기 노출을 하고 나서, 치료자는 종민 씨의 손떨림이 그가 생각하는 만큼 다른 사람들에게 명백하게 보이지 않으며 그의 수행에 부정적인 영향을 미치지 않는다고 의심했습니다. 다음 노출을 위해, 그들은 '침묵의 SUDS'라는 기법을 사용하기로 했습니다. 종민 씨는 평소에는 크게 말하던 SUDS를 메모장에 기록했습니다. 그러고 나서 바로, 노출을 하는 동안 자신의 떨림이 잘 보인다고 믿는 정도를 0(그의 손이 보통사람들이 서명할 때만큼 안정적)에서 100(그의 손이 누군가에게 치료를 요청해야 할 만큼 떨림) 척도로 기록했습니다. 또한 그 상황에서 일을 얼마나 잘했는지 0(형편없는 수행)에서 100(보통사람이 하는 정도) 척도로 평가했습니다. 종민 씨가 자신을 평가하는 동시에, 치료자도 종민 씨의 SUDS와 떨림 가시성 평가, 수행의 질을 측정해서 다른 메모장에 기록했습니다.

노출 후 검토를 할 때 종민 씨가 기록한 SUDS와 치료자가 기록한 SUDS를 같은 그래프에 그렸습니다. 이 그래프는 그림 9.2에서 확인할 수 있습니다. 보다시피, 종민 씨의 SUDS와 떨림 가시성 평가는 매우 높았습니다. 그의 수행 평가는 대체로 자신의 불안 평가를 따랐습니다. 그는 더 불안할 때 자신의 수행을 더 나쁘게 평가했고, 조금 덜 불안하면 조금 더 좋게 평가했습니다. 치료자의 SUDS와 떨림 평가는 0은 아니었지만, 종민 씨의 평가보다는 상당히 낮았습니다. 또한 치료자가 종민 씨의 불안과 떨림을 알아차리는 것과 상관없이, 종민 씨에 대한 치료자의 수행 평가는 높게 유지되었습니다. 이 그래프에 대해 논의하고 나서 종민 씨는 합리적 반응으로 "다른 사람들에게는 아마도 떨림이 나만큼 뚜렷하게 느껴지지 않을 거야."와 '떨림 ≠ 부진한 수행'을 만들었습니다. 종민 씨는 새로운 데이터가 이들 합리적 반응을 뒷받침하는 그래프 패턴을 보이는지 확인하기 위해 다음 주에 다른 역할 연기자와 침묵의 SUDS를 사용한 노출을 반복했습니다.

이 기법은 당신의 고유한 문제에 따라 수정될 수 있습니다. 우리는 노출하는 동안 얼굴 붉어짐, 땀 흘림, 표정 굳어짐, 말더듬, 기타 행동 변화를 추적하기 위해 침묵의 SUDS 기법을 사용했습니다. 만약 당신의 문제를 다루는데 이 기법을 다르게 활용할 수 있는 아이디어가 있다면 치료자와 상담하십시오.

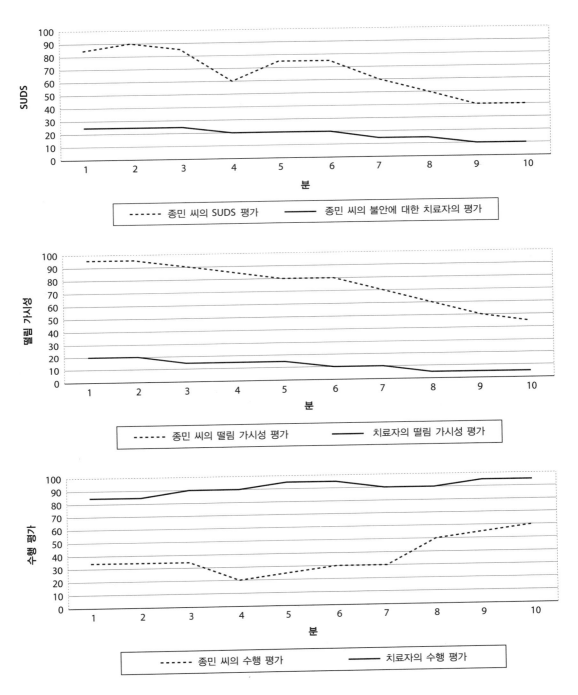

그림 9.2 │ 종민 씨와 치료자의 침묵의 SUDS 평가 그래프

과제

이 장에서는 회기 내 노출과 일상생활에서 노출 과제의 일부로 연습할 수 있는 인지재구성 기법과 노출 사례를 설명했습니다. 과제를 위해 불안을 유발하는 어떤 자동적 사고에 대해 파이 차트나 연속체 기법을 사용해 보십시오. 추가적으로, 향후 노출에 두려운 결과나 의도적인 생리적 각성 또는 침묵의 SUDS 기법을 포함시키는 것이 합리적인지 치료자와 상담하십시오. 당신이 낙인에 대한 반응으로 더 잘 여겨지는 불안 유발 사고를 가지고 있는지 생각해 보십시오. 만약 그렇다면, 적절한 합리적 반응을 만듭니다. 언제나처럼, 이번 주 과제를 안내하는 제7장의 자가치료자 되기(BYOCT) 기록지를 사용해서 인지적 기술의 각 단계를 연습하십시오. 사회불안을 극복하기 위해 소소한 일상 과제를 계속하십시오.

또한, 다음 회기 전에 제10장을 읽으십시오.

자가평가

각 질문에 '예' 또는 '아니오'로 표시하고 이 책의 마지막에 수록된 부록에서 정답을 맞추어 보십시오.

1. 파이 차트 기법을 사용하면 당신이 두려워하는 결과가 일어날 현실적 확률을 알아보는 데 도움이 된다.　　　　　　　　**예　아니오**

2. 연속체 기법은 만약 당신이 두려워하는 결과가 실제로 일어난다면 그 결과가 얼마나 심각할지 알아보는 데 도움이 된다.　　**예　아니오**

3. 만약 당신이 저녁 식사 자리에서 물을 흘릴까 봐 두려워하는데 실제로 그런 일이 일어난다면, 당신의 두려움이 훨씬 더 악화될 가능성이 있다.　　　　　　　　　　　　**예　아니오**

4. 불안 징후를 숨기려고 하지 않거나 심지어 일부러 불안해 보이면 당신의 불안이 더 악화될 것이다.　　　　　　　**예　아니오**

5. 침묵의 SUDS 기법은 얼굴이 붉어지거나 떨리는 것과 같이 당신이 염려하는 문제를 다른 사람들이 어떻게 받아들이는지를 보다 현실적으로 이해하는 데 도움이 될 수 있다. **예 아니오**

6. 만약 사람들이 부정적으로 반응할 수 있는 당신의 어떤 측면(예컨대 나이, 인종, 체중, 성적 지향 등) 때문에 사회불안 같은 현상을 경험하고 있다면, 그 문제가 당신의 반응인지 다른 사람들의 반응인지 고려해야 한다. **예 아니오**

제10장

모든 것은 가벼운 대화로 시작된다

이 책의 제8장까지는 치료의 핵심 부분을 다루었습니다. 제9장에서는 인지재구성과 노출을 하는 방법에 관한 아이디어를 제공했습니다. 이 장과 다음 장에서 우리는 많은 사람이 사회불안을 경험하는 두 가지 핵심 상황인 대화와 발표에 대해 다룹니다.

가벼운 대화에 관한 자동적 사고

- 나는 할 말이 없어.
- 나는 대화를 잘하지 못해.
- 우리는 서로 할 말이 없을 것이야.
- 나는 원래 말하는 데 관심이 없어.
- 그녀는 내가 지루하다고 생각할 거야.
- 그는 내가 할 말에 관심이 없을 거야.

이런 자동적 사고가 익숙합니까? 사회불안으로 어려움을 겪는 많은 사람은 일상적인 대화를 할 때 무슨 말을 해야 할지 걱정합니다. 가게 점원이나 이웃과 몇 마디 나누는 것 같은 사소한 만남조차도 사회불안증을 겪는 많은 사람에게는 불안을 유발할 수 있습니다. 이 장에서 우리는 일상적인 대화를 나눌 수 있는 것이 왜 중요한지 알아보겠습니다. 그리고 나서 사회불안이 있는 사람들이 일상적인 대화에서 종종 가지는 자동적 사고를 검토하고 그 생각에 대한 공략법을 알아보겠습니다.

가벼운 대화의 큰 영향

사회불안을 겪는 대부분의 사람은 가벼운 대화를 싫어한다고 말합니다. 그러나 가벼운 대화는 음식과 물만큼 삶에 필요합니다. 가벼운 대화를 사람들이 친구나 가족, 동료, 아는 사람 또는 낯선 사람들과 피상적이고 일반적인 주제에 관해 나누는 짧은 일상적 대화로 정의합시다. 가벼운 대화의 예는 다음과 같습니다.

- 출근하면서 테라스에서 꽃에 물을 주고 있는 이웃에게 꽃이 예쁘다고 칭찬하기
- 동료에게 주말을 즐겁게 보냈는지 물어보기
- 식당의 테이크아웃 대기 줄에 서있는 사람에게 오늘은 레스토랑이 한가해 보인다고 말하기
- 강사가 도착하기를 기다리면서 다른 사람에게 이 수업이 재미있지만 예상보다 힘들다고 말하기
- 점원에게 이번 주말에 더울 것이라는 일기예보를 들었는지 물어보며 대화를 시작하기

예에서 볼 수 있듯이, 이들 대화에서 중요한 주제에 관한 것은 없습니다. 실제로 내담자들에게 가벼운 대화를 할 때 사람들이 말하는 것에 대해 주의를 기울여 보라고 하면, 그 대화가 너무 '가벼운' 내용이라서 내담자들이 대부분 놀랍니다. 가벼운 대화는 일반적으로 매우 사소한 주제에 관한 것입니다. 날씨는 사람들이 일상적인 대화를 할 때 선호하는 주제로서, 중요한 국제적 사건이나 대단한 철학적 문제를 논하는 경우는 거의 없습니다. 두 사람에게 공통점이 있는 가벼운 주제나 사건(예 : "옐로스톤 국립공원에서 곰과 셀카를 찍으려다 다친 사람 뉴스 봤어요?"), 일상적인 대화는 사람들이 다른 사람과 접촉함으로써 서로 가까워지거나 같이 시간을 보내는 데 '윤활유' 역할을 합

니다. 만약 사람들이 서로 자주 만난다면, 더 진지한 관계로 발전할 수도 있습니다. 보다 진지하거나 정서적으로 중요한 대화를 적당한 때 나눈다면, 관계를 돈독히 하는 데 도움이 될 수 있습니다. 그러나 어떤 관계나 우정도 그 첫 단계는 가벼운 대화를 나누는 것에서부터 시작됩니다.

가벼운 대화로 관계를 시작한다

몇 년 전 사회심리학자 돈 번(Donn Byrne)은 사람들이 어떻게 친구나 결혼 상대를 선택하는지 연구했습니다. 그는 몇 가지 요인을 발견했는데, 상대와 공통점 공유, 신체적인 매력 등이 포함되었습니다. 이들 요인도 친구나 파트너를 선택하는 데 중요했지만, 또 다른 매우 중요한 요인은 '가까움'을 의미하는 '근접성'이었습니다. 번 교수의 연구에서, 그는 강의실에 대학생들을 서로 가까이 앉혀놓는 것만으로도 친해지게 할 수 있다는 점을 알았습니다. 가까이 앉은 지 몇 주 후부터 학생들은 가벼운 대화를 하면서 친해졌고, 어떤 경우에는 친구가 되기도 했고 데이트하는 관계가 되기도 했습니다. 다른 연구에서, 그는 이웃 간에도 친구가 되는 것과 유사한 패턴이 있다는 사실을 알았습니다. 옛날에는 이웃에 있는 처녀 총각이 결혼하는 경우가 많았는데, 그 이유는 단지 가까이 있으면서 자주 본다는 것뿐이었습니다.

만약 당신이 사회불안을 오랫동안 겪었다면 주변에 친구가 하나도 없거나 한두 명 정도밖에 없을 것입니다. 당신 스스로 누구와도 대화를 할 필요가 없는 삶을 살았다면, 친구나 연인이 될 만한 새로운 사람을 만나기 힘들지도 모릅니다. 번 교수를 비롯한 많은 연구자의 연구 결과에 의하면, 친구관계를 형성하는 데는 두 가지 요인이 관여한다고 합니다. 즉 친해지기 위해서는 정기적으로 사람들과 어울려야 하고, 가벼운 대화를 시작해야 합니다. 추후에 그런 일상적 대화가 함께 시간을 보낼 수 있는 친구관계로 발전하기 위해서는 위험을 감수할 필요가 있습니다. 그러나 그 과정은 점진적이며, 인지재구성 기술이 각 단계에서 도움이 될 수 있습니다.

일상적 대화에 관한 흔한 자동적 사고

이 장의 도입부에서 보았듯이, 어떤 자동적 사고는 가벼운 대화에 대한 두려움이 있는 사람들에게 흔히 보고됩니다. 우리는 세 가지 핵심 자동적 사고에서 인지적 오류를 살펴보고, 이 자동적 사고들을 논박하는 방법을 생각해 보겠습니다.

"나는 할 말이 없을 거야"

수현 씨는 그녀의 동료인 경아 씨와 대화를 시작해야 할지 고민하고 있습니다. 그녀는 대화를 예상하면 불안해하기 시작하면서 "나는 할 말이 없을 거야."라고 생각합니다.

다음으로, 그녀가 이 자동적 사고를 어떻게 공략하는지 보겠습니다. 이 생각 속에는 어떤 인지적 오류가 있을까요?

- **점쟁이 예언** : 수현 씨는 대화를 실제로 해보기도 전에 할 말이 없을 것이라고 예상하고 있습니다.
- **장점 무시하기** : 만약 수현 씨가 할 말이 있음에도 불구하고 스스로 바보 같다거나 재미가 없다고 무시했다면, 이것은 장점 무시하기 오류일 수 있습니다. 수현 씨는 그녀가 할 말을 평가절하하고, 일상적인 대화에서 할 말이 없다는 믿음을 고수하고 있습니다.

수현 씨는 이 자동적 사고를 공략하기 위해 논박적 질문을 활용할 수 있습니다. 다음은 수현 씨가 자신과 나누는 대화입니다.

불안한 수현 :	나는 할 말이 없을 거야.
대처하는 수현 :	네가 할 말이 없을 것이라는 증거가 있어?
불안한 수현 :	경아를 만나서 대화를 나눌 생각을 하면, 무슨 말을 해야 할지 모르겠어.
대처하는 수현 :	경아에게 할 말이 전혀 없을 것이라고 100% 확신해?
불안한 수현 :	나는 "안녕, 요즘 어때?"라고 말하면서 대화를 시작할 것 같아.

대처하는 수현 :	좋은 시작이구나. 그리고 나서 무슨 말을 할 수 있어?
불안한 수현 :	주말을 즐겁게 보냈는지 물어볼 수 있겠지.
대처하는 수현 :	그녀도 너에게 "주말에 어떻게 지냈어?"라고 물어볼 것 같지 않아?
불안한 수현 :	아마 경아도 나에게 무언가 물어보겠지. 그녀가 물어보지 않더라도 토요일에 봤던 영화에 대해서 말해줄 수 있어.
대처하는 수현 :	그렇다면 네가 경아에게 무슨 말을 해야 할지 모를 것이라는 증거는 무엇이지?
불안한 수현 :	없어. 몇 가지 이야기는 할 수 있을 것 같아.
대처하는 수현 :	그렇다면 "나는 할 말이 없을 거야."에 대한 합리적 반응은 "안부 인사하고 주말에 어떻게 지냈는지 말할 수 있어."일 수 있겠구나.

일상적인 대화를 나눌 때 할 말이 전혀 없는 경우는 거의 없습니다. 누구든지 "안녕, 어떻게 지내?" 정도는 말할 수 있습니다. 그리고 나서 대화를 더 진행하기 위해서는 한두 가지 주제만 더 있으면 됩니다. 일상적인 대화를 시작하기 전에 인지재구성을 하면 자동적 사고 "나는 할 말이 없을 거야."를 공략하는 데 도움이 됩니다. 또한 인지재구성은 대화를 시작하기 전에 대화 주제를 미리 생각해 볼 수 있는 기회를 제공하는 이점도 있습니다. 수현 씨는 이제 경아 씨를 맞이하고, 지난 주말에 어떻게 지냈는지 물어보고, 최근에 봤던 영화에 관해서 이야기하는 계획을 세웁니다. 이 계획은 이 세 가지 과제를 수행하는 그녀의 달성 가능한 행동목표가 될 수 있습니다. 그녀는 성공을 위해 충분히 준비된 상태로 이 대화를 시작할 수 있습니다.

일상적인 대화를 할 때 무슨 말을 해야 할지 모른다는 자동적 사고는 흔히 "재미있는 이야깃거리가 전혀 없어." 같은 자동적 사고로부터 유래합니다. 사회불안을 겪는 사람들은 흔한 일상적인 소재는 무시하고 아주 재미있고 즐거운 소재만 찾기 때문에 대화의 주제를 찾는 데 어려움을 겪을 수 있습니다.

"나는 대화를 잘 못해"

사회불안증이 있는 많은 사람들은 스스로 대화기술이 없다고 믿습니다. 이들은 처음 치료자를 만날 때 사회적 상황에서 어떻게 행동해야 할지 또는 무슨 말을 할지 모르겠다고 합니다. 이들은 가벼운 대화를 어떻게 할지 모르겠다고 말할 수도 있습니다. 심리학자들의 언어로, 사회불안이 있는 많은 사람은 그들의 '사회기술'이 미숙하다고 믿습니다. 사회불안이 있는 사람들이 그들의 미숙한 사회기술에 대해 너무 많이 이야기해서 많은 심리학자가 그 점을 믿습니다. 초기 사회불안증 치료법 중 일부는 사회기술 훈련 프로그램이었습니다. 이 프로그램들은 다양한 상황에서 말하는 것에 대한 교육과 훈련, 적절한 목소리의 크기와 눈 맞춤의 양에 대한 피드백 등을 포함했으며, 많은 사람에게 꽤 도움이 되었습니다.

그러나 1980년대에 심리학자들은 사회불안을 겪는 사람들이, 대부분은 아닐지라도, 사회기술이 미숙하지 않다는 사실에 주목하였습니다. 사실 다양한 상황에서 사회불안증이 있는 사람들을 관찰한 결과, 비록 빈번하게 불안과 불편을 느꼈지만 실제 수행은 양호했습니다. 때때로 불안으로 인해 산만해지거나 수행에 방해를 받곤 하지만, 사회불안이 있는 사람들은 대부분 적절한 (종종 탁월한) 사회기술을 가지고 있었습니다. "나는 대화를 잘 못해." 같은 생각은 사회불안이 있는 많은 사람에게 실제로는 인지적 오류입니다. 예를 한번 살펴봅시다.

현철 씨는 직장 동료들과 갖기로 한 크리스마스 파티 때문에 매우 불안합니다. 현철 씨는 해마다 이 파티에 가기가 두렵지만, 상사가 참석 여부를 기억해 놓는 것 같기 때문에 참석하는 것이 중요하다고 믿습니다. 현철 씨는 보통 사람들과 대화할 때는 아주 불안해집니다. 그러나 직장에서는 대화를 잘하는 편인데, 직장에서 대화는 목적이 있고 일반적으로 일과 관련된 주제에 관해 대화하기 때문입니다. 사람들은 서로 필요한 정보를 교환하기 때문에 그의 말에 귀를 기울입니다. 크리스마스 파티를 생각할 때, 현철 씨는 아무 말도 못 하고 사람들 속에 서있는 자신을 상상합니다. 그는 말할 수 있는 몇 가지 소재가 있지만, 어떻게 말을 꺼내야 할지 모릅니다. 그는 다른 사람들의 우스갯소리에 함께 웃을 수는 있지만, 대화에 실제로 참여하지 못합니다. 그는 그 상황이 너무나 불편하고, 마음속으로 "나는 대화를 잘 못해."라고 생각합니다. 다른 사람들은 자기 순서에 제대로 말할 줄 알고, 대화가 자연스러운 것 같아 보입니다.

그럼 현철 씨의 "나는 대화를 잘 못해." 자동적 사고를 검토해 봅시다. 먼저 현철 씨의 자동적 사고가 범하고 있는 인지적 오류를 검토합니다.

- **명명하기** : 현철 씨는 스스로를 '대화를 잘 못하는 사람'(아마도 더 솔직히 말하자면, '사람들에게 어떻게 말하는지도 모르는 너무 멍청한 사람')으로 명명하고 있습니다. 그는 자신을 대화를 어떻게 하는지 모르는 심각한 결함을 가진 부류의 사람으로 여기는 것 같아 보입니다.
- **장점 무시하기** : 현철 씨는 매일 하는 일에 관한 대화는 평가절하합니다. 그는 그런 대화를 할 수 있는 기술이 있는 것 같습니다. 아마도 어떤 기술은 파티에서 활용할 수 있을 것입니다.

현철 씨의 인지재구성을 살펴봅시다.

불안한 현철 :	나는 대화를 잘 못해.
대처하는 현철 :	네가 대화를 잘 못한다는 증거는 무엇이지?
불안한 현철 :	나는 크리스마스 파티를 할 때면 늘 비참한 기분이었어. 매번 혼자 앉아있거나 아내 옆에 붙어있었어.
대처하는 현철 :	사회기술이 부족한 것 이외에 비참한 느낌이 드는 또 다른 이유가 있어?
불안한 현철 :	내가 사람들과 함께 있지 않고 혼자 있으면 다른 참석자들이 나에 대해 어떻게 생각할지 부끄러워. 그런데도 아내는 내가 자기 곁에 붙어있는 걸 싫어해.
대처하는 현철 :	네가 비참한 느낌이 드는 이유 중 적어도 일부는 네가 사람들과 어울리지 못하는 것을 보고 참석자들이 이상하게 생각할 것 같기 때문인 듯하구나. 또 다른 부분은 네가 너무 붙어있을 때 아내의 반응에 대한 생각 때문일 수 있고.
불안한 현철 :	맞아.
대처하는 현철 :	너의 부족한 사회기술에 관한 생각이 네가 파티에서 비참한 느낌이 들게 하는 유일한 자동적 사고 같아. 나는 네가 너무 비참한 기분이 들어서 많은 사람과 대화를 시도하지 않는 것이 아닌지 궁금해.

불안한 현철 :	나는 대개 몇 차례씩 대화를 시도해. 그런데 몇 차례 말을 주고받고 나면 상대가 더 이상 할 말이 없는 것 같아. 그럴 때면 나는 양해를 구하고 다른 곳으로 가곤 하지. 실패한 것 같은 기분과 함께.
대처하는 현철 :	상대가 대화를 계속하지 못하는 데에 너의 부족한 사회 기술 말고 또 다른 이유는 없을까?
불안한 현철 :	그 사람들 중 몇몇은 수줍음이 많거나 할 말이 별로 없을 수도 있겠지. 대화하고 싶은 누군가를 찾고 있을 수도 있고. 어떤 사람들은 이런 파티를 상사나 고위 간부에게 아부하는 기회로 삼으려고 하지.
대처하는 현철 :	그렇다면 너와 관련 없는 이유로 대화가 중단될 수도 있는 것 같구나.
불안한 현철 :	그래, 그게 맞는 것 같아. 대화는 두 사람이 하는 거야. 상대방이 대화를 하려고 하지 않는다면, 나도 어쩔 수 없어.
대처하는 현철 :	맞아, 대화는 두 사람이 하는 거야. 대화를 할 때 너의 책임은 몇 퍼센트나 되는 것 같아?
불안한 현철 :	나는 절반만 책임이 있는 것 같아. 상대에게 나머지 절반의 책임이 있고.

사회불안이 있는 많은 사람이 그렇듯, 현철 씨에게도 자신이 형편없는 사회 기술을 갖고 있다는 증거가 많지 않았습니다. 그가 파티에서 불편감을 느끼게 된 데는 그의 부인과 다른 참석자들이 자신을 부정적으로 생각하는 것에 대한 걱정 등 몇 가지 이유가 있었습니다. 그는 또한 대화를 해야 한다는 지나친 부담을 가졌습니다. 그러나 다른 사람이 원치 않으면 당신이 할 수 있는 것은 많지 않습니다. 그러므로 그에게 적당한 합리적 반응은 "나는 절반만 하면 돼." 또는 "난 이 대화에 50%만 책임이 있어." 같은 생각일 수 있습니다. 만약 현철 씨가 크리스마스 파티에서 대화를 이어가는 것에 대해 덜 걱정한다면, 더 자연스러워지고 할 말을 더 잘 떠올릴 수 있을 것입니다.

일상적 대화에 공포를 느끼는 지수 씨

지금까지 우리는 사회불안이 있는 사람들이 일상적인 대화에 대해 가지고 있는 흔한 자동적 사고를 어떻게 공략하는지 검토했습니다. 우리는 이런 두려움을 극복하기 위한 일련의 노출을 설명하는 사례를 살펴볼 것입니다.

지수 씨는 주간보호센터에서 일하는 25세의 독신 여성입니다. 그녀는 사회적으로 매우 소외되는 느낌을 받았고 단 한 명의 가까운 친구도 없었기 때문에 치료를 받으러 왔습니다. 몇 안 되는 고등학교 때 친구들은 모두 이사를 갔거나 결혼을 했습니다. 그녀는 1년 넘게 데이트를 하지 못했습니다. 지수 씨는 그녀의 일차적인 문제는 사람들과 친해지지 못하는 것이라고 말했습니다. 낯선 사람과 대화를 하려고 하면 언제나 혀가 굳고 할 말이 떠오르지 않았습니다. 직장에서 그녀는 아이들 때문에 매우 바쁘기 때문에, 같이 일하는 다른 세 명의 여성들과 그다지 많은 대화를 나누지 못했습니다. 보호자들과 대화도 아침에 아이들이 도착할 때 또는 저녁에 집으로 갈 때만 했고, 그것도 가능한 한 짧게 했습니다. 지수 씨의 치료 목표는 새로운 사람들을 만날 때 더 편해지는 것이었습니다.

지수 씨는 사회불안증 집단치료에 참가했습니다. 첫 두 회기에서 인지재구성 기술을 익힌 후, 첫 노출 차례가 되었습니다. 지수 씨와 치료자는 새로운 사람들을 만나는 첫 단계는 인사를 하면서 첫 접촉을 하는 것이라는 데 동의했습니다. 그들은 지수 씨가 집단 참가자들에게 개별적으로 다가가서 인사를 하고, 한 가지 주제를 말하는 회기 내 노출을 하기로 했습니다. 이 노출을 예상하는 지수 씨의 자동적 사고 중 하나는 "나는 너무 긴장해서 말도 꺼내지 못할 거야."였습니다. 이 생각을 떠올렸을 때, 그녀는 창피했습니다. 지수 씨는 집단의 도움을 받아 자동적 사고에서 인지적 오류를 찾았습니다. 근거도 없이 무언가 나쁜 일이 일어날 것이라고 생각하는 그녀의 예상은 점쟁이 예언 오류였습니다. 그녀는 또한 불안이 너무 심해서 한 마디도 하지 못할 것이라고 재앙화했습니다. "내가 전혀 말을 하지 못할 가능성이 얼마나 될까?"라는 논박적 질문에 지수 씨는 자신이 전혀 말을 하지 못할 가능성은 25%를 넘지 않는다고 판단했습니다. 나머지 집단 구성원들은 25%도 높지만, 지수 씨에게는 적당한 것 같다고 생각했습니다. 말을 할 수 없을 확률이 25%라는 것은 그녀가 말을 할 가능성이 75%라는 뜻이므로 지수 씨는 합리적 반응을 "아마도 나는 말을 할 수 있을 거야."로 정했습니다. 그녀의 달성할 수 있는 행동목표는 한 사람 한 사람에게 적어도 한 마디씩 하는 것이었습니다. 치료자와 집단 참가자들이 상대 역할을 하기 위해 둥그렇게 서있는 가운데 지수 씨는 "안녕하세요."라고 인사하고 나서 "만나서 반가워요." 또는 "오랜만입니다."라고 말하며 세 번 돌았습니다. 처음에는 매우 불안했기 때문에 SUDS 점수가 85까지 급격하게 올라갔지만, 세 번째 인사를 마치고 나서는 60 정도로 천천히 떨어졌습니다.

높은 불안에도 불구하고, 지수 씨는 참가자들과 세 번씩 말을 할 수 있었고 달성할 수 있는 행동목표도 쉽게 달성했습니다. 연습이 괜찮았다는 것을 알고 나서부터 그녀의 불안감이 떨어지기 시작했습니다. 지수 씨는 이 훈련을 성공적으로 마치고 나서, 이번 주말에 보통 때는 대화를 하지 않는 세 사람에게 인사를 하고 한 가지 이상 주제에 대해 말해보기로 했습니다. 치료자는 그녀가 불안해지더라도 충분히 대처할 준비를 하기 위해서는 과제를 하기 전에 BYOCT 기록지를 작성하는 것이 중요하다고 강조했습니다.

지수 씨는 다음 회기에 과제를 세 번째 시도할 때 불안이 SUDS 점수 45 이상으로는 올라가지 않았다고 보고했습니다. 그러나 그녀는 너무 고립되어 살아왔기 때문에 대화를 할 만한 사람을 찾기 힘들었습니다. 치료자의 제안으로 그녀는 관심사가 같은 사람들을 만나기 위해 지역 전문대학의 성인교육강좌에 등록하기로 했습니다. 그녀는 평소 사진 촬영에 대해 배우고 싶었기 때문에 8주 과정의 사진 강좌를 선택했습니다(제8장에서 언급한 바와 같이, 당신도 비슷한 상황에 처해있을 수 있고, 사람들을 더 자주 만나기 위해서 계획을 세워야 할 수도 있습니다).

두 번째 회기 내 노출에서 지수 씨는 아는 사람과 짧은 대화를 해보기로 했습니다. 사람들 앞에서 연설하는 것은 불안하지만 대화는 불안하지 않은 집단 참가자 중 한 명이 상대 역할을 했습니다. 노출 전 지수 씨의 주요한 자동적 사고는 "대화를 하는 것은 정상적이고 일상적인 경험이야. 불안해서는 안 돼."였습니다. 그녀는 불안해지는 자신에게 화가 났습니다. 주된 인지적 오류는 '강박적 부담'이었습니다. 몇 차례 토론 후에, 지수 씨는 다른 사람들이 불안을 느끼지 않는 상황에서 자신이 불안을 느끼는 것이 그렇게 중요하고도 심각한 것인지 자문할 수 있었습니다. 집단의 도움으로 지수 씨는 모든 사람들이 나름의 어려움이 있고 다른 사람과 비교하는 것이 그다지 도움이 되지 않는다는 결론을 내렸습니다. 가장 중요한 것은 그녀가 자신의 두려움을 극복하기 위해 노력하고 있다는 것입니다. 그래서 그녀의 합리적 반응은 "누구나 문제는 있어. 나는 내 문제를 극복하기 위해 노력하고 있어."였으며, 달성할 수 있는 행동목표는 치료자가 중단시킬 때까지 대화를 계속하는 것이었습니다.

지수 씨는 대화를 시작할 때 매우 불안했습니다. 처음 몇 마디를 주고받고 나서 더 이상 할 말이 없는 것 같았을 때 SUDS 점수가 95까지 올라갔습니다. 그러나 두 사람은 공통 관심사를 금방 찾았고, 상당히 순조롭게 대화가 진행되었습니다. 마지막 순간에 지수 씨의 SUDS 점수는 40이었습니다.

대화를 마친 후에 지수 씨는 초반에 대화가 매끄럽지 못했기 때문에 실패했다고 느꼈습니다. 그녀는 이럴 때 보통은 대화를 중단하고 떠나버린다고 말했습니다. 그녀의 행동목표는 단지 그 상황에 머물러 있는 것이라는 사실을 상기시킨 후에야 그녀는 목표 달성을 어느 정도 인정할 수 있었습니다. 또한 그녀는, 두 사람이 비록 몇 차례 침묵하는 순간을 겪었지만, 공통 관심사를 찾고 나서부터는 대화가 편해졌다는 것을 알았습니다. 지수 씨는 과제를 위해 사진 강좌를 같이 듣는 사람들과 서너 차례 주고받는 짧은 대화를 적어도 두 번 이상 시도해 보기로 했습니다. 그녀는 다음 시간에 치료자에게 대화가 잘 진행되었고 사람들과도 기대 이상으로 더 친해졌다고 보고했습니다.

지수 씨는 다음 몇 주 동안 틈날 때마다 계속 대화 연습을 했습니다. 그녀는 직장 동료, 아이를 데리러 오는 부모들과 더 많은 대화를 하려고 노력했습니다. 또한 사진 강좌에서 만난 또래의 독신 여성과 몇 번 대화를 나눴습니다. 두 사람은 아직 실천하지는 못했지만 주말에 함께 공원에 나들이 가서 사진을 찍자고도 했습니다. 치료자에게서 그런 외출이 바로 시도해야 할 논리적 다음 단계라는 말을 들었을 때, 지수 씨는 불안하지만 이 상황을 회기 내 노출에서 시도해 보기로 했습니다. 잠깐 동안 토론 후 지수 씨는 "그녀가 나에 대해 알게 된다면 나를 좋아하지 않을 거야."라는 자동적 사고를 보고했습니다. 이 자동적 사고가 독심술과 재앙화 오류라는 것을 파악하고 나서, 지수 씨는 자신의 예측을 뒷받침하는 증거가 무엇인지 자문했습니다. 지수 씨는 자신도 가족들과 마찬가지로 많은 개인적 문제를 겪고 있다고 대답했습니다. 그녀의 아버지는 알코올 중독이었는데, 그녀가 어릴 때 수시로 폭력을 가했습니다. '많은 개인적 문제'를 구체적으로 설명해 보라는 치료자의 요구에 지수 씨가 열거할 수 있었던 유일한 문제는 사회불안증이었습니다. 그녀의 사회불안과 아버지의 음주 문제가 그녀 자신에 대한 전체 관점에 영향을 준 것이 분명했습니다. 지수 씨는 논박적 질문으로 자문했습니다. "아버지가 알코올 중독이고 내가 사회불안이 있으면 내 친구가 나를 싫어하는가?" 집단 참가자들은 그녀를 잘 알게 되고 나서 그녀가 따뜻하고 배려심이 깊은 사람이라는 것을 알았다는 증거를 댈 수 있었습니다. 지수 씨는 지금까지 다른 사람에게 자신의 마음을 열지 않았기 때문에 다른 사람들이 그녀를 좋아하고 그녀가 함께 있는 것을 고마워한다는 사실을 알지 못했습니다. 이 토론을 마치면서 지수 씨는 "과거는 과거일 뿐이야. 지금 나는 과거의 내가 아니야."라는 합리적 반응을 만들었습니다.

지수 씨가 지금까지 극히 피상적인 수준을 넘어서는 대화를 회피했던 것이 분명해졌기 때문에, 이 역할 연기에서 그녀의 행동목표는 자신의 개인적인 이야기를 하는 것이었습니다. 집단 참가자 중 한 명이 사진 강좌에서 만난 여성 역할을 할 때, 지수 씨는 그녀에게 그 강좌에 등록한 것은 사진에 관해 배우는 것뿐 아니라 사람들을 만나기 위한 목적도 있었다고 밝혔습니다. 그녀는 고등학교를 졸업할 때까지 사람들을 만나는 것이 힘들었습니다. 그러나 이번 역할 연기 때는 예상보다 덜 불안했습니다. 그녀의 SUDS 점수는 최고 50을 넘지 않았습니다. 지수 씨는 다음 주에 사진 강좌에서 만난 친구와 야외로 나들이를 가기로 했습니다. 지수 씨가 친구와 함께 주말에 나들이를 간 건 실제로는 2주 뒤였습니다. 그러나 지수 씨는 두 사람이 즐거운 시간을 보낸 것 같다고 보고했습니다. 두 사람은 서로 영화를 좋아하는 취향이 비슷하다는 것을 알게 되어서 다음 주에 신작 영화를 보러 가기로 했습니다. 이 사례에서 우리는 지수 씨가 그동안 가벼운 대화에 대한 두려움 때문에 친구관계나 사회생활을 발전시키지 못했다는 것을 알 수 있습니다. 처음에는 그녀의 두려움이 일상적인 대화를 할 수 없다는 것과 관련이 있었습니다. 그러나 치료 후반에 지수 씨는 상대와 더 친밀해질 수 있는 보다 진지한 대화도 두려워한다는 사실이 드러났습니다. 이 두려움은 그녀가 알코올 중독 가정에서 자랐다는 사실이 알려지면 다른 사람들에게 받아들여지지 않을 것이라는 그녀 자신의 오랜 믿음으로부터 유래했습니다. 이 사례는 또한 일상적인 대화를 두려워하는 사람들이 훈련할 때 종종 진실로 밝혀지는 일부 사실을 설명하고 있습니다. 즉 사람들이 다른 사람에게 먼저 인사하고 대화를 시작하면 상대는 대개 긍정적인 반응을 보입니다. 사람들과의 이런 일상적인 접촉은 점차 즐겁고 기대되는 일상이 됩니다. 일상적인 만남 중 일부는 보다 중요한 친구관계로 이어집니다. 모든 일상적인 대화가 관계로 이어지는 것은 아니지만, 친구관계와 연인관계는 모두 일상적인 대화에서 시작됩니다!

과제

우리는 치료 회기와 일상생활에서 시도해 볼 수 있는 대화 공포와 관련된 노출 예를 설명했습니다. 당신이 배운 기술을 적용할 수 있도록 매주 치료자와 과제를 협의할 것입니다. 언제나처럼, 이번 주 과제를 안내하는 제7장의 자가 치료자 되기(BYOCT) 기록지를 사용해서 인지적 기술의 각 단계를 연습하십시오. 또한 당신의 성과를 추적하기 위해 사회불안 회기 변화 지수(SASCI)를 매주 작성하십시오.

또한, 다음 회기 전에 제11장을 읽으십시오.

자가평가

각 질문에 '예' 또는 '아니오'로 표시하고 이 책의 마지막에 수록된 부록에서 정답을 맞추어 보십시오.

1. 가벼운 대화는 새로운 관계를 시작하기에 부적당하다.　　**예** 아니오

2. 사람들은 흔히 가까이에 있는 사람들과 친구가 된다.   **예 아니오**

3. 가벼운 대화를 두려워하는 사람들의 흔한 자동적 사고는 무슨 말을 해야 할지 모르겠다는 믿음과 자신의 말이 재미없을 것이라는 믿음 등이다.   **예 아니오**

4. 사회불안을 느낀다는 것은 사회기술 역시 미숙하다는 것을 의미한다.   **예 아니오**

제11장

대중 연설

대중 연설에 대한 두려움은 미국에서 일반 대중이 가장 많이 경험하는 공포증입니다. 저자들의 연구에서 대중 연설 공포가 사회불안증을 겪는 사람들에게 매우 흔하다는 사실이 밝혀졌습니다. 이들 중 90% 이상이 사람들 앞에서 말하는 것에 대해 어느 정도 두려움을 경험한다고 하며, 대부분 그 두려움의 정도가 중등도 또는 고도입니다.

대중 연설에 대한 공포가 있는 사람이 모두 치료를 받는 것은 아닙니다. 많은 사람들이 직장이나 일상생활에서 큰 어려움 없이 연설하는 것을 회피할 수 있다는 사실을 알게 됩니다. 사회불안이 있는 대부분의 사람은 연설이 가장 두려운 상황이더라도 실제로는 대화나 데이트 또는 자기주장하기 등에 대한 두려움을 치료받기 위해 오는데, 그것은 이런 다른 공포가 일반적으로 일상생활에서 훨씬 더 많은 방해를 초래하기 때문입니다. 흔히 이들은 가장 시급한 문제를 해결하고 나면 대중 연설에 대한 두려움에서 탁월한 진전을 보일 수 있습니다. 그러나 때때로 사람들 앞에서 말하는 것에 대한 두려움이 사회불안을 치료하는 유일한 이유일 수도 있습니다.

보통 사람들은 '대중 연설' 하면 어떤 사람이 연단에 올라 수백 명을 앞에 두고 공식적인 연설을 하는 장면을 떠올릴 것입니다. 우리는 졸업식 축사에서부터 정치인의 선거 연설까지 다양한 연설을 보아 왔습니다. 그러나 대부분의 사람이 훨씬 더 자주 직면하는 많은 다른 형태의 대중 연설이 있습니다. 다음 나열한 상황 중에서 어떤 상황에 불안을 느끼는지 확인해 보십시오.

- 둘러앉아 이야기를 나누는 사람들에게 농담할 때
- 지역사회모임(예 : 반상회나 학부모 회의)에 참석해서 관심사에 대해 의견을 제시할 때
- 직장이나 지역사회단체에서 모임을 주재할 때
- 교회에서 예배 중 일어나 대표 기도를 할 때
- 지인의 장례식에서 대표 기도를 할 때
- 결혼식 피로연이나 다른 축하연에서 건배 제의를 할 때
- 사람들 앞에서 흥미 있는 경험을 말할 때
- 자조모임에서 말할 때
- 다음 연설할 사람을 소개할 때
- 회의에서 보고서를 발표할 때
- 사람들 앞에서 강의를 하거나 어떤 설명을 할 때
- 수상식이나 결혼식 혹은 퇴임식 등 중요한 순간에 간단한 소감을 말할 때
- 수업 중에 질문에 답하라고 지목됐을 때
- 수업 중에 발표할 때

보다시피, 사람들 앞에서 말할 기회는 생각보다 훨씬 더 많습니다. 이런 상황 중 대다수는 공식적인 연설에 비해 불안을 덜 유발할 수 있습니다. 이런 상황을 이용해서 점진적으로 연설공포를 극복하기 위한 훈련을 할 수 있으므로, 처음부터 가장 힘든 연설이나 발표에 도전할 필요는 없습니다.

우리는 지금부터 사람들 앞에서 말하는 것에 대한 불안을 치료받으려 하는 세 내담자에 대해 기술할 것입니다. 첫 번째 사례에서는 어떻게 더 쉬운 상황에서부터 더 어려운 상황으로 도달하는지 설명할 것입니다. 두 번째 사례에서는 대중 연설을 하는 동안 발생하는 내담자의 생리적 각성과 그가 다른 사람들에게 어떻게 보일 것인가에 관한 공통 관심사에 초점을 맞춥니다. 세 번째 사례에서는 드물지만 아주 중요한 특정 상황에서만 불안이 나타날 때 연설공포를 어떻게 공략하는지, 그리고 과잉 준비에 관한 중요한 문제를 어떻게 공략하는지 설명할 것입니다. 각 사례 모두 연설에 관한 흔한 자동적 사고를 공략하는 방법을 제공합니다.

태현 씨는 46세의 남성으로, 직장에서 발표하는 것에 대한 공포를 치료하려고 합니다. 태현 씨는 20년간 대기업 컴퓨터 부서에서 일했는데, 대부분 혼자서 일하거나 소규모 부서에서 다른 사람들과 함께 일하는 프로그래머로 일을 시작했습니다. 지난 몇 년간 신입사원들에게 컴퓨터 사용법을 가르치는 일이 늘어났지만, 대개는 일대일 교육이었습니다. 최근에 회사가 컴퓨터 시스템을 새로 바꾸면서 태현 씨의 상사는 그가 영업직원 교육을 담당하기를 원했습니다. 이 일은 10~15명의 인원으로 구성되는 교육 강좌를 운영해야 하고, 가끔 임원회의에 나가서 실적도 보고해야 합니다. 그에게는 이 두 상황 모두 불안했습니다. 그는 심지어 직업을 바꿀 생각도 했습니다. 치료자와 공포 회피 순위를 만들고 보니, 그가 사람들 앞에서 연설하는 것과 관련된 여러 불안한 상황이 있다는 것이 명백해졌습니다.

태현 씨가 작성한 그림 11.1 공포 회피 순위 기록지를 살펴보면, 공식적인 상황(예 : 임원들에게 보고할 때)과 비공식적인 상황(예 : 파티에서 재미있는 이야기를 할 때) 모두 사람들 앞에서 말하는 것이 불안하다는 것을 알 수 있습니다. 0~100점 척도로 SUDS와 회피 점수를 매길 때, 그는 수업시간에 교육하는 상황에 가장 낮은 점수를 매겼습니다. 그 상황은 회피할 수 없고 어떻게든 고통을 견뎌야 했기 때문입니다. 태현 씨는 첫인상이 좋아야 한다는 걱정 때문에 3일간의 수업 중 첫날이 가장 힘들다고 생각했습니다. 만약 첫날이 잘 지나가면 나머지 이틀은 덜 불안합니다.

기초적인 인지재구성 기술을 학습한 후 태현 씨와 치료자는 첫 노출 주제로 공포 회피 순위의 상황 #7 '주말 오후에 친한 동료들과 어울려 재미있는 이야기를 하는 상황'을 선택했습니다. 그들은 회기 내 노출로 연습할 계획을 세웠습니다. 그러고 나서 태현 씨는 과제로 실제 상황을 시도해 볼 수 있었습니다. 그의 치료자가 동료들과 어울려서 최근에 겪은 재미있는 일에 관해 이야기하는 상상을 해보라고 하자, 태현 씨는 다음과 같은 자동적 사고가 떠오른다고 했습니다.

- 나는 매우 불안할 거야.

그림 11.1 | 태현 씨가 작성한 공포 회피 순위 기록지

SUDS

| 0 | 5 | 10 | 15 | 20 | 25 | 30 | 35 | 40 | 45 | 50 | 55 | 60 | 65 | 70 | 75 | 80 | 85 | 90 | 95 | 100 |

불안하지 않음, 편안함 / 경도의 불안, 경계하지만 대처할 수 있음 / 중등도 불안, 집중이 잘 안 됨 / 심한 불안, 벗어나고 싶다는 생각 / 매우 심한 불안, 경험해 본 가장 심한 불안

회피 점수

| 0 | 5 | 10 | 15 | 20 | 25 | 30 | 35 | 40 | 45 | 50 | 55 | 60 | 65 | 70 | 75 | 80 | 85 | 90 | 95 | 100 |

회피하지 않음 / 가끔 회피함 / 때때로 회피함 / 대개 회피함 / 항상 회피함

상황	SUDS	회피
#1 임원들 앞에서 발표할 때	100	100
#2 지역자치모임에서 어떤 쟁점에 대해 논쟁할 때 – 자리에서 일어서서	100	100
#3 새 컴퓨터 시스템에 대한 교육 과정 중 첫째 날 강의를 할 때	98	50
#4 새 컴퓨터 시스템에 대한 교육 과정 중 첫째 날 이후에 강의를 할 때	85	20
#5 직장 회식에서 동료들과 상사들에게 재미있는 이야기를 할 때	80	95
#6 아는 사람들과의 회의에서 몇 가지 간단한 의견을 말할 때 – 자리에서 일어서서	70	80
#7 주말 오후에 친한 동료들과 어울려 재미있는 이야기를 할 때	60	95
#8 이웃에게 전에 빌려간 물건을 돌려달라고 요구할 때	50	50
#9 간단한 부서회의에서 발언할 때	30	25
#10 가족들에게 재미있는 이야기를 할 때	20	0

- 나는 너무 긴장해서 이야기를 끝마칠 수 없을 거야.
- 동료들이 내가 긴장한 것을 볼 거야.

태현 씨는 이런 생각을 떠올리면 매우 불안했습니다. 그는 두 번째 생각이 가장 큰 걱정을 유발했기 때문에 치료자와 함께 집중적으로 분석했습니다. 태

현 씨는 이 생각이 이야기를 잘하거나 너무 긴장해서 말을 계속할 수 없는 극단적인 경우만 상상하는 흑백논리 오류를 범했다는 것을 알았습니다. 그는 조금 긴장하더라도 계속 말을 할 수 있는 경우는 고려하지 않았습니다. 이 두 번째 자동적 사고에는 점쟁이 예언 오류도 있습니다. 다른 결과는 고려하지 않고 얼어붙어서 말을 계속하지 못할 것이라고만 예측했기 때문입니다. 그는 치료자와 얼어붙는다는 것이 무슨 의미인지 더 말해보고 나서 감정적 추론 오류도 찾았습니다. 태현 씨는 불안과 긴장이 시작되면 얼어붙어서 말을 할 수 없을 것 같았습니다. 그러나 단지 그렇게 느꼈다는 것이 실제로도 그가 얼어붙는다는 의미는 아니었습니다. 사실, 그는 때때로 불안하고 긴장되었음에도 불구하고 말을 계속할 수 있다는 점에 놀라곤 했습니다.

태현 씨는 논박적 질문을 사용해서 두 번째 생각 "나는 너무 긴장해서 이야기를 끝마칠 수 없을 거야."를 공략했습니다. 태현 씨는 자신의 자동적 사고가 사실일 가능성을 과대평가하고 있는 것이 아닌지 살펴보기 위해 "긴장해서 이야기를 끝낼 수 없을 것이 확실한가?", "약간 긴장하더라도 이야기를 끝마치지 못할 가능성은 얼마인가?"라고 자문해 보았습니다. 그가 얼어붙어 말을 계속하지 못할 가능성은 20%를 넘지 않는다는 결론을 내리고 나서 치료자가 "만약 당신이 얼어붙어서 말을 계속할 수 없다면, 일어날 수 있는 가장 나쁜 결과가 무엇입니까?"라고 물었습니다. 그 가능성에 관해 생각하면 태현 씨는 매우 불안했습니다. 그는 예전에 재미있는 이야기를 하다 제일 중요한 부분을 잊어버린 사람과 이야기의 흐름을 잃어버린 사람을 봤던 기억을 떠올렸습니다. 그런 상황이 불편하고 창피하기도 했지만, 두 사람 모두 '나이 탓'이라고 농담을 해서 모두 웃고 말았습니다. 태현 씨는 만약 농담을 하다가 얼어붙어서 이야기를 끝낼 수 없더라도 세상이 끝나는 것은 아니라고 결론 내렸습니다.

인지재구성 결과 그는 "나는 끝낼 수 있을 거야."라는 합리적 반응을 만들었습니다. 예상과는 달리, 그는 얼어붙을 정도로 긴장해서 이야기를 끝내지 못할 확률은 20%에 지나지 않는다고 생각했습니다. 치료자는 20%도 너무 높다고 생각했습니다. 태현 씨는 그 일을 오래전에 한 번 겪었을 뿐이고, 그 후로는 여러 사람들 앞에서 이야기하는 것을 회피했기 때문입니다. 태현 씨는 회피로 인해 이런 상황을 어떻게 끝내는지 알 수 있는 기회가 없었습니다. 태현 씨와 치료자는 달성할 수 있는 행동목표를 "이야기를 시작하고, 이야기를 끝내건 얼어붙건 상관없이 그 상황에 머물러 있는 것"으로 세웠습니다. 그러고 나서 태현 씨와 치료자 그리고 또 다른 치료자 한 명이 진료실에서 주말 저녁 모임에 관해 역할 연기를 했습니다. 그들은 10분 정도 대화를 나누었는데, 태현 씨가 바람이 심하게 부는 날 사다리를 타고 지붕에 올라가서 수리를 하다가 사다리가 바람에 날아가서 지붕에 매달렸던 이야기를 했습니다. 그는 매우 불안해졌고, SUDS가 최고 85까지 올라갔음에도 불구하고 끝까지 이야기를 마칠 수 있었습니다.

노출 후 검토를 할 때, 태현 씨는 이야기 도중에 어느 순간 얼어붙을 것이라고 느꼈지만, 심호흡을 하고 나서 합리적 반응 "나는 끝낼 수 있을 거야."를 사용했다고 말했습니다. 그로 인해 불안이 줄어들면서 이야기를 계속할 수 있었습니다. 태현 씨는 이야기를 시작하고, 끝낼 수 있건 없건 상관없이 그 상황에 머물러 있는 목표를 달성했습니다. 이 경험으로부터 무엇을 배웠느냐는 질문에 태현 씨는 두 가지를 말했습니다. 첫째, 시작할 때가 가장 힘들었지만, 이야기를 계속하다 보면 더 편해진다는 것을 알았습니다. 둘째, 아무리 불안하더라도 이야기를 계속하지 못할 가능성은 적었습니다.

치료자와 태현 씨는 다음 주말까지 과제로 이 이야기를 직장 동료들에게 말해보기로 했습니다. 태현 씨는 BYOCT 기록지를 사용해서 노출을 준비하고, 그 상황에서 이야기를 시작하고 머물러 있는 동일한 행동목표를 세웠습니다. 다음 주에 태현 씨는 매우 불안했지만 이야기를 끝까지 할 수 있었다고 치료자에게 보고했습니다. 그는 모든 사람들이 웃었기 때문에 이야기를 잘 마친 것이 틀림없다고 생각했습니다.

다음 몇 주간 태현 씨는 치료자와 컴퓨터 교육 강의와 관련된 몇 가지 노출을 했습니다. 태현 씨는 유인물을 가져와서 자기소개, 첫날 목표 안내, 질문에 답하기 등 다양한 부분을 연습했습니다. 그에게 한 가지 자동적 사고가 계속 떠올랐는데, 그것은 "내가 설명을 잘못해서 사람들이 이해를 못할 것이다."였습니다. 치료자는 그 자동적 사고를 "그들은 이해를 못할 것이다."와 "나는 설명을 잘 못할 것이다."로 나눴습니다. 그럼 이 두 가지 자동적 사고를 각각 어떻게 공략하는지 살펴봅시다.

태현 씨와 치료자는 첫 번째 자동적 사고인 "그들은 이해를 못할 것이다."를 전형적인 독심술 오류(사람들이 혼동하는 질문을 하지 않았는데도 그들이 수업을 이해하지 못했다고 생각하는)로 파악했습니다. 이 자동적 사고에 대해 태현 씨가 가장 유용하게 사용한 논박적 질문은 "이해를 못하는 다른 이유는 없는가?"였습니다. 그들은 태현 씨가 설명을 잘 못하는 것 이외에 교육 참가자들이 이해를 못할 만한 다른 이유를 나열해 보았습니다.

사람들이 이해를 못하는 것은 다음과 같은 이유 때문일 수 있을 것입니다.

- 잘 듣지 않아서
- 다른 데 정신이 팔려서
- 수업을 이해할 만큼 똑똑하지 못해서
- 컴퓨터에 관한 지식이 충분하지 않거나 훈련을 못 받아서
- 새로운 시스템을 배우고 싶지 않아서
- 다른 직장을 찾고 있기 때문에 교육받는 데 관심이 없어서
- 태현 씨의 강의 스타일에 익숙하지 않아서
- 충분한 시간과 보충학습이 필요하기 때문에

이 목록의 항목을 모두 검토하고 나서, 태현 씨는 원래 계획이 수강생 모두 기초 교재를 배우고 나서 개별적으로 교육을 하는 것이었음을 기억해 냈습니다. 태현 씨는 교육 참가자들의 이해 수준을 높이기 위해 설명을 훨씬 더 잘 해야 한다고 생각했습니다. 그가 가르칠 여러 새로운 개념을 이해하기 위해서는 대부분의 사람에게 추가적인 교육이 필요하다고 생각했기 때문입니다. 인지재구성 작업의 후반부에 태현 씨는 수강생들이 애초에 교재를 이해하는 데 문제가 없었을지도 모른다는 생각을 할 수 있었습니다.

태현 씨가 첫 번째 자동적 사고를 공략하고 나서, 두 번째 생각인 "나는 설명을 잘 못할 것이다."는 덜 중요하게 되었습니다. 그는 준비된 자료를 사용하여 사람들에게 잘 소개할 수 있다고 확신했습니다. 사람들이 알아야 할 학습 수준을 보다 합리적으로 조정하자 그 수준으로 가르칠 수 있다는 자신감이 생겼습니다. 태현 씨는 지금까지 모든 인지적 작업을 합리적 반응 "나는

전체적인 개요만 알려주면 돼. 어차피 대부분은 추가 학습이 필요해."로 요약했습니다.

회기 내 노출 후에 태현 씨는 실제 강의실에서 불안을 조절하기 위해 인지적 자가치료 기술을 사용해 볼 수 있었습니다. 그는 점차 강의에 대해 덜 불안해졌고, 실제로 강의하는 것을 즐기기 시작했습니다. 많은 사람들이 그에게 수업이 큰 도움이 되었다고 말했습니다. 두어 번 그의 설명이 너무 이론적이어서 학생들이 혼동을 나타내는 질문을 했습니다. 이때 약간 당황했지만, 그는 다시 안정을 찾고 강의를 계속했습니다.

태현 씨의 마지막 도전은 임원들 앞에서 새로운 컴퓨터 시스템으로 바꾸는 작업이 어떻게 진행되고 있는지 발표하는 것이었습니다. 그는 지금까지 여러 차례 잘했음에도 불구하고 임원회의를 생각할 때마다 매우 불안했습니다. 한 주의 치료 회기를 마칠 때, 태현 씨는 발표자료를 준비해서 다음 회기에 가져오기로 했습니다. 그들은 그 발표를 회기 내 노출로 활용할 것입니다. 그런데 태현 씨는 다음 시간에 발표자료를 준비해 오지 않았습니다. 그는 발표자료를 준비하려고 할 때마다 불안해서 계속 미루게 되었다고 했습니다. 치료자는 태현 씨가 준비를 하지 못한 것은 회피행동이라고 설명했습니다. 태현 씨는 불안을 느꼈지만, 불안에 대처하는 인지적 기술을 사용하고 두려움에 직면하는 대신 두려운 상황을 회피했습니다.

태현 씨와 치료자는 상황을 회피하게 했던 그의 자동적 사고를 검토했습니다. 일차적 자동적 사고는 "임원들이 내가 대답할 수 없는 질문을 할 것이다."였습니다. 치료자가 그 생각을 더 탐색해 보게 하자, 태현 씨는 만약 그가 임원들의 질문에 대답을 하지 못한다면 무능해 보일 것이라고 말했습니다. 그 생각의 이면에 있는 자동적 사고는 "만약 내가 임원들의 질문에 대답을 못한다면, 그들은 내가 무능하다고 생각할 거야."였습니다. 이 걱정으로 인해 태현 씨는 발표 준비를 하지 못했습니다. 어떤 자료를 준비해야 할지 판단할 수 없었기 때문입니다.

태현 씨와 치료자는 이 자동적 사고가 독심술(임원들이 무슨 생각을 할 것인지 추측함), 재앙화(그가 대답할 수 없는 질문이 쏟아질 것이라고 상상함), 명명하기(그가 자신의 일을 실제로 충분히 알고 있는지 가끔 의구심을 갖기 때문에 스스로 무능하다고 여김)의 인지적 오류를 범하는 것을 알았습니다. 태현 씨는 논박적 질문을 사용해서 그가 임원들의 질문에 대답할 수 없을 것이라고 100% 확신하는지 자문했습니다. 그는 100% 확신하지 않으며, 사실 그의 일을 자신보다 더 잘 아는 사람은 없다고 생각했습니다. 계속해서 "질문에 답을 못 하는 것이 내가 무능하다는 것인가?"라는 질문에 대해 태현 씨는 자신이 직무 수행을 잘했던 여러 사례를 찾을 수 있었으며 평소 직장에서 좋은 평가를 받았다고 말했습니다. 이것은 '무능하다'는 생각을 반박하는 데 도움이 되었습니다. 만약 그가 잘 모르는 사항이 있다면 빠른 시간 내에 찾아서 답변하겠다고 하면 됩니다. 이것은 합리적 반응 "나는 내 일을 잘 알아. 만약 모르는 질문을 받는다면 답변을 찾아보겠다고 약속하면 돼."로 연결되었습니다.

인지재구성 작업 후, 태현 씨는 불안에 대처하기 위해 BYOCT 기록지를 사용하면서 발표를 준비할 수 있었습니다. 그는 치료 회기에 발표를 연습하고 나서 임원들 앞에서 발표를 했습니다. 실제 발표 때 세운 '달성할 수 있는 행동목표'는 회의에 참석해서 끝까지 있는 것이었습니다. 태현 씨는 발표할 차례를 기다리는 동안 불안했지만 노트에 합리적 반응을 썼고, 그것이 회의실에 머물러 있는 데 도움이 되었습니다. 당황스러운 질문이 두어 번 있었지만, 적절하게 대처했다고 생각했습니다. 태현 씨는 앞으로도 이런 상황에서 늘 조금은 불안할 것이라고 생각하지만, 잘 대처할 수 있을 것이라는 믿음이 생겼고 시간이 지나면 더 편해진다는 것을 알았습니다.

태현 씨 사례에서 배울 점

태현 씨 경험은 우리가 함께 작업한 많은 사람의 전형적인 사례입니다. 만약 당신이 비슷한 공포를 가지고 있다면 태현 씨의 자동적 사고 중 한두 가지를 인지했을지도 모릅니다(이런 자동적 사고는 태현 씨가 나열한 것과는 일치하지 않습니다. 마지막 두 가지는 치료 작업의 기능으로서 나타났기 때문입니다).

■ 너무 긴장해서 이야기를 끝낼 수 없을 거야.

- 나는 그들이 이해할 수 있을 만큼 충분히 설명하지 않을 거야.
- 사람들이 내가 대답할 수 없는 질문을 할 거야.

이 생각들은 연설공포를 가진 사람들의 흔한 자동적 사고입니다. 많은 사람이 너무 불안해서 연설이나 발표를 끝까지 마치지 못할 것을 걱정한다고 합니다. 심지어 발표를 계속할 수 없어서 방을 뛰쳐나가는 장면이 상상된다고 하는 사람들도 있습니다. 이 일반적인 주제에 대한 자동적 사고를 공략하는 한 가지 방법은 태현 씨가 한 것과 같이 그런 극단적인 반응이 일어날 가능성이 얼마나 되는지 생각해 보는 것입니다. 거의 언제나, 이런 극단적인 반응이 일어날 가능성은 낮습니다. 이것이 극단적 (그리고 일반적이지 않은) 반응인 이유입니다. 제9장 종민 씨 사례에서 설명한 파이 차트 기법을 활용해서 모든 가능한 결과를 생각해 보는 것도 도움이 될 수 있습니다.

연설의 목적은 내용을 전달하는 데 있으며, 대부분의 발표는 새로운 정보를 가르치기 위한 것입니다. 이런 경우에 연설공포를 가진 사람에게는 흔히 내용 전달이 정확하게 되지 않을 것이라는 자동적 사고가 떠오른다고 합니다. 제시할 자료가 적절하고 잘 작성되었다고 판단되면, 현실적으로 사람들이 얼마나 많이 배울 수 있는지 생각해 보는 것이 좋습니다. 우리는 종종 불안한 발표자들이 그들의 발표를 통해 사람들이 많은 것을 배워야 한다는 매우 높은 기준을 세우고, 그 기준을 달성하지 못했을 때 무능하게 느낀다는 사실을 발견했습니다. 태현 씨가 했던 것과 같이, 발표를 할 때 무엇을 전달할 것인지 보다 적절하고 현실적인 목표를 세운다면 당신의 성공에 놀랄 것입니다. 회기 내 노출은 청중들이 발표를 들으면서 무엇을 배웠는지 확인하는 질문을 할 수 있는 좋은 기회입니다.

사람들은 때때로 사전에 준비를 할 수 있는 연설에 대해서는 매우 자신감을 갖습니다. 그러나 질문에 응답을 빨리해야 하는 경우는 훨씬 더 불안을 자극할 수 있습니다. 태현 씨의 경우와 같이, 이 불안은 당신이 준비된 연설에서 보이는 만큼 유능하거나 똑똑하지 않다는 이면의 믿음에서 유래할 수 있습니다. 어려운 질문에 대한 자동적 사고를 공략할 때는 대개 두 가지 사항에 초점을 맞춥니다. 첫째, 주제에 관해 당신이 알고 있는 것과 청중이 알고 있는 것을 비교합니다. 둘째, 만약 즉석에서 대답할 수 없는 질문을 받는다면 어떻게 할 것인지 계획을 세웁니다. 그 계획에는 상황에 따라서 단순히 모른다고 인정하기, 질문자나 청중들 중에 대답할 사람을 찾아보기, 나중에 알려주겠다고 약속하기, 생각을 정리하기 위해 다시 한번 질문해 달라고 하거나 질문을 명확하게 해달라고 요청하기 등이 포함될 수 있습니다. 어떤 계획을 선택하든 만일 그런 경우가 생기면 어떻게 하겠다는 계획을 마음속에 갖고 있는 것이 좋습니다.

연설 준비를 회피하는 것은 연설공포를 가진 사람들에게 아주 흔한 현상입니다. 실제로 매우 불안하면 오랫동안 준비를 미루다가 결국 준비 부족으로 마지막에 가서 발표를 취소하는 사람들이 있습니다. 이것은 연설에 실패하는 지름길입니다. 발표 준비에 불안감을 느끼면 BYOCT 기록지를 꺼내서 불안을 유발하는 자동적 사고를 공략해 보십시오. 그러고 나면 합리적 반응과 달성할 수 있는 행동목표를 사용하여 스스로 준비할 수 있습니다. 만약 불안이 심하다면, 한 번에 매우 오랫동안 발표 훈련을 할 수 없을 것입니다. 이럴 때는 발표를 회피하지 말고, 짧게 끊어서 여러 차례 연습하십시오. 타이머를 10분 혹은 15분에 맞춰놓고 그 시간이 지나면 발표를 중단하고 휴식하십시오. 불안이 생기면 발표를 끝내기보다는 충분한 기간 동안 최선을 다해 연습하십시오. 불안을 피하면 문제를 악화시킬 뿐입니다. 발표를 회피하거나 중단하면 당장은 불안이 줄어들 수 있지만 다음에 다시 회피하거나 중단할 가능성만 높아집니다.

자신의 불안이 보일까 봐 걱정하는 조민 씨

태현 씨의 우려는 말하면서 관심의 중심이 되는 것과 관련된 다양한 상황을 두려워하는 일반적인 유형의 대중 연설 불안을 나타냅니다. 조민 씨도 다양한 상황에서 대중 연설에 대한 두려움으로 치료를 받았습니다. 그러나 그의 걱정은 매우 달랐습니다. 그는 또한 긴장할까 봐 매우 걱정했지만, 다른 사람들이 그의 생리적 증상을 알아차리고 그를 나쁘게 생각할 가능성도 있었습니다.

조민 씨의 알코올 문제는 오래전부터 있었습니다. 그는 10대 때 음주로 곤경에 빠졌으며, 이후 30년 동안 대부분 술에 빠져 살았습니다. 60세에 접어들어서 그는 10년 넘게 술을 마시지 않고 있으며, 그 기간 동안 일주일에 몇 번씩 단주모임(AA)에 참석했습니다. 그러나 그는 거의 침묵하는 참가자였습니다. 그는 만약 자신이 말을 한다면 단주모임에서 더 많은 것을 얻을 수 있고 다른 사람들도 더 많이 도울 수 있다고 생각했습니다. 그러나 다른 사람들 앞에서 말하는 것이 너무 두려웠으며, 단주모임에 관한 민감한 주제에 대해서는 특히 더 그랬습니다. 그가 예전에 대중 연설을 하려고 시도했을 때, 심장박동이 빨라지고, 호흡이 가빠지며, 떨리고 목소리가 불안정해지는 등 심한 불안을 경험했습니다. 그의 두려움은 그가 말하려고 할 때 단주모임의 다른 회원들이 그의 불안 증상을 보고 그를 불쌍하게 생각하는 것입니다. 대체로 그는 사람들이 자신이 정신질환이 있거나, 더 심하게는 다시 술을 마시기 시작했다고 생각할까 봐 두려웠습니다.

조민 씨는 단주모임에서 자신의 이야기를 하고 싶었으며 다른 사람들의 이야기도 듣고 그들을 돕고 싶었습니다. 조민 씨와 치료자는 앞서 단주모임 전후에 다른 회원과 사회적 대화를 하는 연습에 일부 성공을 거두었으며, 모임에서 몇 마디 지지 발언도 할 수 있었습니다. 그러나 지금은 가장 많이 참석한 단주모임에서 다른 회원들에게 자신에 관한 자세한 이야기를 들려주면서 대중 연설에 대한 걱정의 핵심에 초점을 맞출 때였습니다. 치료자와 이것에 대해 논의하면서, 조민 씨는 예상할 만한 자동적 사고를 몇 개 보고했습니다.

- 나는 매우 불안할 거야.
- 단주모임의 다른 회원들이 내가 얼마나 불안한지 알게 될 거야.
- 그들은 내가 정신질환이 있거나 술을 다시 마시는 것 같은 심각한 문제가 있다고 생각할 거야.
- 그들은 나와 엮이고 싶지 않을 것이며, 내가 모임에 나오기를 원치 않을 거야.

조민 씨는 이들 자동적 사고에서 몇 가지 인지적 오류를 찾을 수 있었습니다. 모든 생각은 점쟁이 예언을 수반했는데, 그는 증거도 없이 미래를 예측했습니다. 마지막 두 자동적 사고는 다른 사람들이 그의 불안을 본다면 일어날 결과가 틀림없이 재앙적일 것이라고 불길한 예측을 했습니다. 다른 사람들이 그가 얼마나 불안한지 볼 것이라는 조민 씨의 생각은 감정을 사실과 혼동하는 예입니다. 그는 치료자에게 이 상황에서 자신이 너무 불안하기 때문에 다른 사람들이 틀림없이 알 것이라고 말했습니다. 몇몇 생각은 또한 독심술도 포함했습니다. 조민 씨는 마치 다른 사람들이 무슨 생각을 하는지 알고 있는 것같이 행동했습니다.

조민 씨와 치료자는 집단에서 연설하는 연속적인 몇 차례 노출이 유용할 것이라는 데 동의했습니다. 단주모임에서 조민 씨는 간단한 지지 발언을 계속했고 준비 및 검토를 위해 BYOCT 기록지를 사용했습니다. 치료 회기에서 조민 씨는 다음 노출을 수행했는데, 세 명의 치료 보조자와 치료자가 단주모임 회원 역할을 연기했습니다.

- 자신을 소개하고 간단한 일대기 정보 제공하기
- 집단에서 자신이 알코올 중독자라 말하고 음주로 인해 사소한 문제를 일으킨 사건에 대해 이야기하기
- 집단에서 음주가 자신의 인생(결혼, 가족 등)에 미친 더 큰 영향에 대해 말하기
- 집단에서 자신의 사회불안에 대해 말하고, 그것이 어떻게 자신의 음주에 기여했는지, 그가 어떻게 사회불안에 대해 계속 노력하는지, 그리고 왜 사회적으로 불안해도 괜찮은지 이야기하기

여기에서는 조민 씨의 진전을 설명하기 위해 마지막 노출에 초점을 맞춥니다.

조민 씨와 치료자는 사회불안이 알코올 문제에 미친 영향과 자신이 음주에 관해 얼마나 수치스럽게 느끼는지 대화했습니다. 그는 자신의 불안을 스스로 치료할 목적으로 술을 사용했지만, 이제 사회불안은 단주모임에 참여할 수 있는 그의 능력을 방해하고 있습니다. 조민 씨와 치료자는 그 부분을 말하는 것이 중요하다는 데 동의했습니다. 그것을 계속 다루면 동료 단주모임 회원들로부터 지지를 얻을 수 있습니다. 조민 씨는 아직 확신하지 못하고 있는데 치료자가 사회불안이 왜 괜찮은지 말해보라고 해서 놀랐습니다. 치료자는 합

리적 반응을 종종 말로 표현하는 것이 유용하다고 말했지만, '사회불안은 삶의 정상 부분이기 때문에 괜찮다'는 합리적 반응을 그는 아직 완전히 믿지 못합니다. 치료자는 완전히 동의하지 않는 사항에 대해 공개적으로 말하는 것은 일반적으로 그런 방향으로 믿음을 변화시키는 데 도움이 된다는 수년간의 연구에 대해 말했습니다. 그러므로 사회불안이 삶의 정상 부분이라고 말하는 것은 이 사실이 더 믿을 만해지는 데 도움이 될 수 있습니다.

조민 씨와 치료자는 또한 조민 씨가 종종 자신의 불안이 다른 사람들에게 매우 잘 보인다고 걱정하기 때문에 그 가설을 검증하기로 했습니다. 그들은 청중들에게 물어보기로 했지만, 조민 씨는 치료자가 동원한 청중들이기 때문에 그에게 좋아 보인다고만 하지 않을지 걱정된다고 했습니다. 이 인식을 불식시키기 위해 치료자는 제9장에서 사용했던 침묵의 SUDS 기법을 제안했습니다. 이 기법은 노출 동안 조민 씨와 청중이 각자 비공개로 SUDS 점수를 기록하고 노출이 끝난 후 서로 비교하는 것입니다.

회기 내 노출을 위해 조민 씨는 치료자의 진료실에서 치료자와 세 명의 직원 앞에서 발표를 했습니다. 그는 자신의 알코올 문제와 사회불안으로 인한 고통에 관해 이야기했습니다. 그는 사회불안이 어떻게 삶의 정상 부분인지 설명했습니다. 그래서 비록 그들에게 말하는 동안 불안한 느낌을 좋아하지는 않았지만, 그것이 인간의 일부라는 것을 알았습니다. 치료자가 약 1분 간격으로 SUDS 점수를 물었을 때, 그는 크게 말하는 대신 종이에 기록했습니다. 청중들도 동시에 각자 관찰에 근거해서 그의 SUDS 점수를 기록했습니다.

노출이 끝났을 때, 조민 씨는 자신의 SUDS 점수를 공개하고 모든 사람이 자신의 불안을 자세히 볼 수 있다고 확신했던 자동적 사고를 보고했습니다. 조민 씨의 점수는 높았지만 척도의 최고 점수는 아니었습니다. 그가 앞서 세 차례 회기 내 노출을 가졌으며 이 기간 동안 단주모임에서 몇 차례 발언도 했기 때문입니다. 8분간 노출에 대한 조민 씨의 평점은 평균 70 중반이었습니다. 네 청중이 한 번에 한 명씩 사전에 기록한 평점을 공개했을 때 평균 30, 40, 20, 30점이었으며, 조민 씨는 매우 강력한 경험을 했습니다. 치료자는 또한 (1) 그가 정신질환이 있거나 술을 다시 마실 가능성, (2) 조민 씨를 다음 모임에 초대할 의향 정도에 대한 점수를 청중들이 각자 기록하게 했습니다. 그러고 나서 청중들이 점수를 공개하기 전에 조민 씨가 그들이 매긴 점수를 예측해 보게 했습니다. 청중들의 피드백은 그의 불안이 다른 사람들에게 매우 잘 드러나서 부정적 평가를 초래한다는 자동적 사고를 반박하는 강한 증거를 제공했습니다.

이 마지막 노출을 마친 후 과제를 위해 조민 씨는 단주모임에서 발표할 계획을 세웠습니다. 그는 단주모임을 이끄는 회원에게 자신의 이야기를 할 시간을 줄 수 있는지 물어서 그렇게 했습니다. 비록 그 순간에는 매우 불안했지만, 그는 자신이 그렇게 할 수 있었다는 사실에 기뻤습니다. 그는 그의 발언에 자신의 사회불안에 관한 이야기를 포함하였으며, 회원들은 크게 지지를 해주었습니다. 아무도 그에게 문제가 있다고 언급하지 않았으며, 몇몇 회원은 그의 노력에 찬사를 보냈고 다음 모임에서 그의 발표를 들을 수 있기를 기대한다고 말했습니다.

조민 씨 사례에서 배울 점

태현 씨의 자동적 사고(역량 주제에 초점을 맞춘)와 같이, 조민 씨의 자동적 사고(취약성 또는 수용성 주제에 초점을 맞춘)는 대중 연설 불안을 가진 사람들에게 매우 흔합니다. 물론 두 사람 모두 매우 불안할 것이라고 믿었지만, 구체적인 두려운 결과는 매우 달랐습니다. 조민 씨의 걱정은 그의 불안이 다른 사람에게 보이는 것이었습니다. 그는 불안이 드러나고 나면 다른 사람들에게 부정적으로 평가받고 거부당할까 봐 매우 걱정했습니다. 그는 자신의 믿음을 검증하기 위해 불안하더라도 수행을 하고 두려운 결과가 현실화될 가능성을 감수해야 했습니다. 이것은 매우 실천하기 힘든 일입니다. 사실 조민 씨는 평생 동안 그런 일을 피했습니다. 그는 사회불안을 감추기 위해 술을 마셨으며, 술이 깼을 때는 불안을 감추기 위해 모임에 참석하기를 회피했습니다. 그는 불안해도 괜찮다는 생각을 받아들여야 했습니다. 다른 대안이 없습니다. 그는 두려워하는 결과가 적어도 자신이 예상하는 극단적인 형태로는 일어나지 않는다는 사실을 확인하기 위해 회피를 중단해야 했습니다. 그는 먼저 회기에서 이런 시도를 하고 청중에게 피드백(침묵의 SUDS와 노출 후 평가)을 받고 나서 실제 단주모임에서 회기 내 경험을 검증했습니다. 물론 이 마지막 단계는 필수적으로서, 조민 씨에게 하나의 전환점이었습니다. 그는 사건의 연쇄에서 벗어나 자신의 사회불안과 과거 음주행동을 훨씬 덜 부끄러워하고 단주모임 공동체에 더 큰 소속감을 갖게 되었습니다.

지나치게 준비하는 부사장 재인 씨

대중 연설 불안은 때로는 드물게 발생하는 매우 특정한 상황에 국한되기도 합니다.

재인 씨는 아주 성공한 중소기업 부사장입니다. 그녀는 회사의 연례 영업회의에서 연설할 때 경험한 심한 불안을 치료하기 위해 방문했습니다. 그 회의에서 그녀는 150여 명의 영업사원과 임원들 앞에서 전년도의 성공과 도전 그리고 새해 목표에 대해 연설할 계획이었습니다. 그녀는 지난 2년간 이 연설을 계속했는데 그때마다 날짜가 다가올수록 두려움이 점점 더 심해졌습니다. 재인 씨는 이런 공포감이 자신의 경력에 비추어 볼 때 이상하다고 생각했습니다. 그녀는 지금까지 직장이나 지역사회 활동 등을 통해 많은 상황에서 정기적으로 연설을 했습니다. 그녀는 연단에 서기 직전 약간의 불안을 느꼈을 뿐 그런 상황에서 대중 연설 공포를 대부분 극복했습니다.

재인 씨가 기초적인 인지재구성 기술을 배울 때, 치료자는 그녀가 연설에 대해 가졌던 자동적 사고를 찾아보게 했습니다. 반복적으로, 재인 씨는 그녀가 불안해 보이게 되는 것이 가장 두렵다고 말했습니다. 그녀가 더 탐색한 자동적 사고는 다음과 같습니다.

- 난 불안해 보일 거야.
- 나는 이 상황에서 불안하면 안 돼.
- 나 같은 여성 전문 경영인이 많은 부하직원 앞에서 불안해 보이는 일은 있을 수 없어.
- 준비를 더 많이 하면 덜 불안할 거야.

재인 씨와 치료자는 이 자동적 사고 목록에서 인지적 오류를 찾기 시작했습니다. 그들은 첫 자동적 사고를 점쟁이 예언으로 잠정 분류했는데 그녀가 올해 연설 때 무슨 일이 일어날 것인지 예측하고 있기 때문이었습니다. 확실히 알 수는 없지만, 재인 씨와 치료자는 그녀가 불안해 보일 현실적 가능성이 있다는 데 동의했습니다. 작년에 한두 사람이 그녀가 불안해 보인다고 했는데, 그녀는 올해 연설에 대해 훨씬 더 불안했습니다. 불안을 얼마나 드러낼 수 있는지 탐색할 때, 재인 씨는 조금의 불안이라도 드러나는 것은 있을 수 없는 일이라고 생각했습니다. 치료자는 이 자동적 사고가 몇 가지 인지적 오류를 범하고 있다고 생각했습니다. 먼저, 강박적 부담 오류입니다. "불안해 보인다는 것은 있을 수 없어."는 두 번째 자동적 사고인 "나는 불안해서는 안 돼."보다 더 극단적인 형태입니다. 여기에서 우리는 재인 씨가 또 다른 중요한 인지적 오류를 범하고 있음을 알 수 있습니다. 이 자동적 사고는 또한 극단적인 흑백논리 오류입니다. 이 생각에 따르면 재인 씨의 마음속에는 두 가지 범주, 즉 불안이 드러나지 않는 것(좋은 것/수용할 수 있는 범주)과 불안이 드러나는 것(나쁜 것/수용할 수 없는 범주)밖에 없습니다.

재인 씨는 치료자와 이 자동적 사고를 논박적 질문으로 공략하면서 불안을 드러내지 않는 것 이외의 다른 생각은 받아들이기 어려웠습니다. 그녀는 그 회의에 참석한 다른 직원들에게 모범이 되어야 한다고 생각했기 때문에 자신의 불안이 드러나는 것을 최악의 결과로 여겼습니다. 그녀의 연설은 참석한 직원들에게 성공할 수 있다는 자신감을 심어주고, 다음 해에도 더욱 열심히 영업하도록 그들은 격려하는 데 초점을 맞추기로 되어있었습니다. 그녀는 대부분 남성 영업직원들인 부서의 유일한 여성 부사장으로서 자신의 능력에 대한 기대치가 매우 높다고 믿었습니다. 치료자는 논박적 질문을 이어갔습니다. "이 연설이 당신의 모든 미래가 달려있을 정도로 중요합니까?" 재인 씨는 그 연설이 회사에서 그녀에 대한 인식에 영향을 미칠 수 있다고 생각했습니다. 연설 중에 불안해하는 것은 약하다는 증거로 받아들여질 수 있었습니다. 그러나 최악의 경우 이것이 그녀가 앞으로 전문 경영인으로 성장하는 데 조금 영향을 줄 수 있겠지만, 가족과 건강 같은 그녀의 인생에서 중요한 다른 많은 것들에는 영향을 주지 않을 것입니다. 재인 씨와 치료자는 그 회의에서 연설할 때 그녀가 불안함을 보이게 될지 예측할 수는 없지만, 재인 씨는 불안을 완전히 통제할 수 없는 듯이 행동하는 것이 나을 수 있다고 판단했습니다.

이것은 합리적 반응인 "내가 조금 불안해 보일지라도 내 인생의 정말 소중한 것들은 안전해."로 이어졌습니다.

　재인 씨는 치료자와 연설을 훈련하기 위한 회기 내 노출을 준비하면서, 마지막 자동적 사고인 "준비를 더 많이 하면 덜 불안할 거야."를 떠올렸습니다. 재인 씨는 이 연설을 몇 주 전부터 연습하기 시작했으며, 원고를 수정하고 거울 앞에서 발표 연습을 하는 데 많은 시간을 보낸다고 실토했습니다. 그녀는 불안에 대처하기 위한 하나의 전략으로 지나치게 준비를 했다는 치료자의 말에 동의했습니다. 그러나 불행하게도 실제로는 반대의 결과가 나타났습니다. 준비를 많이 하면 할수록 더 불안해졌습니다. 모든 것을 완벽하게 준비하려고 했기 때문에 이전의 다른 연설이나 발표와 같이 편하게 할 수 없었습니다. 그녀의 자동적 사고는 왜곡된 것이 아니라 아예 틀렸습니다! 재인 씨는 가장 좋은 노출은 준비를 너무 많이 하지 않는 것이라는 데 동의했습니다. 그녀와 치료자는 준비시간을 적당하게 갖도록 스케줄을 짰으며, 원고 작성과 수정에 들이는 시간을 제한하기로 했습니다. 이 연설을 준비하고 싶을 때는 지나치게 준비하는 충동을 유발하는 자동적 사고를 찾아 공략하기로 했습니다.

　이 연설에 대한 재인 씨의 행동목표는 연설 당일에 준비를 20분 이하로 제한하는 것이었습니다. 그녀가 긴장감을 드러내는 것이 직장생활에 일부 영향을 미칠 수는 있겠지만, 자신의 인생에서 소중한 모든 것에 영향을 미치는 것은 아닙니다. 이 점을 상기시키기 위해 연설 원고 각 페이지 상단에 합리적 반응을 짧게 줄여 '가장 소중한 것들은 안전해'라고 썼습니다. 연설 준비시간을 제한하고 수행의 중요성에 대해 합리적 관점을 갖게 되면서, 그녀는 연설을 하면서 예년과 같이 압도적인 부정적 경험을 하지는 않았습니다. 그녀는 아주 많은 불안을 느꼈지만 겉으로 드러나는 것 같지는 않았습니다. 그녀는 마침내 그 연설을 끝낸 것을 스스로 축하할 수 있었습니다.

재인 씨 사례로부터 배울 점

　재인 씨의 사례는 드물게 일어나는 상황이지만 치료하기 더 힘든 대중 연설 공포의 한 유형을 설명하고 있습니다. 사실 불안을 반복적으로 직면하는 것이야말로 불안을 극복하는 가장 강력한 무기 중 하나입니다. 반복적인 노출은 아마도 그녀가 다른 대중 연설 상황에서 불안을 극복하는 데 도움이 되었을 것입니다. 그러나 이런 드문 상황에 대처하기 위해서는 반복적으로 다루어 볼 수 있는 측면들을 찾는 것이 중요합니다. 재인 씨의 지나친 준비는 스스로를 두려움에 노출시키는 결과를 초래했습니다. 그녀는 치료자와 준비시간을 제한하기로 약속하였습니다. 때로는 많이 불안하지 않더라도 적은 청중들 앞에서 연설하는 것이 도움이 될 수 있습니다. 또 다른 방법은 반복적인 연상을 통해서 연설을 연습하는 것입니다. 이것을 상상 노출이라고 합니다. 스스로 또는 치료자가 심상 유도에 사용할 수 있도록 연설 경험을 설명하는 녹음을 할 수도 있습니다.

태현 씨는 연설불안 때문에 준비하는 것을 회피했습니다만, 재인 씨는 오히려 그 반대였습니다. 인생에서 겪는 대부분의 일들이 그렇듯, 연설 준비도 적당한 것이 가장 좋습니다. 대중 연설을 준비하고 계획하는 것이 불안을 유발하기 때문에 연설을 회피하거나 반복해서 연기하는 것은 아닌지 잘 살펴보십시오. 만약 그렇다면, 준비를 더 많이 하고 불안을 공략하기 위한 인지재구성 기술을 활용하십시오. 만약 연설을 준비하는 것이 자동적 사고 때문이고 불안을 조절하는 데 도움이 되지 않는다면, 오히려 연설 준비를 줄이고 남는 시간을 인지재구성 연습에 사용하십시오.

이 장의 도입부에서 설명했듯이, 대부분의 사람이 대중 연설을 불안해합니다. 특히 연설을 가끔 하는 사람이라면, 적어도 처음에는 어느 정도 수준의 불안을 받아들이는 법을 배워야 할 것입니다. 당신에겐 실제로 그런 두려움을 극복하기에 충분한 발표 기회가 없을지도 모릅니다. 재인 씨와 같이, 한 걸음 물러서서 인생을 크게 볼 때 그 불안이 실제로 얼마나 중요한지 생각해 보는 것이 도움이 될 수도 있습니다. 많은 사람은 대중 연설을 하는 동안 어느 정도 불안을 경험할 것이라는 사실을 받아들일 때 그 불안이 덜 고통스럽고 덜 중요해집니다. 이것은 불안을 완화하기 위한 훌륭한 첫 단계들입니다.

과제

이 장에서 우리는 사람들 앞에서 말하기를 연습하는 다양한 방법을 언급했습니다. 태현 씨 사례에서 우리는 비공식적인 사회적 상황에서 말하는 기회를 가질 수 있음을 알았습니다. 당신은 지역사회나 종교단체에 참여해서 사람들 앞에서 발언할 기회를 활용할 수도 있습니다.

자가평가

각 질문에 '예' 또는 '아니오'로 표시하고 이 책의 마지막에 수록된 부록에서 정답을 맞추어 보십시오.

1. 대중 연설은 거의 항상 일반 인구에서 가장 많이 경험하는 공포로 꼽히지만, 사회불안이 있는 사람들에게는 특별히 더 흔하지 않다.   예 아니오

2. 대중 연설을 하는 동안 떠오르는 자동적 사고를 논박하는 한 가지 좋은 방법은 가능한 한 극단적인 반응들을 조사하고 그 가능성을 따져보는 것이다.   예 아니오

3. 연설에 대한 극도의 불안을 경험할 때는 연설 준비를 회피하는 것이 일반적이다.   예 아니오

4. 다가오는 연설에 대한 불안을 경험하면 BYOCT 기록지 작성을 회피해야 한다.   예 아니오

5. 자주 일어나지 않는 상황에 대한 노출을 시도할 때는 그 상황에서 최소한 반복적으로 연습할 수 있는 부분을 찾아보는 것이 좋다.   예 아니오

제12장

진전된 인지재구성 : 핵심믿음 다루기

지난 몇 장에 걸쳐 우리는 일반적으로 당신을 불안하게 하는 상황에서 경험하는 자동적 사고들을 찾고 공략하는 데 중점을 두었습니다. 이제 당신의 불안을 조절하기 위해 어떻게 생각을 변화시키는지 이해했기를 바랍니다. 또한 두려운 상황을 회피하면 당신의 재앙적 사고가 실현되지 않는다는 사실을 (또는 당신이 예상했던 것보다 어려움들을 훨씬 더 잘 처리할 수 있음을) 깨닫지 못하게 된다는 것도 배웠습니다. 이번 장에서는 자동적 사고를 더 깊게 탐구하고 자동적 사고 아래에 있는 자신과 다른 사람들 그리고 세상에 대한 믿음을 검증합니다.

자동적 사고의 공통 주제 찾기

지난 몇 주 동안 작성한 BYOCT 기록지들을 꺼내봅시다(제7장 참조). 여러 상황에서 자동적 사고에 관한 다른 기록지나 메모도 같이 모으십시오. 자동적 사고에 어떤 패턴이 있습니까? 반복적으로 나타나는 생각이 있습니까? 일부 또는 모든 자동적 사고에 공통된 주제가 있습니까? 다음 몇 페이지에서는 당신의 생각에서 중요한 주제를 어떻게 찾는지, 그리고 문제를 유발하는 생각을 어떻게 변화시키는지 논의합니다. 대부분의 사람은 이런 핵심믿음을 탐색하는 데 치료자의 도움을 필요로 하지만, 이 단락을 읽어보면 그 과정을 이해하는 데 도움이 될 것입니다.

경험이 풍부한 인지치료자들은 불안과 우울로 어려움을 겪는 사람들은 대개 자기 자신이나 다른 사람, 세상 또는 미래에 대한 한 개 이상의 역기능적 핵심믿음을 갖는다는 사실을 알았습니다. 치료자들은 종종 자동적 사고와 감정층을 뒤져 핵심믿음을 찾아내는 것이 양파 껍질을 벗기는 것과 흡사하다고 말합니다. 양파의 껍질을 벗겨내면 그 아래에 또 다른 층이 있는 것을 확인할 수 있습니다. 이 층들은 항상 그 자리에 있음에도 불구하고 바깥층을 벗겨내기 전까지는 볼 수 없을 것입니다. 같은 이유로, 당신이 생각을 관찰하기 시작하면 '표면에 있는' 자동적 사고부터 알아차리게 됩니다. 이것은 마음속에 가장 먼저 떠오르는 자동적 사고입니다. 보통 이런 생각들은 상황과 더 연관되므로 치료자와 논의하기가 상대적으로 더 쉬울 수 있습니다. 당신은 아마도 노출과 자동적 사고 공략을 완료하면서 처음에는 몰랐던 몇 가지 자동적 사고를 발견했을 것입니다. 이런 생각들은 좀 더 개인적으로 느껴질 수 있으므로 치료자와 논의하기가 더 힘들었을 수 있습니다. 아마도 치료자는 당신이 일부 층을 벗겨서 아래에 있는 자동적 사고에 대해 말할 수 있도록 도왔을 것입니다. 이번 장에서 우리는 당신이 더 많은 층을 벗겨내고 '심리 양파'의 핵심을 찾도록 도울 것입니다.

우리가 논의하는 내용을 이해하는 데 도움이 되는 일반적인 핵심믿음의 예를 살펴봅시다.

일반적인 핵심믿음의 예

"모든 것을 완벽하게 해야 해"

먼저 수연 씨의 사례를 살펴봅시다.

수연 씨는 치료를 통해 권한을 가진 사람과 대화하는 것과 다른 사람들로부터 주목받는 것에 대한 두려움이 아주 많이 호전되었습니다. 그녀는 일차적으로 상사와 대화하는 상황과 사람들 앞에서 말하는 상황을 연습했습니다. 그녀는 많은 자동적 사고를 찾아냈는데, 그중 두 가지가 여러 가지 형태로 반복해서 떠올랐습니다. 그 두 가지 생각은 다음과 같습니다.

- 나는 실수를 할 거야.
- 나는 잘해야 해.

수연 씨는 대화 중에 말을 더듬는 것, 생각이 끊기는 것, 업무를 할 때 실수를 하는 것, 상사에게 틀린 정보를 말하는 것, 상대의 이름을 잊어버리는 것 같은 사회적 실수 등 다양한 실수를 두려워했습니다. 그녀는 일을 잘하지 못할까 봐 걱정했기 때문에 일과 후에 남아서 수당도 없이 일하는 등 주어진 일을 더 열심히 해야 했습니다. 그녀는 인지재구성 연습을 통해 모든 증거가 자신이 매우 훌륭하게 일한다는 사실을 입증한다는 사실을 이해하기 시작했습니다. 그녀는 또한 다른 사람들을 관찰하면서 대화 중에 말하려던 내용을 잊어버리는 것 같은 사소한 문제는 누구에게나 일어난다는 사실을 알게 되었습니다. 다른 사람들은 그런 실수를 그녀만큼 신경 쓰는 것 같지 않았습니다. 치료자는 그녀가 껍질을 벗겨 일차적 자동적 사고 아래에 있는 핵심믿음을 볼 수 있게 도왔습니다.

수연 씨 : 사람들은 항상 일을 잘하고 실수하지 않기 위해 노력해야 한다고 생각합니다. 저는 실수를 하면 기분이 끔찍합니다. 그건 제가 좀 더 열심히 했어야 한다는 의미입니다.

치료자 : 끔찍한 느낌에 대해 더 말해보시죠.

수연 씨 : 전 그 느낌이 싫어요. 제가 일을 망쳤다는 사실을 알면 가슴이 철렁 내려앉는 느낌이 들곤 합니다. 직장에서 동료들과 둘러앉아 커피 마시면서 대화할 때 말을 더듬는 정도는 사소한 일일 수 있는데 말이죠. 중요한 일이라면 그런 느낌이 더 심해져요. 저는 상사가 일을 더 하라고 하거나 다르게 해보라고 하면 며칠 동안 화가 나곤 합니다. 처음에 제대로 했어야 한다는 생각 때문에 제 자신에게 화가 납니다. 저의 부정적 사고를 공략해 보지만, 여전히 이런 식으로 느껴지곤 합니다.

치료자 : 그래서 "처음부터 제대로 해야 해."라고 생각하는군요. 당신은 사소한 일이든 중요한 일이든 처음에 제대로 하는 것이 중요합니다. 일을 '제대로' 한다는 것은 무엇을 뜻하죠? '제대로'란 무엇입니까?"

수연 씨 : 글쎄요. '제대로'는 '제대로'이지요. 그건 어떤 일을 할 때 정확하게, 최선을 다해 한다는 것이지요.

치료자 :	그럼 무언가를 '제대로' 하는 것은 어떤 일을 매번 최선을 다해서 처음부터 완벽하게 한다는 것을 의미합니까?
수연 씨 :	그런 것 같아요. 그런 식으로는 한 번도 생각해 보지 못했어요.
치료자 :	모든 일을 매번 처음부터 완벽하게 해야 한다고 생각하면 어떤 기분이 듭니까?
수연 씨 :	압박감과 좌절감이 들어요. 저는 아주 열심히 노력하지만 그렇게 완벽하게 할 수 없어요. 제가 좀 더 잘할 수 있어야 하지만 그럴 수 없어요. 저도 조금 화가 나는 것 같아요. 다른 사람들은 그렇게 많이 신경 쓰지 않는 것 같아서 화가 나요. 저와 같이 근무하는 어떤 여직원은 실수를 많이 하는 편입니다. 때로는 제가 그녀의 일을 다시 하게 되기도 한답니다. 그런데도 그 여직원은 그다지 신경 쓰지 않는 것처럼 보여요. 직장 상사도 제가 그녀보다 훨씬 더 잘한다고 칭찬을 하지만, 그녀는 상사가 어떻게 생각하건 개의치 않는 것 같아요. 모든 일을 제대로 할 가치가 있는지 의문이 듭니다. 이 이야기를 하는 것만으로도 좌절감이 듭니다.
치료자 :	일부러 덜 완벽하게 하면 어떻게 될까요?
수연 씨 :	모르겠어요, 어려울 것 같아요. 아주 불편할 것 같네요. 그건 꼭 규칙을 어기는 것 같아요. 우리는 모든 일을 완벽하게 하려고 해야 합니다.
치료자 :	그 규칙이라는 것이 '모든 일은 완벽하게 해야 한다'는 것이군요.
수연 씨 :	네. 하지만 그건 아마 강박적 부담 오류이겠죠. 그래도 전 그 생각이 진실로 느껴져요. 그걸 항상 믿었죠. '진실로 느껴지는 것'은 아마 감정적 추론이겠죠.
치료자 :	제3장 '나의 사회불안은 어디에서 왔을까?' 기록지를 작성할 때 당신은 가족에서 겪었던 경험이 큰 역할을 한다고 생각했습니다. 당신에게 무슨 일이든 제대로 또는 '완벽하게' 해야 한다고 말했던 사람이 있었습니까?
수연 씨 :	오, 그래요. 저희 아버지가 예전에 "제대로 하지 않을 거라면 하지 말아라."라고 하셨어요.
치료자 :	아버지 말씀이 지당합니다만, "제대로 하지 않을 거라면 하지

말아라."라는 말씀에 인지적 오류는 없을까요?

수연 씨 : 흑백논리 같아요. 일을 완벽하게 하든지 아니면 아예 처음부터 시작하지도 말라는 거죠. 중간이 전혀 없어요.

치료자 : 맞습니다. 당신은 때때로 압박감과 절망감을 느낄 수밖에 없겠군요. 그건 너무 높은 기준 같습니다. 완벽하게 해야 한다는 것 때문에 압박감을 느꼈던 다른 상황을 생각해 볼 수 있겠습니까? "제대로 하지 않을 거라면 하지 말아야 해."라고 생각했던 때가 있습니까?

수연 씨 : 선생님도 알다시피, 전 제가 잘하지 못할 것 같은 새로운 일을 시도하기 싫어합니다. 직장에서 자선 골프대회에 전 직원이 참여했을 때 기억하시죠? 그때 전 많이 불안했어요. 그래서 결국 아파서 못 가겠다고 전화했죠. 저는 공을 물에 빠트리는 것 같은 부끄러운 일을 할 걸 알았어요. 골프를 쳐본 적이 없는 초보들이 그런 실수를 많이 했다고 나중에 들었습니다. 저는 참가하지 않아서 기뻤지만, 성금을 모으는 데 도움이 되지 않아 기분이 좋지 않았습니다. 제가 공을 아주 잘 칠 수 없으리라는 걸 알았기 때문에 참가할 수 있다는 느낌이 들지 않았던 거죠. 완벽하게 할 수 없었기 때문에 시도조차 하지 않았습니다.

치료자 : 아버지께서 "제대로 하지 않을 거라면 하지 말아라."라고 하신 것은 무슨 의미였다고 생각합니까?

수연 씨 : 그것에 대해선 한 번도 생각해 보지 않았어요. 아버지는 모든 자식들이 자기 일을 잘 해내서 다른 사람들이 기대한 것 이상으로 성공하길 바라셨겠죠. 아버지는 열심히 일한다면 원하는 것을 얻을 수 있을 거라고 믿으셨어요. 어느 정도는 옳은 생각이셨죠. 열심히 일하고 잘 해내려고 했기 때문에 저에게는 좋은 일이 많이 생겼어요. 그렇지 않았다면 저에게 열리지 않았을 문을 열어준 셈이죠. 저는 직장에서 일을 믿고 맡길 수 있는 사람이라는 평을 듣는 것이 자랑스러워요.

치료자 : 아버지의 철학을 따랐던 것이 여러 면에서 잘 작동했다는 말씀으로 들리네요. 그러나 잘 작동하지 않은 측면도 있어 보입니다.

수연 씨 : 예. 제가 너무 지나쳤던 것 같습니다. 저도 때로는 '완벽하게 제대로' 하지 않고 '적당히' 해도 괜찮다고 믿고 싶습니다. 그러면 중압감이 많이 줄 것 같아요.

치료자 : 그건 노출 때 확인해 볼 수 있을 것 같습니다. 우리는 일부러 어떤 일을 '적당히' 하고 나서 그 결과를 확인해 볼 수 있습니다. 당신은 훈련을 통해서 좀 더 편안해질 것입니다.

이 사례에서 보듯이 수연 씨의 두 가지 주된 자동적 사고인 "나는 실수를 할 거야."와 "나는 잘해야 해."는 모든 일을 완벽하게 해야 한다는 핵심믿음과 관련이 있습니다. 이 역기능적 핵심믿음은 수연 씨가 여러 다양한 상황에 접근하는 방식에 영향을 미쳤습니다. 수연 씨가 자신의 역기능적 핵심믿음을 변화시킬 수 있다면, 그녀를 불안하게 하는 상황을 접할 때 좀 더 유용한 생각을 할 것입니다. 그 결과, 그녀는 완벽하게 해내려고 하는 불안감과 압박감을 덜 느끼게 될 것이며, 직장에서 상사와의 관계나 사회적 상호작용에 도움이 될 것입니다. 또한 그녀는 처음부터 잘할 수 없는 새로운 일을 시도해 볼 수 있을 것입니다. 치료자는 수연 씨가 자동적 사고와 감정의 껍질을 벗겨내고 핵심믿음을 드러낼 수 있도록 몇 가지 전략을 사용하였습니다. 이 전략들은 다음과 같습니다.

1. 수연 씨에게 자동적 사고를 떠올릴 때 연상되는 다른 생각이 무엇인지 물어본다. 하나의 자동적 사고는 보통 다른 자동적 사고로 연결됩니다. 자신의 자동적 사고에 대해 생각하고 다음 생각을 따라가다 보면 많은 상황에서 떠오르는 더 중요한 자동적 사고를 만날 것입니다.

2. 수연 씨에게 그녀의 자동적 사고에서 핵심적 측면이 어떤 의미인지 설명해 보게 한다('제대로'가 무슨 의미인가?). 자동적 사고는 대개 너무나 자동적이어서 그것이 실제로 의미하는 바가 무엇인지 곰곰이 생각해 보아야 합니다. 특정한 핵심 단어의 의미를 정의해 봄으로써 우리는 자동적 사고를 확장시킬 수 있고 좀 더 쉽게 자동적 사고의 아래에 있는 가정들을 파악할 수 있습니다.

3. 수연 씨가 자신의 자동적 사고를 떠올릴 때 경험하는 감정에 초점을 맞추게 한다. 화가 나거나 흥분되는 것은 당신과 치료자가 핵심믿음을 다루기 시작

했다는 가장 좋은 신호 중 하나입니다. 그런 감정을 경험하고 어떤 느낌인지 따져보면, 대개 더 많은 자동적 사고가 마음속에 떠오를 것입니다. 때로는 많은 감정을 느낀 노출 중에 또는 노출 후에 예기치 않은 자동적 사고들이 떠오르곤 합니다. 그러나 이런 감정을 경험하는 것은 고통스러울 수 있습니다. 어느 누구도 슬픔이나 분노 또는 좌절 같은 감정을 느끼고 싶지 않기 때문입니다. 그러나 노출에서 이미 배웠듯이, 어떤 상황에 머무르면 처음에는 두려움이 증가하지만 시간이 지나면 줄어듭니다. 다른 감정도 마찬가지입니다. 만약 당신이 슬픔이나 분노를 경험한다면, 처음에는 감정의 강도가 증가하겠지만 충분히 경험하고 나면 감정의 강도가 줄어듭니다.

4. 수연 씨에게 자신의 자동적 사고가 실현된다면 어떻게 될지 물어본다(덜 완벽하게 한다면 어떻게 되겠는가?). 이것은 자동적 사고의 사슬을 따라가는 또 다른 방법입니다. 우리는 자동적 사고가 실현되지 않도록 끊임없이 노력했기 때문에 그것이 실현된다는 것이 무엇을 의미할지조차 생각해 본 적이 없습니다. 만약 당신이 무언가를 피하려 애쓰고 있다면(수연 씨가 완벽하지 않은 것을 피하려고 하듯이) 당신이 피하려고 하는 것이 핵심믿음과 관련이 있을 가능성이 높습니다.

5. 핵심믿음에 다가가고 있는 것 같으면 수연 씨에게 자신의 자동적 사고의 근원을 파악해 보게 한다. 기록지 3.1 '나의 사회불안은 어디에서 왔을까?'를 검토하면, 인생 초기 경험에 관한 몇 가지 힌트를 얻을 수 있을 것입니다. 대개 핵심믿음은 인생 초기에 자기 자신과 세상의 이치, 다른 사람들에게 무엇을 기대할 수 있는지, 누구를 또는 무엇을 신뢰할 수 있는지에 관해 학습한 것들입니다. 우리가 학습한 이런 것들은 마치 인생의 '원칙'처럼 작동해서 우리가 무엇을 해야 하는지 그리고 다른 사람들에게 무엇을 기대하는지 알려줍니다. 사회불안증에서 이 원칙은 흔히 다른 사람들이 신뢰할 수 있는지, 가치 있는 사람인지 또는 우리가 어떻게 처신해야 하는지와 관련이 있습니다. 당신은 핵심믿음의 근원을 모를 수도 있으며 기억하는 것이 정확하지 않을 수도 있습니다. 하지만 괜찮습니다. 당신이 핵심믿음을 낳게 된 과거의 일을 이해해야 한다고 생각하지 마십시오. 핵심

믿음의 유래를 모르더라도 역기능적 믿음을 변화시킬 수 있습니다. 때로는 유래를 생각해 보는 것이 핵심믿음을 좀 더 정확하게 파악하는 데 도움이 되지만, 근원을 아는 것이 핵심믿음의 변화에 필수적인 것은 아닙니다.

수연 씨 사례에서 보듯이, 사회불안증이 있는 사람들에게는 흔히 완벽해야 한다는 핵심믿음이 있습니다. 우리는 수년간 내담자들로부터 몇 가지 공통적인 핵심믿음을 탐색하였습니다. 내담자들의 핵심믿음을 다루기 위해 껍질을 벗기는 작업을 어떻게 했는지 살펴보겠습니다.

"사람들이 나에 대해 알게 된다면…"

준영 씨는 심한 데이트 불안을 가진 27세 남성입니다. 치료를 시작할 당시 그는 여성과 한 번도 데이트를 해본 적이 없었으며 데이트하고 싶은 상대와 대화를 하면 매우 불안해졌습니다. 그는 다른 상황에서는 거의 불안감을 느끼지 않았으며, 자신의 사업도 성공적으로 해나가고 있었습니다. 그가 데이트 상대를 만날 수 있는 첫 번째 장소는 그가 다니는 교회와 볼링 동호회였습니다. 치료를 시작한 이래로 두 상황에서 여성들과 대화를 하는 노출을 몇 차례 수행했습니다. 이런 대화는 잘되는 것 같았으며, 다음 단계는 그 여성들 중 한 명에게 데이트 신청을 하는 것이었습니다.

지난주에 준영 씨는 교회에서 친해지고 싶은 여성과 긴 대화를 나누었습니다. 그들은 보고 싶은 영화에 관해 대화를 나누기 시작했으며, 이론적으로는 다음 단계로 그녀에게 영화를 보러 가자고 제안해야 했습니다. 준영 씨는 이전 노출이 매우 성공적이었지만 다음 단계를 밟는 것에 대해 극심한 불안을 느꼈습니다.

치료자는 그에게 불안을 유발하는 자동적 사고를 찾아보게 했습니다. 그는 "그녀는 나와 데이트하고 싶지 않을 거야."라는 자동적 사고를 계속 떠올렸는데, 이 생각은 점쟁이 예언 오류였습니다. 치료자는 준영 씨가 논박적 질문을 이용해서 자동적 사고가 맞다는 증거를 찾아보게 했습니다. 그는 그녀가 자신과 데이트하지 않을 것이라는 증거가 없다는 사실을 인정했습니다. 사실 그는 여성들이 그와는 대화조차 하고 싶지 않을 것이라고 예측했지만, 진실이 아니라고 밝혀졌습니다.

치료자와 더 대화를 하면서, 준영 씨가 데이트할 때 하는 대화는 일상적인 대화보다 더 사적일 것이라고 믿는다는 것이 분명해졌습니다. 이 면담에서 "난 내 이야기를 잘 못해."와 "난 할 말이 없을 거야." 같은 자동적 사고들이 드러났습니다. 치료자와 할 말이 없을 것이라는 걱정에 대해 더 논의하면서, 준영 씨는 일, 가족, 고향 등 대화를 나누기에 적합한 몇 가지 주제를 나열할 수 있었습니다. 그는 무슨 말을 해야 할지 모르는 것이 아니라 누군가에게 이런 사적인 주제를 이야기하는 것이 불편했습니다. 치료자는 만약 데이트를 할 때 이런 주제들에 관해 대화한다면 무슨 일이 일어날 것이라고 생각하는지 물었습니다. 준영 씨는 많이 주저한 끝에, 그녀가 정말 좋았지만, 자신에 대해 실제로 알게 된다면 자신을 좋아하지 않을까 봐 두려웠다고 실토했습니다. 그러나 준영 씨는 자신에게 무언가 문제가 있다고는 생각하지 않았습니다. 다만, 그는 자신이 매우 평범하다고 믿었습니다. 그의 표현대로라면 그는 고등학교 때 인기가 있는 학생도 아니었고, 돈을 많이 벌지도 못했고, 대단한 직업을 갖지도 못했습니다. 요컨대 그는 다른 사람의 관심을 끌 만한 대단한 일을 한 번도 해보지 못했습니다. 준영 씨는 너무 평범해서 사람들이 그것을 알고 나면 자신을 싫어할까 봐 두려웠습니다. 그와 치료자는 그의 핵심믿음이 "사람들이 실제로 나를 알면 좋아하지 않을 거야."라는 데 의견이 일치했습니다.

준영 씨와 치료자는 핵심믿음을 확인하고 나서 다른 자동적 사고와 마찬가지로 인지적 작업을 했습니다. 준영 씨는 자신의 믿음이 진실인지 증명하는 증거를 모으기로 했습니다. 준영 씨와 치료자는 데이트 상대가 그를 좋아할 만한 장점과 매력 목록을 만들었습니다. 이 목록을 검토한 후 준영 씨는 "나도 자부심을 가질 만한 장점이 있어."라는 합리적 반응을 만들었습니다. 그는 이 합리적 반응으로 자동적 사고를 공략하면서 교회에서 만났던 여성에게 영화를 보러 가자고 했습니다. 앞서 대화할 때와 마찬가지로, 데이트도 준영 씨의 예상보다 좋았습니다. 그는 성공을 할 때마다 덜 불안해졌고 더 자신감이 생겼습니다. 그는 예전에는 누군가가 그를 알게 되는 위험을 감수하지 않았기 때문에 사람들이 그를 좋아하는지 아닌지 확인할 기회가 없었습니다.

"나는 사기꾼이야"

미선 씨는 두 자녀를 가진 44세의 기혼 여성입니다. 그녀는 성공한 변호사였지만 최근 들어 중요한 의뢰인들을 만나야 할 때마다 극심한 불안을 느껴서 치료를 받으러 왔습니다. 그녀는 의뢰인과 변호사들이 참여하는 회의에서 공황에 빠져 회의실을 나와야 했던 적도 있었습니다. 그녀는 이 불안이 그녀의 일에 방해가 된다고 느끼기 시작했습니다. 지난 몇 년간 그녀는 구직면접 때나 직장에서, 그리고 아이의 선생님이나 남편의 상사와 만날 때 가끔 사회불안을 경험했습니다. 그러나 그녀가 직장에서 성공을 거둘수록 이 불안은 깊어졌습니다.

미선 씨는 곧 있을 협상회의가 매우 걱정되었습니다. 그 회의에서 그녀는 의뢰인을 적극적으로 변호해야 합니다. 그 상황에 있는 자신을 상상해 보라고 하자 그녀는 고급 양복을 걸치고 자신감에 차있는 사람들이 회의실에 앉아있는 장면이 상상된다고 치료자에게 말했습니다. 그녀의 자동적 사고는 그녀가 그 사람들과 저 방에 있을 자격이 없다는 것이었습니다. 미선 씨는 그 자동적 사고에서 인지적 오류로 감정적 추론(단지 편하지 않다는 것이 자격이 없다는 것을 의미하지 않기 때문)과 장점 무시하기(자신의 자격과 교육, 이전 성공을 모두 평가절하)를 찾았습니다. 치료자의 도움으로 미선 씨는 두 가지 목록을 만들었습니다. (1) 그녀가 회의에 참석해야 한다는 증거, (2) 그녀가 회의에 참석할 수 없다는 증거. 첫 번째 목록은 아주 길었고 두 번째 목록에는 아무것도 없었습니다.

미선 씨는 여전히 "나는 이 회의에 참석해서는 안 돼."라는 자동적 사고를 고수했습니다. 치료자는 그녀가 그곳에 참석하면 안 된다고 생각하는 사람이 있는지 물었습니다. 그녀는 머뭇거리면서 고등학교 시절 그녀를 아는 사람이라면 지금 자신을 보고 충격을 받을 것이라고 했습니다. 치료자는 그들이 제3장 '나의 불안은 어디에서 왔을까?' 기록지를 작성했을 때 미선 씨가 자신의 불안이 아마도 그녀의 인생 경험과 경직된 가정 환경에서 왔겠지만, 다소 모호하다고 말했음을 언급했습니다. 치료자가 계속 말해보도록 격려하자 그녀는 고등학교 때 자신이 매우 거칠었고, 무단결석에 음주를 하고 대마초도 피웠다는 사실을 고백했습니다. 그녀는 어린 시절에 성적으로도 매우 자유분방했고 임신까지 했습니다. 이 사실을 알게 된 그녀의 부모는 격노했습니다.

그들은 그녀를 가까운 도시에 살고 있던 큰언니 집으로 보냈고 그곳에서 아기를 낳으면 입양시키기로 결정했습니다.

미선 씨는 임신기간 동안 언니와 많은 이야기를 나누면서 자신의 인생을 뒤돌아보게 되었습니다. 그녀는 아기를 낳고 나서 집으로 돌아와 학교를 옮겼습니다. 그녀는 공부를 매우 열심히 하게 되었고 아르바이트도 하면서 친구들을 거의 만나지 않았습니다. 하나의 성공은 또 다른 성공을 낳았습니다. 그녀는 법대에 진학했고 결혼을 해서 아이도 낳았습니다. 남편을 포함한 어느 누구도 그녀의 거친 과거를 몰랐습니다. 하지만 미선 씨는 자신의 과거를 부끄럽게 여겼습니다. 가족 누구도 그녀의 임신에 대해 말하지 않았지만, 미선 씨는 언젠가는 입양시켰던 아이가 문 앞에 갑자기 나타날 것만 같은 두려움을 계속 가지고 있었습니다. 미선 씨의 핵심믿음은 "나는 사기꾼이야. 이런 삶을 누릴 자격이 없어. 언젠가는 사람들이 알게 될 것이고, 난 모든 걸 잃게 될 거야."였습니다.

미선 씨와 치료자는 이 핵심믿음에서 세 가지 인지적 오류를 찾았습니다. 세 가지 오류는 감정적 추론(어릴 적 실수에 대한 죄책감과 부끄러움이 그녀 자신과 인생 전체를 부정적으로 보게 만들었기 때문), 명명하기(자신을 '사기꾼'이라고 하면서 자신의 가족, 직업, 사회적 지위를 받을 자격이 없다고 여겼기 때문), 독심술(그녀의 비밀을 알게 된다면 모든 사람이 그녀를 거부할 것이라고 추측했기 때문)입니다. 미선 씨는 치료자와 함께 핵심믿음 "나는 사기꾼이야."를 검증해 보기로 했습니다. 이것은 몇 가지 단계로 구성되었습니다.

1. 어린 시절 그녀의 행동은 그녀가 지난 30년간 이룬 모든 것에 비하면 훨씬 덜 중요하다는 것을 인정하기
2. 남편에게 예전에 임신했던 사실 털어놓기
3. 과거에 있었던 일과 그것에 대해 자신이 어떻게 느꼈는지 부모님과 언니에게 말하기
4. 10대 미혼모들을 위한 자원봉사 시작하기

미선 씨는 직장에서는 자신의 과거에 대해 말하지 않기로 했습니다. 자신의 과거는 사적이며 직무 수행과는 아무런 관련이 없기 때문이었습니다. 각 단

계는 심한 불안을 유발했습니다. 미선 씨는 이런 활동이 유발하는 불안에 대처하기 위해 치료시간에 배운 인지적 기술을 사용하면서 노출 때와 같이 가장 쉬운 단계부터 가장 어려운 단계 순서로 시도했습니다. 그녀는 자신의 비밀을 드러내는 데 대한 두려움을 직면하면서 자신이 자격이 없으며 사기꾼이라는 생각을 변화시키게 되었습니다. 미선 씨는 또한 치료자를 비롯한 주변 사람들과 자신의 과거에 관해 대화하면서 다른 사람들이 부정적 반응을 보일 것이라는 자신의 예측이 사실이 아니었다는 것을 깨닫게 되었습니다. 사람들은 그녀의 실수를 비난하기보다는 오히려 바른 길로 돌아온 그녀의 의지를 칭찬했습니다.

"인생은 승자와 패자의 경쟁이야"

정민 씨는 28세 미혼 남성입니다. 그는 개인생활과 직장의 많은 상황에서 사회불안을 겪게 되었습니다. 그는 치료자와 핵심믿음을 찾기 위해 BYOCT 기록지를 검토하면서 자신을 다른 사람과 비교하는 주제를 발견했는데, 예를 들면 다음과 같습니다.

정민 씨는 끊임없이 다른 사람과 자신을 비교하면서 자신이 다른 사람보다 뛰어나다는 인상을 심어주려고 했기 때문에 대화가 지루했습니다. 또 다른 예는 직장에서 새로운 직원이 오면 불안이 증가하는 것이었습니다. 정민 씨는 한동안 일이 비교적 쉬웠기 때문에 화가 났습니다. 그러고 나서 상사가 새로 온 사람이 자신보다 일을 더 잘한다고 생각할까 봐 걱정하기 시작했습니다. 여러 상황에 걸친 그의 공통적인 자동적 사고는 다음과 같습니다.

- 성공하기 위해서는 선두를 지켜야 한다.
- 만약 실수를 한다면, 다른 사람들이 그것을 이용할 것이다.
- 내가 말을 더듬는다면, 다른 사람들이 내가 열등하다는 것을 알 수 있고, 나는 패자가 될 것이다.

정민 씨와 치료자는 정민 씨가 인생의 모든 것을 각 상황마다 승자와 패자가 있는 경쟁으로 본다는 생각을 발전시키기 시작했습니다. 이 관점에 따르면, 대화는 당신이 특권 그룹에 속할 만큼 훌륭하다는 것을 보여주기 위한 경쟁입니다. 치료자에게는 평범한 작업 환경처럼 들렸지만, 정민 씨는 동료들이 항상 그를 앞지르기 위해 경쟁하기 때문에 그가 일을 잘한다는 사실을 매일 입증해야 한다고 생각했습니다.

정민 씨는 최근에 친구들과 클럽에 간 적이 있는데, 친구들이 춤을 추기 시작할 무렵에 클럽을 빠져나왔습니다. 이 상황에서 그의 자동적 사고는 "나는 다른 사람들에게 보여줄 만큼 춤을 잘 추지 않아."였습니다. 정민 씨는 이 생각에서 흑백논리를 찾을 수 있었습니다. 그 생각에는 승자와 패자 두 범주만 있습니다. 또한 그는 다른 사람들도 사회적 상황을 경쟁으로 본다고 믿었기 때문에 독심술 오류도 범했습니다.

정민 씨와 치료자가 이렇게 경쟁을 강조하게 된 원인에 대해 토론했을 때, 정민 씨는 중학교 때 놀림을 당한 몇 가지 경험을 바로 떠올렸습니다. 그는 새 학교로 전학 간 이야기를 했습니다. 그 학교는 남학생들 사이에 매우 엄격한 위계질서가 있기로 유명했으며, 그 질서에서 조금이라도 벗어나면 괴롭힘과 놀림을 당했습니다. 그는 인기 있는 그룹의 일원이 되고 싶었고 그들과 어울리기 위해 최선을 다했습니다. 그는 자신이 충분히 괜찮다는 것을 보여주기 위해 끊임없이 노력해서 결국 성공했습니다. 그는 그해에 세상에는 승자와 패자가 있고, 승자가 되는 것이 훨씬 낫다는 사실을 배웠다고 말했습니다. 그러나 정민 씨는 또한 자신이 사회적 상황에서 많은 압력을 느꼈고 자신의 진정한 모습을 드러내기 두려워했기 때문에 친밀한 우정을 쌓을 수 없다는 것을 확인할 수 있었습니다. 정민 씨는 자신의 일을 해야 할 뿐 아니라 다른 사람들이 무엇을 하는지 끊임없이 모니터링했기 때문에 근무일에 훨씬 더 스트레스를 느꼈습니다.

처음에 정민 씨는 치료자가 경쟁의 반대인 협조에 초점을 맞출 수 있을지 탐색해 보자고 제안하기 전까지는 다른 사람들이 인생을 다르게 볼 수 있다는 사실을 고려하지 못했습니다. 그들은 정민 씨가 모든 사람이 협조적인 목표를 가지고 있고 모든 참가자가 성공하기를 원한다는 가정하에 대화에 접근한다면 어떻게 느낄지 고려해 보았습니다. 이 경우, 그들은 대화의 성공을 당신이 그곳에 있을 권리를 증명하기보다는 다른 사람과 인맥을 만들고, 지원을 제공하고, 서로의 동행을 즐기는 것으로 정의했습니다. 정민 씨와 치료자는 그런 접근법이 중학교 때는 통하지 않았을 수 있지만, 지금은 대부분의 사람들이 중학교 때 세계관을 뛰어넘어 성숙했기 때문에 아마도 그런 접근법이 통할 수 있을 것이라는 데 동의했습니다. 정민 씨는 이 토론을 하는 동안 매우 감정적이었습니다. 그는 더 친절하고 지지적인 세상에서 살기를 간절히

원했지만 이것이 유치하고 이상주의적인 생각이라고 느꼈으며, 인생을 다르게 보기 위해 오랫동안 경쟁을 멈추기가 두려웠기 때문입니다.

정민 씨는 사회적 상황에 대한 보다 협조적인 관점이 효과적인지 검증하기 위해 주중에 몇 가지 노출을 하기로 했습니다. 그는 새로운 동료가 잘 적응하고 있는지 대화를 하고 자신이 신입사원이었을 때 경험을 알려주기로 했습니다. 그는 합리적 반응 "이것은 경쟁이 아냐."를 사용해서 노출에 들어갔습니다. 그는 또한 사람들이 모여서 주로 보드게임을 하는 커뮤니티 센터에서 열리는 모임에 참석하기로 했습니다. 그는 지금까지 그 모임을 회피했습니다. 그는 누가 이기든 상관없이 게임을 하고 대화를 하기로 행동목표를 세웠습니다. 시간이 흐르면서, 정민 씨는 가장 유용한 합리적 반응이 "관계를 맺는 것은 우리 모두 이기는 걸 의미해."라는 것을 느꼈습니다.

당신의 핵심믿음 찾기

우리는 수연 씨와 준영 씨, 미선 씨, 정민 씨 사례에서 사회불안증을 가진 사람들의 공통적인 핵심믿음을 공유했습니다. 이런 주제는 다음과 같습니다.

- 나는 모든 일을 완벽하게 해야 해.
- 사람들이 나에 대해 알게 된다면, 나를 좋아하지 않을 거야.
- 나는 사기꾼이야. 나에게 문제가 있어/내 잘못이야.
- 인생은 승자와 패자가 있는 경쟁이야.

당신의 자동적 사고들을 검증하면 다른 주제나 핵심믿음을 찾을 수 있을 것입니다. 당신은 또한 이 주제들 중 일부가 연결되는 것도 알 수 있을 것입니다. 예를 들면, 어떤 사람은 다른 사람들이 그들이 사기꾼이라는 것을 알아차리지 못하도록 모든 일을 완벽하게 해야 한다고 믿을 수 있습니다. 이 사례들을 공유함으로써, 우리는 당신이 이면에 있는 자동적 사고를 탐구하고 생각과 감정을 자신과 치료자에게 솔직히 드러내는 것이 중요하다는 사실을 이해하게 되기를 바랍니다.

양파 껍질 벗기기

기록지 12.1(양파 껍질 벗기기 : 핵심믿음을 찾고 공략하기)은 당신의 핵심믿음을 탐색하는 데 도움이 될 것입니다. 그림 12.1은 이 장에서 첫 사례로 들었던 수연 씨가 완성한 기록지입니다.

모든 핵심믿음이 찾기 힘든 건 아니다

이 장의 사례들은 핵심믿음을 매우 극적으로 묘사하고 있습니다. 만약 당신의 사회불안이 덜 심하거나 매우 드문 상황에서만 그것을 경험한다면, 당신의 핵심믿음을 좀 더 쉽게 찾을 수 있을 것입니다. 양파를 벗기는 비유로 돌아가면, 당신의 양파는 벗길 층이 많지 않을 수 있습니다. 노출에서 몇 번의 성공적인 경험은 핵심믿음을 확인하고 공략하기에 충분한 증거를 제공하므로 더 이상의 탐색은 불필요합니다. 만약 두려운 상황에 대한 불안과 회피가 많이 개선되고 더 이상 당신의 일상을 방해하지 않는다면, 그것은 당신에게 중요한 믿음들을 공략했다는 가장 좋은 증거입니다.

과거에 대한 통찰을 얻고자 하는 것이 아니다

전통적인 정신치료에서는 문제의 원인을 과거, 특히 어린 시절에서 찾으려고 합니다. 이런 접근방식의 뒤에는 원인을 이해하면 그 문제가 사라질 것이라는 이론이 자리 잡고 있습니다. 제3장에서 말했듯이, 이 이론을 뒷받침하는 과학적 증거는 없습니다. 자동적 사고 아래에 있는 핵심믿음을 이해하려는 시도는 사회불안을 '유발한' 사건을 찾는 것과는 다릅니다. 또한 핵심믿음을 찾는다고 해서 그것이 자동적으로 변화한다는 것을 의미하지는 않습니다. 사례에서 보여준 것과 같이, 핵심믿음을 파악한다는 것은 당신과 치료자가 치료 후반부에 노출을 통해 어떤 두려움을 직면해야 하는지 알게 된다는 의미입니다. 예를 들어, 미선 씨의 핵심믿음에는 그녀의 과거 비밀이 알려질 때 일어날 결과에 대한 두려움이 포함되어 있습니다. 이 때문에 그녀와 치료자는 가족이나 치료자 등 적절한 사람들과 과거에 대해 논의하는 몇 가지 노출 상황을 구성했습니다. 당신이 가진 도구 즉 인지적 기술과 치료적 노출을 사용해서 역기능적 핵심믿음을 공략할 수 있습니다. 핵심믿음을 변화시키는 것은 당신의 목표와 꿈을 추구하고 가치 있는 삶을 살 수 있도록 사회불안을 완전히 극복하는 마지막 단계들 중의 하나입니다.

1. 완성한 모든 BYOCT 기록지를 살펴보고 가장 빈번하게 나타나는 자동적 사고를 적으십시오.

2. 완성한 모든 BYOCT 기록지를 살펴보고 특히 강력해 보이는 자동적 사고를 적으십시오. 이것은 일반적으로 가장 중요해 보이거나 자신에 대한 관점에 특히 중요한 생각일 수도 있고 강한 감정을 느끼게 하는 자동적 사고일 수도 있습니다.

3. 1단계와 2단계에서 적은 것을 살펴보고, 빈번한 자동적 사고와 강력한 자동적 사고에 나타나는 주제를 적으십시오.

4. 3단계에서 자신과 자신의 삶에 대한 관점에 가장 중요해 보이는 주제 한 가지를 선택해서 적으십시오.

이제 양파 껍질을 벗기고 그 주제의 아래에 있을 자동적 사고와 핵심믿음을 찾아봅시다. 다음 세 칸에는 각각 세 가지 질문이 있습니다. 가장 적합하다고 생각되는 질문에 답해보십시오. 더 이상 질문과 답이 없을 때까지 이 과정을 되풀이하십시오.

5. 4단계의 주제를 살펴보고 다음 질문 중 한 가지 이상에 답하십시오(모든 질문이 다 적절하지는 않습니다. 각 생각에 가장 적절한 질문을 선택하십시오).

   왜 이 생각이 중요한가?
   그것이 사실이라면 무엇을 의미하나?
   그것의 나쁜 점은 무엇일 것 같은가?

   답을 떠올리면서 느낀 감정을 나열하십시오.

6a. 앞 칸에 쓴 답에 대해 5단계의 질문을 반복하십시오.

   왜 이 생각이 중요한가?

그것이 사실이라면 무엇을 의미하나?
그것의 나쁜 점은 무엇일 것 같은가?

답을 떠올리면서 느낀 감정을 나열하십시오.

6b. 앞 칸에 쓴 답에 대해 5단계의 질문을 반복하십시오.

왜 이 생각이 중요한가?
그것이 사실이라면 무엇을 의미하나?
그것의 나쁜 점은 무엇일 것 같은가?

답을 떠올리면서 느낀 감정을 나열하십시오.

---

7. 자신에게 질문하고 감정을 검토하면서 양파 껍질 벗기기를 계속하십시오. 점점 더 개인적이고 은밀한 믿음에 도달하는 것처럼 느껴야 합니다. 만약 막히면 멈추고 자신의 감정을 느껴 보십시오. 더 많은 생각이 떠오를 것입니다. 만약 더 이상 떠오르지 않는다면 이전 단계로 돌아가서 다르게 답을 해보십시오. 필요하면 추가로 기록지를 사용하십시오.

---

8. 양파의 핵, 즉 핵심믿음에 도달했다고 생각되면 그것을 아래에 기록하십시오. 그 믿음이 핵심믿음이라는 신호는 다음과 같습니다. (1) 강한 감정을 느낀다. (2) 매우 개인적이고도 중요하면서 진실인 것같이 여겨진다. (3) 오랫동안 생각해 왔던 것처럼 느껴진다.

---

9. 핵심믿음을 자동적 사고처럼 BYOCT 기록지에 기록하십시오. 인지적 오류와 논박적 질문을 이용해서 자신의 핵심믿음을 공략하고 합리적 반응을 기록하십시오.

---

10. 핵심믿음이 정확한지, 도움이 되는지 검증할 만한 몇 가지 치료적 노출을 나열하십시오. 좋은 노출은 흔히 핵심믿음의 규칙과 반대되는 시도를 포함합니다.

그림 12.1 | 수연 씨가 작성한 양파 껍질 벗기기 기록지

1. 완성한 모든 BYOCT 기록지를 살펴보고 가장 빈번하게 나타나는 자동적 사고를 적으십시오.

   나는 실수를 할 거야.

   나는 잘하지 못할 거야.

2. 완성한 모든 BYOCT 기록지를 살펴보고 특히 강력해 보이는 자동적 사고를 적으십시오. 이 것은 일반적으로 가장 중요해 보이거나 자신에 대한 관점에 특히 중요한 생각일 수도 있고 강한 감정을 느끼게 하는 자동적 사고일 수도 있습니다.

   나는 실수를 할 거야.

   나는 상사의 프로젝트를 망쳤어.

   나는 일을 잘해야 해.

3. 1단계와 2단계에서 적은 것을 살펴보고, 빈번한 자동적 사고와 강력한 자동적 사고에 나타나는 주제를 적으십시오.

   실수를 하는 것, 일을 제대로 하는 것

4. 3단계에서 자신과 자신의 삶에 대한 관점에 가장 중요해 보이는 주제 한 가지를 선택해서 적으십시오.

   나는 일을 제대로 하고 싶어 하는 타입이다.

이제 양파 껍질을 벗기고 그 주제의 아래에 있을 자동적 사고와 핵심믿음을 찾아봅시다. 다음 세 칸에 는 각각 세 가지 질문이 있습니다. 가장 적합하다고 생각되는 질문에 답해보십시오. 더 이상 질문과 답 이 없을 때까지 이 과정을 되풀이하십시오.

5. 4단계의 주제를 살펴보고 다음 질문 중 한 가지 이상에 답하십시오(모든 질문이 다 적절하 지는 않습니다. 각 생각에 가장 적절한 질문을 선택하십시오).

   왜 이 생각이 중요한가?

   그것이 사실이라면 무엇을 의미하나?

   그것의 나쁜 점은 무엇일 것 같은가?

   일을 제대로 하는 것이 중요하다. 나는 그런 사람이 되고 싶기 때문이다.

   답을 떠올리면서 느낀 감정을 나열하십시오.

   좌절감, 죄책감

그림 12.1 | 수연 씨가 작성한 양파 껍질 벗기기 기록지 (계속)

6a. 앞 칸에 쓴 답에 대해 5단계의 질문을 반복하십시오.

왜 이 생각이 중요한가?

그것이 사실이라면 무엇을 의미하나?

그것의 나쁜 점은 무엇일 것 같은가?

일을 제대로 하는 것은 정해진 방식대로 하는 것을 의미한다. 완벽하게 하는 것이다.

답을 떠올리면서 느낀 감정을 나열하십시오.

분노감, 좌절감, 압도감

6b. 앞 칸에 쓴 답에 대해 5단계의 질문을 반복하십시오.

왜 이 생각이 중요한가?

그것이 사실이라면 무엇을 의미하나?

그것의 나쁜 점은 무엇일 것 같은가?

나는 일을 완벽하게 해야 한다. 아버지는 잘할 수 없으면 아예 하지 말라고 했다.

답을 떠올리면서 느낀 감정을 나열하십시오.

좌절감, 죄책감

7. 자신에게 질문하고 감정을 검토하면서 양파 껍질 벗기기를 계속하십시오. 점점 더 개인적이고 은밀한 믿음에 도달하는 것처럼 느껴야 합니다. 만약 막히면 멈추고 자신의 감정을 느껴 보십시오. 더 많은 생각이 떠오를 것입니다. 만약 더 이상 떠오르지 않는다면 이전 단계로 돌아가서 다르게 답을 해보십시오. 필요하면 추가로 기록지를 사용하십시오.

8. 양파의 핵, 즉 핵심믿음에 도달했다고 생각되면 그것을 아래에 기록하십시오. 그 믿음이 핵심믿음이라는 신호는 다음과 같습니다. (1) 강한 감정을 느낀다. (2) 매우 개인적이고도 중요하면서 진실인 것같이 여겨진다. (3) 오랫동안 생각해 왔던 것처럼 느껴진다.

나는 비록 처음이더라도 모든 일을 완벽하게 해야 한다.

그림 12.1 | 수연 씨가 작성한 양파 껍질 벗기기 기록지 (계속)

9. 핵심믿음을 자동적 사고처럼 BYOCT 기록지에 기록하십시오. 인지적 오류와 논박적 질문을 이용해서 자신의 핵심믿음을 공략하고 합리적 반응을 기록하십시오.

'적당히 잘하는' 것도 때로는 괜찮다.

10. 핵심믿음이 정확한지, 도움이 되는지 검증할 만한 몇 가지 치료적 노출을 나열하십시오. 좋은 노출은 흔히 핵심믿음의 규칙과 반대되는 시도를 포함합니다.

일부러 조금 실수해 보기

난생 처음 골프 쳐보기

동료가 집에 방문할 때 거실을 어질러 놓은 채로 두기

자가평가

각 질문에 '예' 또는 '아니오'로 표시하고 이 책의 마지막에 수록된 부록에서 정답을 맞추어 보십시오.

1. 자동적 사고에 대한 검증을 계속하면 핵심에 가까운 믿음에 도달할 수 있다. **예 아니오**

2. 자동적 사고와 함께 떠오르는 다른 생각들 검증하기, 자동적 사고를 떠올릴 때 경험하는 감정에 집중하기, 자동적 사고가 실현된다면 어떤 일이 일어날지 고려하기는 더 깊은 자동적 사고 또는 핵심믿음에 도달하기 위한 적절한 방법이다. **예 아니오**

3. 사회불안을 변화시키고 극복하기 위해서는 핵심믿음의 원인이 되는 과거 사건을 이해하는 것이 중요하다. 원인을 이해하면 문제가 사라지기 때문이다. **예 아니오**

4. 사회불안으로 고통받는 사람들의 공통적인 핵심믿음은 흔히 모든 것을 완벽하게 해야 한다는 믿음과 자신에게 정말로 무언가 문제가 있다는 믿음에 중점을 둔다. **예 아니오**

5. 핵심믿음은 절대 변할 수 없다. **예 아니오**

제13장

성과 검토와 치료 종결 : 홀로 여행을 계속할 준비하기

성과 점검 목록

이 장은 치료 프로그램에서 사회불안을 다스리기 위한 훈련을 몇 주간 하고 나서 읽어보면 가장 유용할 것입니다. 치료자와 함께 당신이 어떻게 발전하고 있는지 확인하기 위해 다음 점검 목록을 검토하십시오. 괄호 안에 해당 주제나 기술을 다루었던 장을 나타냅니다.

당신은 …

☐ 불안해지는 것을 느낄 때 자동적 사고를 찾을 수 있습니까? (제5장)

☐ 자동적 사고에서 인지적 오류를 찾을 수 있습니까? (제5장)

☐ 자동적 사고를 공략하기 위해서 논박적 질문을 사용할 수 있습니까? (제6장)

☐ 불안한 상황에서 합리적 반응을 만들고 사용할 수 있습니까? (제6장)

☐ 불안을 극복하기 위해 매일 무언가를 합니까? (제8장)

☐ 회피를 피합니까? 당신에게 중요한 것에 적응할 수 있도록 불안한 상황을 회피하지 않고 직면하려고 합니까? (제8장)

☐ 미묘한 회피를 피하고 안전행동(모임에서 아는 사람과만 대화하기, 특정한 대화 주제 피하기, 연설이나 회의를 지나치게 준비하기 등 상황이 더 안전하게 느껴지게 하는 행동들)을 하지 않습니까? (제8장)

이제 공포 회피 순위로 돌아가서 상황들을 살펴볼 시간입니다. 제4장에서 만든 공포 회피 순위표의 두 번째 사본을 꺼내십시오. 이 사본에는 SUDS와 회피 점수가 없어야 합니다. 처음 매긴 점수를 보지 말고 각 상황에 대해 공포와 회피 정도를 0~100점 척도로 다시 매겨보십시오. 점수를 매기고 나서 원래 공포 회피 순위표를 꺼내 점수를 비교해 보십시오. 지금쯤이면 긍정적인 변화를 확인할 수 있을 것입니다. 대부분의 사람은 순위표의 하반부 상황들이 먼저 변화한 것을 발견합니다. 또한 SUDS 점수가 감소하기 전에 회피 점수가 감소하는 것이 일반적입니다. 앞에서 이미 배웠듯이, 만약 두려워하는 것에 대한 회피를 중단하면 그것에 대한 공포감도 감소할 것입니다.

또한 SASCI 주간 점수를 검토하십시오. 비록 어떤 주에는 점수가 높거나 낮을 수도 있겠지만, 치료를 시작한 이후부터 불안과 회피 및 장애가 줄어드는 일반적인 패턴을 확인할 것입니다.

새로 작성한 공포 회피 순위와 SASCI 점수가 당신의 진전을 보여준다면 스스로 축하하십시오. 이 장 시작 부분의 점검 목록에 있는 일부 또는 모든 항목에 체크했다면, 당신의 노고를 칭찬하십시오. 당신은 아마도 치료 성과를 확인하고도 "그래, 내가 그런 일을 했지. 하지만 아직도 사회불안이 심각한 걸."이라고 생각할 수 있을 것입니다. 그것은 당신을 좌절하게 하는 매우 유해한 생각입니다! 자세히 살펴보면, 이 자동적 사고에 장점 무시하기 오류가 포함된 것을 발견할 것입니다. 논박적 질문을 사용해서 "사회불안이 아직 있다는 것이 내가 중요한 성과를 거두지 못했다는 의미인가?"라고 자문해 보십시오. 절대로 그렇지 않습니다. 단지 아직 사회불안을 극복하기 위해 더 노력해야 한다는 것 때문에 지금까지 했던 모든 노력이 아무런 성과도 없다는 의미는 아닙니다. 사실, 당신은 인지적 자가치료 기술과 생산적으로 두려움에 직면하는 방법을 익힘으로써 더 많은 진전을 이루는 데 도움이 되는 뛰어난 수단을 갖게 되었습니다.

진전을 계속하려면

사회불안을 극복하는 데 많은 성과를 이뤘더라도 진전을 계속 이어가기 위해서는 중요한 습관들이 필요합니다.

1. **회피를 중단하라.** 불안한 상황에 대한 회피를 빨리 중단할수록 당신의 사회공포를 더 빨리 극복할 것입니다. 불안한 상황을 회피할 때마다, 불안을 보상하고 악화시킵니다. 비록 불안하더라도, 회피하지 않고 상황을 직면할 때마다 두려움을 극복할 기회가 생깁니다. 진전을 계속하기 위해서는 회피를 0으로 떨어뜨리는 것을 목표로 삼아야 합니다.

2. **인지적 기술을 계속 사용하라.** 치료 기법들이 익숙해지고 일상화되면 인지 재구성 기술을 단축하거나 생략하기 쉽습니다. 나중에 다루겠지만, 일반적으로 인지적 기술은 연습을 반복하면 자동화됩니다. 하지만 되도록 제7장의 BYOCT 기록지에 쓰면서 모든 단계를 수행하는 것이 매우 중요합니다. 이런 기술은 당신의 불안을 다스리는 강력한 도구일 수 있습니다. 각 노출에서 가능한 한 많은 것을 얻기 위해서는 자동적 사고를 확인하고 공략하는 체계적인 노력이 필수적입니다. 제12장에서 다루었듯이, 불안의 아래에 있는 역기능적 핵심믿음을 확인하기 위해서는 체계적인 인지 재구성을 반복할 필요가 있습니다.

3. **불안을 기회로 보라.** 우리는 지난 몇 년 동안 이 프로그램에서 가장 많은 진전을 이룬 사람들은 어떤 시점에서 사고방식의 변화를 겪는다는 것을 알았습니다. 모든 사람이 처음에는 그들의 공포를 회피하고, 망신을 당하거나 부정적인 평가를 받지 않으려고 합니다. 그러나 불안 유발 상황을 위협이 아니라 기회로 보는 사람들은 가장 **빠른** 진전을 보입니다. 이들은 불안이 증가하는 것을 상황을 중단하거나, 벗어나거나, 회피해야 한다는 신호가 아니라 그 상황을 적극적으로 직면해야 한다는 신호로 여깁니다. 만약 당신이 치료자에게 노출을 더욱 어렵게 또는 효과적으로 시도하는 방법을 제안한다면, 당신의 사고방식에도 이런 변화가 생긴 것입니다.

4. **당신의 성공에 보상하라.** 두려움을 직면하려면 용기와 동기가 필요합니다. 기회가 있을 때마다 자신의 성공에 대해 칭찬하십시오. 각각의 성취에 대해 치료자에게 알리십시오. 만약 가족이나 친구들이 당신이 사회불안을 극복하고 있다는 것을 안다면, 성공할 때마다 그들도 축하하게 하십시

오. 정기적으로 시간을 내서 치료를 시작하기 전보다 더 쉬워진 상황과 치료 전에는 할 수 없었는데 지금은 할 수 있는 일에 대해 생각해 보십시오. 두려움을 극복하면서 당신의 인생이 모든 방면에서 나아지는 것을 자축하십시오.

5. **불안을 다스리기 위해 부가적인 전략을 사용하라.** 만약 원하는 만큼 성과를 얻지 못했다면, 도움이 될 만한 부가 전략에 대해 치료자와 상의하십시오. 치료자는 이완훈련과 같은 부가적인 치료 기법을 제안할 수 있을 것입니다. 약물치료도 유용할 수 있으며, 치료자와 반드시 상의해야 합니다. 부가적인 기법들과 약물치료는 이 프로그램에서 당신이 배운 기법들을 대신하려는 목적이 아니라 보완하기 위한 것입니다.

새로운 상황은 새로운 도전을 의미한다

사회불안증 인지행동치료에 관한 연구에서 내담자들이 어떻게 지내는지 확인하기 위해 우리는 대개 치료를 종결하고 나서 6~12개월 후에 그들을 다시 오게 합니다. 간혹 어떤 내담자는 불안과 스트레스를 유발하는 새로운 상황 때문에 매우 낙담한 상태로 추적 회기에 올 것입니다. 예를 들면, 사회불안 때문에 한 번도 제대로 된 직장을 가져본 적이 없는 한 남성은 몇 개월 후 큰 아파트 단지에 정비사로 취직했습니다. 그는 곧 퇴직하는 선임자를 보조하는 임시직으로 일했습니다. 주민들은 그에게 정식 직원으로 일할 의향이 있는지 물었습니다. 이는 아파트 주민들을 더 자주 대면하고 새로 올 임시직도 감독해야 한다는 의미였습니다. 그는 승진에 대해 흥분했지만, 한편으로는 승진이 매우 걱정되었으며, 사회불안을 극복하기 위해 이룬 성과를 모두 잃어버릴 것 같았습니다. 치료자는 그의 생각이 진실과 거리가 멀다는 것을 금방 알아차렸습니다. 그는 자신의 두려움을 극복하는 데 성공했기 때문에 예전에 한 번도 겪어보지 못한 상황에 놓이게 되었습니다. 이것은 새로운 상황이었기 때문에 당연하게도 그는 약간의 불안을 느끼고 있었습니다. 치료자는 그가 불안을 느끼는 것을 실패가 아니라 진전의 신호로 인식하게 했습니다. 그러고 나서 그는 이런 새로운 상황을 성공적으로 직면하기 위해 치료에서 배운 모든 것을 활용할 수 있었습니다.

이 사례는 사회불안이 줄어들면서 생긴 삶의 변화로 인해 예전에 경험하지 못했던 상황에 놓일 수 있음을 보여줍니다. 실제로는 사회불안이 극적으로 좋아지고 있지만, 오히려 더 나빠지고 있다고 느끼는 시기가 있을 수 있습니다. 당신이 회피를 중단할 때, 좋은 소식은 당신에게 중요한 것들을 성취할 기회가 많아진다는 것입니다. 나쁜 소식은 이런 새로운 기회들이 조금 스트레스일 수 있다는 것입니다. 만약 한 번도 연애를 해본 적이 없는 사람이라면 결혼식 불안이나 이별의 아픔을 미리 경험할 필요는 없을 것입니다. 수업에 들어가고 학위를 마치는 것이 너무 불안한 사람이라면, 원하던 직장에 첫 출근하는 불안을 경험해야 할 필요는 없을 것입니다. 취직을 해본 적이 없는 사람이라면 실직 스트레스를 직면해야 할 필요는 없을 것입니다.

참가자들이 이런 경험을 하기 때문에 우리는 두 가지 제안을 합니다.

- 첫째, 돌아가서 지금까지 효과가 있었던 전략을 다시 사용하는 것입니다. 교재를 다시 꺼내 인지적 자가치료 기술과 치료적 노출에 대한 기억을 되살려 보십시오.
- 둘째, 만약 불안이 너무 심해 혼자 직면할 수 없을 것 같다면, 치료자를 다시 방문해서 몇 차례 회기를 가지십시오. 이 장의 후반부에 '강화' 회기에 대해 설명할 것입니다.

치료자와 정기적인 면담을 언제 중단하는가?

사회불안증을 가진 대부분의 사람은 치료자와 함께 이 프로그램에서 최대한 성과를 얻기까지 15~20회기가 걸립니다. 이것은 당신과 치료자가 회기에서 사회불안증에 집중하고, 경험할 수 있는 다른 문제에는 많은 시간을 할애하지 않는다는 전제하에 추정한 기간입니다. 그러나 만약 우울증이나 부부문제, 약물문제, 직장 또는 경제적 문제 등에 시간을 할애해야 한다면 이 치료 프로그램을 마치는 데 시간이 더 걸릴 것입니다. 당신의 사회불안이 심각한 경우에도 치료기간이 길어질 수 있습니다.

다음은 치료자와 정기적인 만남을 끝낼 준비가 되었다는 신호들입니다.

1. 공포 회피 순위에서 가장 어려운 상황에 대한 회기 내 노출을 완료했으며, 순위에서 거의 모든 상황에 대한 노출 과제를 수행했다.

2. 학교로 돌아가거나, 취직 또는 이직을 하거나, 데이트를 하거나, 중요한 연설 또는 행사 같은 특정 상황에 대한 직면 등 가장 중요한 치료 목표 대부분을 달성했다.

3. 사회불안증이 어떤 방식으로든 일상적 기능을 더 이상 방해하지 않는다. 아직 불안이 조금 있을 수 있지만 충분히 감당할 수 있다고 느끼며, 불안 때문에 회피하는 경우가 거의 없다.

제1장에서 논의했듯이, 사회불안은 삶의 정상적인 부분입니다. 불안을 경험하는 상황은 항상 있습니다. 이 치료는 당신이 불안을 겪지 않게 하는 것이 아닙니다. 사실 당신은 앞으로도 보통사람들보다 사회불안으로 인한 문제를 더 많이 겪을 수 있을 것입니다. 우리의 연구에 의하면, 이 프로그램을 성공적으로 마친 사람들도 상당히 자주 사회불안을 경험합니다. 그러나 그들은 스스로 사회불안을 극복하기 위한 노력을 계속하며, 치료를 종결하고 나서 6개월 또는 12개월 후에 치료자를 만날 때 그들은 종종 치료 직후에 비해 더 잘 대처하고 있습니다.

마치는 날

이 프로그램을 마치는 사람들이 마지막 회기에서 작성하는 두 가지 기록지가 있습니다. 이 기록지들은 치료자와 상담할 때 도움이 될 수 있습니다.

1. 치료 과정에서 이룩한 모든 변화에 대해 치료자와 토론하기. 여느 졸업식과 같이, 지금은 당신의 성취를 축하하는 시간입니다. 기록지 13.1(사회불안 치료를 통한 나의 성취)을 사용해서 다음 사항들에 대해 생각해 보십시오.

   ■ 내가 배운 새로운 기술

1. 내가 배운 새로운 기술

---

2. 나의 인생에 생긴 변화

---

3. 내가 더욱 자신 있게 여기는 방법

---

4. 내가 수행한 것 중 예전에는 전혀 하지 못했거나 오랫동안 하지 않았던 것

_____년 _____월 _____일(치료 종결 후 한 달째 되는 날)까지 나는 다음 목표를 달성하고 싶다.

- 나의 인생에 생긴 변화
- 내가 더욱 자신 있게 여기는 방법
- 내가 수행한 것 중 예전에는 전혀 하지 못했거나 오랫동안 하지 않았던 것

공포 회피 순위의 점수 변화를 검토하면 이 프로그램을 통해 당신이 어떤 성취를 했는지 확인하는 데 도움이 될 것입니다.

2. 치료 후 첫 달까지 공략하고 싶은 상황이나 공포에 대한 목표를 설정하고 그 목표를 기록지 13.2(치료 종결 후 첫 달의 목표)에 쓰기.

대부분의 사람이 치료가 끝나고 나서 첫 2주간은 조금 '후퇴'를 합니다. 이제 치료자에게 과제 진행을 보고할 필요가 없으므로 새로운 상황에 대한 도전을 중단하기 쉽습니다. 그리고 일부 회피행동이 다시 생길 수도 있습니다. 치료 후 첫 달의 목표를 설정해 놓으면 치료 종결 후에 약간의 휴식을 취하더라도 다시 돌아오기가 훨씬 쉬울 것입니다. 치료 후 한 달이 될 때까지 목표를 달성하기 위해 달력에 메모를 해두십시오.

언제 강화 회기를 요청하는가

정기 치료 회기를 마치면 대부분의 사람은 치료자를 정기적으로 보지 못하는 것 때문에 약간의 슬픔을 경험합니다. 이것은 정상적인 반응입니다. 그러나 그들은 치료가 끝나면 한편으로는 자신이 나아졌다는 생각에 기뻐합니다. 시간과 비용, 감정적 에너지를 더 이상 투자하지 않아도 된다는 것 또한 즐거운 일입니다. 지금까지 경험했듯이, 치료를 받는다는 것은 매우 힘든 일입니다! 반면에 다음 몇 주 또는 몇 달 사이에 사회불안이 재발할 수도 있습니다. 위에서 기술했듯이, 이것은 당신이 치료에서 달성한 성과로 새로운 상황들을 직면하게 되었기 때문일 수 있습니다. 사람들은 때때로 개인 또는 가정의 위기, 사랑하는 사람의 사망, 결혼, 출산 같은 스트레스를 겪으면 다시 더 불안해집니다. 사건이 긍정적이더라도 스트레스가 될 수 있습니다. 사람들은 가끔 극복했다고 생각했던 사회적 상황이나 수행 상황에서 나쁜 경험을 하며, 일시적으로 공포가 되살아나기도 합니다. 어떤 이유에서든, 불안이 증가하거나 불안한 상황을 회피하기 시작한다면 이 워크북을 다시 꺼내서 인지재구성 기술을 더 체계적으로 사용해 보십시오. 당신은 일부 어려운 상황에 대한 두려움을 극복하기 위해 치료적 노출을 다룬 장을 다시 읽고 나서 체계적으로 직면하고 싶을 수 있습니다. 그러나 만약 이런 시도가 효과적이지 않다면, 치료자에게 강화 회기를 요청하십시오. 대부분 한두 회기 정도면 정상으로 돌아오곤 합니다. 사실 문제가 생기기 시작할 때 치료를 다시 받는 것이 오랫동안 끌다가 치료를 받는 것보다 더 쉽습니다. 문제를 오래 끌수록 불안한 상황을 회피하는 등 나쁜 버릇이 생길 가능성이 높습니다. 그러면 더 많은 강화 회기가 필요하게 될 것입니다.

함께하는 여정의 끝

이 단락은 사회불안 극복을 위한 표준 치료 프로그램의 끝입니다. 당신은 아마도 치료자와 함께 당신의 치료를 끝내고 있을 것입니다(또는 적어도 다른 문제로 관심을 돌리고 있을 것입니다). 다른 한편으로 지금부터는 당신 혼자 떠나는 여행의 시작입니다. 당신은 이제 인지행동치료 기술을 충분히 갖추었고 당신의 인생을 새로운 방향으로 계속 이끌어 나갈 자신감도 키웠습니다. 우리는 당신의 성공을 기원합니다.

자가평가

각 질문에 '예' 또는 '아니오'로 표시하고 이 책의 마지막에 수록된 부록에서 정답을 맞추어 보십시오.

1. 자신의 역기능적 핵심믿음을 어떻게 찾는지 배우고 나면, 이 치료 프로그램에서 배운 다른 기법들은 더 이상 필요 없다.　　　**예 아니오**

2. 만약 불안한 상황을 회피할 대상이 아니라 기회로 여긴다면 더 빠른 성취를 할 수 있을 것이다.　　　**예 아니오**

3. 전혀 새로운 상황에 직면하고 불안해진다는 것은 사회불안이 실제로는 나빠지고 있다는 것을 의미한다.　　　**예 아니오**

4. 만약 가장 어려운 상황에 대한 노출을 마쳤고, 가장 중요한 치료 목표를 달성했으며, 사회불안이 더 이상 일상생활을 방해하지 않는다면, 치료자와 정기적인 면담을 중단하는 것을 고려할 수 있다.　　　**예 아니오**

5. 치료 종결 후 약간의 '후퇴'는 사회불안이 재발하는 것이며 더 나빠질 것이라는 의미이다.　　　**예 아니오**

자가평가 정답

제1장

1. **예.** 두려운 상황은 매우 광범위하지만, 가장 흔한 상황은 대중 연설, 친하지 않은 사람과의 대화, 데이트, 자기주장하기입니다. 또한 어떤 사람은 다른 사람 앞에서 먹거나 마시는 것, 관심이 집중되는 상황, 윗사람 또는 기타 권한이 있는 사람과의 대화, 공중화장실에서 소변보기, 분위기 있는 성적 상황 등을 힘들어하기도 합니다.

2. **아니오.** 사회불안은 삶의 정상적인 부분이며 대부분의 사람은 일생 동안 어떤 시점에서 사회불안을 경험합니다. 만약 사회불안이 자신의 삶을 크게 방해한다면 치료를 고려할 수 있습니다.

3. **예.** 사회불안증이 있는 사람들은 흔히 다른 사람들이 자신을 안 좋게 생각할까 봐 두려워합니다. 이들은 두려워하는 상황과 상관없이 부정적 평가를 두려워합니다.

4. **예.** 개선하고 싶은 것을 계속 지향하는 것은 쉽습니다. 그러나 당신이 성취한 것을 인지하는 것도 중요합니다. 당신이 진전하고 있음을 인지하면 더 나아지기 위한 노력을 계속하게 될 것입니다.

5. **예.** 변화는 힘들 수 있습니다. 그러나 실천과 연습이 당신이 변화하는 데 도움이 될 것입니다.

6. **아니오.** 거의 모든 사람이 때때로 사회불안을 경험합니다. 사회불안과 사회불안증을 구분하는 것은 사회불안으로 인한 고통과 방해 정도입니다.

제2장

1. **아니오**. 불안은 행동적, 신체적, 인지적 요소로 구성되어 있습니다. 회피는 행동적 요소에 속합니다.

2. **아니오**. 발열은 대개 불안과 관련이 없습니다.

3. **예**. 불안한 생각은 어떤 나쁜 일이 일어날 것이라는 예측을 포함합니다.

4. **아니오**. 불안한 상황을 회피하면 금방 편해지지만, 미래의 상황을 계속 회피하게 합니다. 그러므로 회피는 장기적으로 사회불안을 줄이지 못합니다.

5. **아니오**. 행동은 당신이 실행하는 것뿐 아니라 실행하지 않는 것(즉 회피)도 포함합니다.

6. **예**. 노출은 어떤 상황에 대한 예측을 검증하는 데 매우 유용합니다. 특히 그 상황을 회피하고 있다면 더욱 그렇습니다.

제3장

1. **아니오**. 비록 사회불안증에 유전적 요인이 있는 것으로 보이지만, 과학자들은 아직 사회불안과 명확하게 연관된 단일 유전자를 분리하지는 못하고 있습니다.

2. **예**. 사회불안증에 환경적 요인이 있는 것으로 보이며, 우리는 환경에 속한 사람들로부터 행동을 학습할 수 있습니다. 그래서 만약 당신의 가족들이 사회적으로 불안한 방식으로 행동한다면, 당신은 그 행동을 배우고 모방할 수 있습니다.

3. **아니오**. 비록 불안이 집안 내력이라고 하더라도, 당신은 불안에 효과적으로 대처하는 법을 배울 수 있고, 당신의 삶에 중요한 변화를 일으킬 수 있을 가능성이 매우 높습니다.

4. **예**. 치료자는 매주 사회불안 회기 변화 지수(SASCI)를 작성하게 하고 함께 결과를 검토할 것입니다. 이것은 당신의 변화를 계속 추적해서 이 치료가 당신에게 효과가 있는지 파악하는 좋은 방법입니다.

5. **아니오.** SASCI 패턴은 사람마다 다릅니다. 그러나 당신은 이 치료를 배우기만 하고 있을 뿐 이득을 얻을 기회가 없었기 때문에 처음 몇 회기 동안은 큰 변화가 없는 것이 일반적입니다. 또한 SASCI 점수는 때때로 더 나빠 보일 수도 있는데, 특히 회피를 줄이고 더 많은 상황을 직면하기 시작한다면 그럴 수 있습니다. 만약 당신의 SASCI 점수가 걱정된다면 치료자와 상의하십시오.

제4장

1. **아니오.** 사회불안을 일으키는 상황은 사람마다 매우 다릅니다.
2. **예.** 불안한 상황에 영향을 미치는 주요 요소를 이해하면 동일한 요소를 갖고 있는 새로운 상황에서 불안을 겪을지 판단하는 데 도움이 될 것입니다.
3. **아니오.** SUDS 점수는 주관적인 불편감을 측정하는 데 사용되며 회피 점수는 회피 정도를 측정하는 데 사용됩니다.
4. **아니오.** 어떤 상황의 회피 점수가 낮더라도(예 : 참가하기 싫지만 참가해야 하는 상황) 불안은 여전히 매우 높을 수 있습니다.
5. **아니오.** 사실상 어떤 상황이든 전적으로 또는 부분적으로 회피할 수 있습니다. 어떤 상황은 회피를 선택할 때 치러야 할 비용이 매우 클 수 있지만, 그럼에도 불구하고 회피를 선택하는 사람들이 있습니다.
6. **아니오.** 공포 회피 순위는 다양한 정도로 불안을 유발하는 여러 상황을 포함해야 하지만, 모든 상황을 포함할 필요는 없습니다.

제5장

1. **아니오.** 불안을 일으키는 것은 사건에 대한 해석입니다.
2. **예.** 노란 색안경은 사회불안이 있는 사람들이 사회적 상황을 보는 관점에 대한 은유입니다.
3. **아니오.** 당신이 어떤 사회적 상황에 임하기 전에 그 상황에 대해 갖는 생각이 당신의 행동 방식과 결과에 영향을 미칠 가능성이 높습니다.

4. **아니오.** 생각들을 더 자세히 검증해야 합니다. 사실 긍정적으로 생각하기 위해 단순히 부정적 사고를 억제하려고 한다면 오히려 자동적 사고를 강화할 수 있습니다.

5. **예.** 부정적 사고를 파악한 후 자동적 사고의 논리적 오류를 분석하고, 그 자동적 사고가 진실인지 아닌지 공략하고, 더 유용한 진술을 만듭니다.

6. **아니오.** 이것은 장점 무시하기 오류의 예입니다.

7. **예.** 어떤 생각은 비록 논리적 결함이 없다고 하더라도 그 생각을 곱씹는 다면 불안을 유발할 수 있습니다.

제6장

1. **예.** 다른 방식으로 생각하면 다른 행동(예 : 중요한 상황 직면하기, 보통 때 말하지 않던 상황에서 말하기 등)으로 이어질 수 있으며, 그로 인해 결과가 달라질 수 있습니다.

2. **예.** 논박적 질문에 답하는 것은 중요할 뿐 아니라 필수적입니다.

3. **아니오.** 자동적 사고에 대한 논박으로 상황에서 모든 불안을 제거할 수 없습니다. 그러나 이 과정은 기분을 안정시키고 더 명료하게 생각하는 데 도움이 될 것입니다.

4. **예.** 짧고 현실적인 합리적 반응은 당신의 자동적 사고에 대한 대안사고를 상기시키고 대처를 도울 것입니다.

5. **아니오.** 당신의 합리적 반응을 믿을 필요는 없습니다. 특히 처음에는 더욱 그렇습니다. 자신과 타인 그리고 사회적 상황에 대한 더욱 건강하고 유익한 생각을 믿는 데는 시간이 필요하며 노출을 통해 증거도 확인해야 합니다.

제7장

1. **예.** 노출을 시도함으로써 당신의 자동적 사고와 상반되는 새로운 사실을 배우고 자주 회피하는 중요한 사회적 행동을 연습할 수 있습니다.

2. **예**. 노출 전에 인지적 준비를 하면 노출 상황에서 불안을 유발할 것 같은 한 개 또는 여러 자동적 사고를 공략할 계획을 세우는 데 도움이 될 것입니다.

3. **아니오**. 노출이 성공했는지 확인하기 위해 '달성할 수 있는 행동목표'를 몇 가지 설정하는 것이 중요합니다.

4. **아니오**. 당신은 노출 중에 불안할 가능성이 큽니다. 불안하지 않는다는 목표는 한 번의 노출에 비해 지나치게 큰 목표이며, 약간의 사회불안은 삶의 정상적인 일부입니다.

5. **예**. 질문을 하거나 말을 해서 노출을 방해하는 것은 노출의 핵심인 두려움에 대해 충분한 직면을 하지 않으려 한다는 것을 의미할 수 있습니다.

6. **아니오**. 첫 노출을 포함한 모든 노출은 당신의 치료 목표에 부합하는 상황에 초점을 맞춰야 합니다.

제8장

1. **아니오**. 어려운 상황보다는 쉬운 상황부터 시작하는 것이 더 좋습니다.

2. **아니오**. 과제는 이 프로그램의 중요한 부분입니다. 과제를 완료하면 당신의 목표를 달성할 가능성이 더 높아집니다.

3. **아니오**. 사회불안을 겪는 모든 상황에 대해 노출을 할 필요는 없습니다. 당신의 새로운 기술들은 점차 새로운 상황에 일반화될 것입니다.

4. **예**. 일반화란 한 상황에서 학습한 것을 유사한 다른 상황에도 적용하는 것을 말합니다.

5. **예**. 불안은 당신의 자동적 사고를 검증해야 할 때라는 신호입니다. 계속 반복하면 불안을 느끼자마자 습관처럼 거의 자동적으로 당신의 자동적 사고를 확인하고 공략하게 될 것입니다.

제9장

1. **예**. 파이 차트 기법은 어떤 주어진 사회적 상황에서 다양한 결과가 일어

날 수 있으며, 그중 대다수가 당신이 두려워하는 결과보다 일어날 가능성이 훨씬 더 높다는 것을 이해하는 데 도움이 될 것입니다.

2. **예.** 두려워하는 결과를 약간 불쾌한 결과에서 치명적인 결과(예 : 교통사고로 모든 가족이 사망)까지 연속선상에 놓아보면 객관적 관점으로 볼 수 있습니다.

3. **아니오.** 만약 당신이 저녁 식사 자리에서 물을 흘릴까 봐 두려워하고 실제로 그런 일이 일어난다면, 당신은 자동적 사고가 예상한 것보다 그 상황에 훨씬 더 잘 대처할 수 있다는 사실을 배울 수 있으며, 앞으로 덜 불안하게 될 것입니다.

4. **아니오.** 불안을 감추려는 노력을 포기하거나 일부러 불안해 보이는 것은 불안을 악화하지 않습니다. 오히려 당신은 회피해 왔던 상황(불안을 보여주기)에 노출하고 있으며, 이것은 반복적인 노출에 대한 불안을 줄여줄 것입니다.

5. **예.** 침묵의 SUDS 기법은 노출 중에 당신과 다른 사람들이 당신의 명백한 불안을 실시간으로 추적할 수 있게 합니다. 사회불안이 있는 사람들은 대부분 객관적 관찰자들에 비해 그들의 불안한 모습을 과대평가하고 수행의 질을 과소평가합니다.

6. **예.** 우리는 호의적인 사회적 상황을 습관적으로 위험하게 볼 때와 편견과 차별로 인해 상황을 위협적으로 볼 때를 구분할 수 있어야 합니다(예 : 어떤 상황을 위협적인 상황으로 정확하게 파악하고 적절한 불안을 경험함).

제10장

1. **아니오.** 친구관계나 대인관계는 누군가와 친해질 수 있는 시발점이 되는 일반적인 주제에 관하여 가벼운 대화나 일상적 대화를 나눔으로써 시작됩니다.

2. **예.** 많은 연구에 의하면 우리는 더 자주 보는 사람들과 관계를 발전시키는 경향이 있습니다.

3. **예.** 사회불안으로 어려움을 겪는 사람들은 매우 자주 가벼운 대화를 어떻

게 하는지 모른다고 말합니다. 이것은 종종 그들이 많은 잠재적 주제를 평가절하하거나 무시하기 때문입니다.

4. **아니오**. 사회불안이 있는 대부분의 사람은 훌륭한 사회기술을 지녔으며, 종종 다른 사람들은 그들이 얼마나 불안한지 모릅니다. 때때로 사회불안은 그들이 사회기술을 사용하는 데 방해가 되지만, 불안이 감소함에 따라 문제가 되지 않습니다.

제11장

1. **아니오**. 대중 연설은 심각한 사회불안이 있는 사람과 없는 사람에게 공통적인 두려움입니다.

2. **예**. 자동적 사고를 공략하는 한 방법은 예상했던 결과가 일어날 가능성을 검토해 보는 것인데, 예상했던 결과는 대체로 극단적입니다. 일반적으로 이런 극단적인 반응은 잘 일어나지 않습니다.

3. **예**. 연설을 준비하면 불안이 유발되기 때문에 흔히 회피를 하게 됩니다.

4. **아니오**. 다가올 사건에 대해 불안을 느끼는 것은 BYOCT 기록지를 이용해서 자동적 사고를 공략하는 것이 도움이 될 수 있다는 명백한 신호입니다.

5. **예**. 반복적으로 공략할 수 있는 측면이 있는지 살펴보는 것이 중요합니다.

제12장

1. **예**. 자동적 사고와 감정의 층들을 탐색하면 더 핵심적인 믿음에 도달할 수 있습니다.

2. **예**. 이것은 핵심믿음을 찾는 유용한 전략입니다.

3. **아니오**. 당신은 핵심믿음의 근원에 대해 알 수 없으며 핵심믿음을 형성하게 된 당신의 과거를 이해해야만 하는 것도 아닙니다. 그것이 어디에서 유래되었는지 알지 못하더라도 역기능적 믿음을 변화시킬 수 있습니다.

4. **예**. 흔히 사회불안증을 겪는 사람들은 완벽해야 한다거나 심각한 결함이 있다는 핵심믿음을 가지고 있습니다.

5. **아니오**. 핵심믿음은 당신이 정확하지 않은 정보를 처리하기 시작하고, 인지재구성과 노출 경험을 사용하여 핵심믿음을 공략하면서 변화시킬 수 있습니다.

제13장

1. **아니오**. 이 프로그램에서 학습한 기술들을 계속 사용하는 것은 매우 중요합니다. 시간을 단축하는 요령이 있을 수 있겠지만, 각각의 노출에서 가능한 한 많은 것을 계속 얻기 위해서는 자동적 사고를 찾고 공략하는 체계적인 노력이 필수입니다. 지난 장에서 봤듯이, 불안의 기저에 있는 역기능적 핵심믿음을 찾는 데는 반복적이고 체계적인 인지재구성이 필요합니다.

2. **예**. 회피를 중단하고 불안을 유발하는 상황에 임할 때마다 당신의 두려움을 극복할 기회를 얻게 됩니다.

3. **아니오**. 그 반대입니다. 새로운 기술을 익혀서 당신의 사회불안이 줄어들 수 있었기 때문에 이전에는 직면할 수 없었던 상황을 직면하고 있는 것입니다. 당신은 사회적 상황에서 불안을 경험할 수 있기 때문에 사회불안이 악화되었다고 느낄 수도 있겠지만, 실제로는 사회불안이 개선되고 있습니다.

4. **예**. 더욱 숙련될수록 치료자의 도움이 덜 필요하게 될 것입니다.

5. **아니오**. 조금 후퇴하는 것은 흔한 경험이며, 이전 행동으로 되돌아가는 것을 의미하지 않습니다. 만약 당신이 지금까지 익힌 기술을 사용하고 더 많은 상황에 직면하기 위해 도전하기를 멈추지 않는다면, 불안이 계속 감소하고 유지될 것입니다.

지은이

Debra A. Hope

네브래스카대학교 링컨 캠퍼스 심리학과 교수이다. 그녀는 사회불안, 인지행동치료, 근거중심 치료 보급, 성별과 성적 소수자에 관한 낙인이 정신건강에 미치는 영향 등에 관한 주제로 110편 이상의 저술을 출판했다. Association of Behavioral and Cognitive Therapies 전 회장이며 *Clinical Psychology : Science and Practice*와 *Cognitive Therapy and Research*의 전 부편집자이다.

Richard G. Heimberg

템플대학교 Thaddeus L. Bolton 기금 교수이자 동 대학 부설 성인불안클리닉 소장이다. 그는 사회불안장애 모델과 치료를 평가하고 발전시켰다. 사회불안과 인지행동치료 및 연관 주제에 관한 12권의 책과 450편 이상의 논문을 출판했다. Association of Behavioral and Cognitive Therapies와 Society for a Science of Clinical Psychology의 전 회장이자 *Behavioral Therapy*의 전 편집장이다.

Cynthia L. Turk

워시번대학교 심리학과 교수이자 학과장이다. 그녀는 Southwestern Psychological Association의 전 회장이었고, 주로 사회불안장애와 범불안장애 영역에서 60편 이상의 저술 출판과 100회 이상의 발표를 했다. 워시번대학교 심리지원클리닉에서 불안클리닉을 이끌면서 대학원 과정에서 정신병리와 심리치료 기법을 가르치고 석사 과정 학생들을 지도한다.